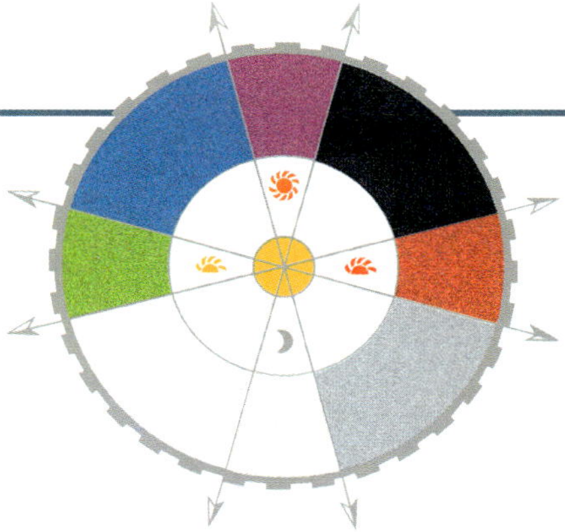

INHALT

Vorwort

Ich traf Simon Brown zum ersten Mal 1992, als er und seine Partnerin Dragana Sudzum mich für ein Makrobiotik-Magazin interviewten. Wir verstanden uns auf Anhieb, und am Ende interviewte ich die beiden, weil sie eigentlich die Experten waren. Im Grunde wußte ich sehr wenig über einen gesunden Lebensstil. Ich hatte erst kürzlich gegen eine sehr weit verbreitete Drogensucht angekämpft und mich die meiste Zeit meines Lebens von »Junk food« ernährt. Simon und Dragana wurden meine »Vollwertreis-Gurus«. Wir bauten eine dauerhafte Beziehung auf, und heute gehören die beiden zu meinen besten Freunden.

Chi-Energie ins Haus bringen
Frische Blumen und klares Wasser bringen ihre eigenen belebenden Energien ins Haus. Die Schale wird jeden Morgen neu mit frischem Wasser gefüllt.

Bald entdeckte ich, daß es bei der Makrobiotik nicht nur um Vollwertreis und Tofu geht, sondern um einen umfassenden Lebensstil. Simon führte mich in die ehrwürdige Kunst des Feng Shui ein, die er treffend als »Shiatsu-Massage für unser ganzes Sein« beschrieb. Er erklärte mir, bestimmte Bereiche meines Hauses hätten die Macht, mein Leben zu beeinflussen. Es war ein merkwürdiger Gedanke, den ich jedoch ausgesprochen faszinierend fand.

Simon kam mit seinem Kompaß zu mir nach Hause und machte sich daran, meine Energien in andere Richtungen zu lenken. Zu diesem Zweck stellte er die Möbel um, änderte die Beleuchtung und ergänzte die Einrichtung um Spiegel und schöne Pflanzen. Im Wohnzimmer fand er meinen Beziehungs-Bereich, in dem bald ein großer Feigenbaum, ein glitzernder Kristall und ein goldgerahmter Spiegel ihren festen Platz hatten – so groß war mein Bedürfnis nach besseren Beziehungen. Ich hängte eine meiner goldenen Schallplatten in den Ruhm-Bereich und räumte die Diele auf, wodurch sich der Energiefluß weiter verbesserte. Mein Haus war eindeutig sauberer geworden, und das allein hatte schon eine erstaunliche Wirkung auf meine geistige Verfassung. Es half mir, mich auf wichtige Aspekte meines Lebens zu konzentrieren, die ich lange vernachlässigt hatte. Wenn ich nun meinen Feigenbaum goß, dachte ich dabei an Freunde, Geliebte und Beziehungen im allgemeinen. Freunde haben seitdem festgestellt, daß mein Haus einladender geworden ist und wie ein richtiges Heim wirkt. So kann ich Feng Shui nur wärmstens empfehlen.

Simons Buch ist eine lebendige, klare Einführung in diese alte Kunst, voll von wunderbaren und einfachen Ideen, die Ihr Leben großzügiger fließen lassen. Genießen Sie es!

BOY GEORGE

SIMON BROWN

FENG-SHUI-PRAXIS

Gesundheit und Wohlstand durch harmonische Raumgestaltung

Aus dem Englischen
von Gisela Kretzschmar

ARKANA
GOLDMANN VERLAG

Für meinen Vater Michael John Hilton Brown

Die englische Originalausgabe erschien 1997
unter dem Titel »Practical Feng Shui«
bei Ward Lock, London, A Cassell Imprint.

Umwelthinweis:
Dieses Buch und der Schutzumschlag
wurden auf chlorfrei gebleichtem Papier gedruckt.
Die Einschrumpffolie (zum Schutz vor Verschmutzung)
ist aus umweltfreundlicher und recyclingfähiger PE-Folie.

Der Goldmann Verlag
ist ein Unternehmen der Verlagsgruppe Bertelsmann

1. Auflage

Deutsche Übersetzung der Originalausgabe
von Carroll & Brown Ltd, 5 Lonsdale Road,
Queen's Park, London NW6 6RA

Redaktion: Ralf Lay
Umschlaggestaltung: Design Team, München
Umschlagabbildung: C. Irion/The Image Bank
Satz: Uhl & Massopust, Aalen
Printed in Great Britain
ISBN 3-442-33614-7

1 3 5 7 9 10 8 6 4 2

Feng Shui heute

Die Ursprünge des Feng Shui entstanden vor über 4000 Jahren in China, und seine Praxis hat im Osten eine lange Geschichte. Ähnliche Ideen gab es auch in anderen Teilen der Welt: Die Vorstellung, daß der »Geist« oder die Atmosphäre eines Ortes unser Wohlbefinden beeinflußt, wird weitgehend akzeptiert, aber im Feng Shui hat sich diese Idee zu einem komplexen, eng miteinander verwobenen System von Theorie und Praxis entwickelt, das fast alle Aspekte des menschlichen Lebens umfaßt.

Feng Shui bedeutet »Wind und Wasser«. Es ist die Kunst, Ihr Heim so zu gestalten, dass Sie Erfolg, Gesundheit, Reichtum und Glück fördern.

Im Feng Shui geht man davon aus, daß alles in unserer Umgebung uns entweder bei der Verfolgung unserer Lebensziele unterstützen oder behindern kann. Wenn wir ein Verständnis für die feinstofflichen Energieströme entwickeln, die durch unseren Körper und durch alles im Universum fließen, können wir unsere Lebens- und Arbeitsbedingungen so gestalten, daß sie uns helfen, unsere Ziele zu erreichen.

Die wesentlichen Grundsätze haben sich im Laufe von Jahrhunderten herausgebildet. Das Konzept des Yin und Yang (S. 16–23) erläutert die beiden Hauptenergien, die Menschen und ihre Umgebung miteinander verbinden. Die Fünf Elemente (S. 24–29) und die Acht Richtungen (S. 30–33) verfeinern dieses Konzept und sorgen für ein komplexes System von Gesetzmäßigkeiten, das erklärt, auf welche Weise sich die Energien durch das Haus und unsere direkte Umgebung bewegen und alle Bereiche des Lebens beeinflussen.

Wenn wir diese Gesetzmäßigkeiten auf unser eigenes Leben anwenden, können sie uns helfen, einen Arbeitsplatz zu finden oder zu verstehen, warum wir ihn verloren haben. Sie können uns helfen, die beste Zeit für eine Reise, den Beginn eines neuen Vorhabens oder einer neuen Beziehung zu bestimmen. Sie können helfen, Familienkonflikte zu besänftigen, oder uns den Weg zu einem Lebens-

Potentieller Nutzen des Feng Shui

- Besserer Schlaf
- Günstiger Hausverkauf
- Erhöhte Motivation
- Bessere Gesundheit
- Guter Start für eine neue Karriere
- Geschäftlicher Erfolg
- Neuer Job
- Schwangerschaft
- Aktiveres Sexualleben
- Mehr Harmonie im Familienleben
- Ruhm und Respekt
- Liebesbeziehungen
- Mehr Selbstvertrauen bei der Arbeit
- Bessere Entspannung zu Hause
- Anregenderes Gesellschaftsleben
- Mehr Selbstkontrolle

partner oder beruflichen Erfolgen erleichtern. Sie können unsere Arbeit produktiver und unsere Freizeit befriedigender machen.

Ich habe Feng Shui ausgiebig erprobt, und der größte Gewinn für mich bestand in dem Gefühl, daß ich mein Leben besser unter Kontrolle habe. Wenn sich irgend etwas nicht so entwickelt, wie ich es erhofft habe, dann geht es mir besser, wenn ich den Grund dafür verstehe und dann nach einem erfolgversprechenderen Weg suchen kann. Mit Feng Shui sind wir nicht mehr Opfer der Umstände, sondern wir haben selbst das Steuer unseres Lebens in der Hand. Wir können die Kräfte der Natur veranlassen, uns zu unterstützen, statt gegen uns zu arbeiten.

STILE DES FENG SHUI

Feng Shui ist in sehr verschiedenen Gegenden und Kulturen angewendet worden. Herausragende Philosophen und Gelehrte haben es ebenso geprüft wie Feng-Shui-Meister. So ist es nicht überraschend, daß es im Verlauf der Geschichte Veränderungen gab und sich unterschiedliche Systeme entwickelt haben. Einige von ihnen scheinen einander zu widersprechen, und das kann Verwirrung stiften. Deshalb ist es besser, sich zu Beginn mit einem einzigen Stil zu beschäftigen und nicht mit mehreren gleichzeitig. Im Westen sind vier Stilrichtungen populär: die Methode der Acht Richtungen oder Kompaß-Methode, die Methode der Acht Häuser, die Schule der Fliegenden Sterne und die Formale Schule oder Schwarz-

Natürliche Küche
Hier wird die lebenspendende Nahrung zubereitet; deshalb sind Küchen im Sinne des Feng Shui besonders wichtig. Möbel aus Naturholz und Herde mit echtem Feuer werden empfohlen (S. 103–106).

hut-Sekte. Die ersten drei benutzen einen Kompaß, um die Energieströme zu bewerten, die durch ein Gebäude fließen; für besonders einflußreich hält man dabei das Magnetfeld der Erde, die Sonnenenergie und die Planeten. Diese Methoden sind mit einem orientalischen System der Astrologie verbunden, das als Neun Ki bekannt ist. Die Formale Schule benutzt die landschaftliche Umgebung und den Hauseingang als grundlegende Orientierung.

Alle vier Schulen des Feng Shui teilen die prinzipiellen Vorstellungen vom Fluß der Energie, von Yin und Yang, den Fünf Elementen und den Acht Trigrammen. Die Unterschiede beziehen sich auf Fragen der Anwendung.

Die *Kompaßmethode* beruht auf der Idee, daß die acht Richtungen auf einem Kompaß acht unterschiedliche Formen der Energie repräsentieren. Der Einfluß bestimmter Merkmale wird danach bewertet, in welcher Richtung sie vom Zentrum aus betrachtet liegen. Die Neun-Ki-Astrologie wird benutzt, um den Einfluß der Zeit und der Richtung beim Umzug in ein anderes Haus zu verstehen und die beste Zeit für Veränderungen festzulegen. Dabei haben die Neun-Ki-Karten der Bewohner ebenfalls eine Wirkung. Bei der *Acht-Häuser-Methode* bestimmen die Vorderseite des Hauses und die betreffende Himmelsrichtung das Wesen der acht Segmente oder »Häuser« im Inneren des Gebäudes. Die *Neun-Ki-Karten* der Bewohner legen fest, welches Segment für welche Person passend ist, und idealerweise wird daraus abgeleitet, wer wo schläft, arbeitet oder den größten Teil seiner

Kühles Badezimmer
Viel Licht, frische Pflanzen und Blumen, gekachelte Oberflächen und ein kühles grünes oder weißes Dekor helfen, ungünstige Auswirkungen des Badezimmers auf den Rest des Hauses zu vermeiden (S. 107–110).

Gute Energien aktivieren
Normale Möbel und Dekorationsgegenstände können verwendet werden, um ein günstiges Feng Shui zu schaffen. Spiegel, Pflanzen und Kerzen sind besonders effektiv (S. 119–153).

Zeit verbringt. Die Methode der *Fliegenden Sterne* benutzt einen Kompaß, der auf die Vorderseite eines Gebäudes gerichtet wird, um dessen eigenes Geburtsdiagramm zu erstellen, welches durch das Baudatum festgelegt ist. Die Wirkung der Merkmale des Gebäudes und der Umgebung auf das Geburtstagsdiagramm wird bewertet, und daraus leitet man ab, welche Probleme in den kommenden Jahren wahrscheinlich auftreten werden. Die *Formale Schule* hat ihre Ursprünge in Gebirgsregionen und benutzt die Gestalt der Landschaft und den Hauseingang, um festzustellen, auf welche Weise die Energie durch das Gebäude fließt. Ein Gitter aus neun Quadraten, das als Bagua bezeichnet wird, vermittelt dann die Informationen darüber, welchen Einfluß jeder Bereich auf die Bewohner haben wird.

Ich habe nach den Regeln der Formalen Schule und der Kompaßmethode praktiziert und festgestellt, daß letztere besser zu meinem speziellen Stil des Feng Shui paßt. Deshalb beziehe ich mich hier auf die Kompaß-Methode und die Neun-Ki-Astrologie, wie sie von japanischen Meistern gelehrt wird.

DER UMGANG MIT FENG SHUI

Wenn Sie Feng Shui in Ihrem Leben anwenden wollen, dann gibt es verschiedene Möglichkeiten, das zu tun. Vielleicht planen Sie den Umzug in ein neues Heim oder wollen sogar selbst eins bauen. Häufiger wird es jedoch sein, daß Sie bereits in einem Haus oder einer Wohnung leben und dort die Atmosphäre verbessern möchten oder ein spezifisches Lebensproblem lösen wollen. Es ist besser, sich auf die Lösung eines bestimmten Problems zu konzentrieren, als umfassende Veränderungen im Haus vorzunehmen. Achten Sie aber darauf, daß Sie durch die Anwendung von Feng Shui keine Probleme erfinden, die gar nicht existieren. Wenn Ihr Leben glattläuft, dann beschränken Sie die Veränderungen auf die Feinabstimmung. Lösen Sie jeweils nur ein Problem, und bewerten Sie das Ergebnis, bevor Sie sich dem nächsten zuwenden.

Vor allem aber erwarten Sie nicht, daß Feng Shui die Antwort auf all Ihre Probleme bereithält, denn es ist nur einer von vielen Einflußfaktoren in Ihrem Leben. Ihre Ernährung, Ihr familiärer Hintergrund und Ihre allgemeine Lebenserfahrung haben beispielsweise grundlegende Auswirkungen. Die Wirkung von Feng Shui ist am besten, wenn Sie ein Problem mit irgend etwas in Verbindung bringen können, das mit Ihrem Haus oder Ihrer Wohnung zu tun hat, und dann die nötigen Veränderungen vornehmen.

Der erste Schritt besteht darin, das Problem zu identifizieren. Wenn Sie eine Weile an einem Ort gelebt haben, können Sie bewerten, wie sich Ihr Leben seit dem Einzug verändert hat. Wenn jemand umzieht, führt das oft zu positiven oder negativen Veränderungen im Leben. Listen Sie auf, in welchen Bereichen Sie Probleme haben und wo Sie gern etwas verbessern möchten. Beziehungen, Finanzielles und Karriere kommen meist in einer oder sogar in beiden Listen vor. Als nächstes arbeiten Sie die Ursachen der Probleme genauer heraus. Wenn Sie beispielsweise in finanziellen Schwierigkeiten stecken – hat sich Ihr Einkommen

Geräumiges Eßzimmer
Für gutes Feng Shui braucht man helle, luftige, aufgeräumte Zimmer. Der runde Tisch mit acht Stühlen ist ideal. Die Kombination von hellen Farben, Naturholz und Naturfasern kann eine entspannte Atmosphäre beim Essen schaffen. Die spitzblättrige Pflanze spendet ihre eigene belebende Energie, aber sie steht weit genug vom Tisch entfernt, um kein schneidendes Chi auf die Menschen zu richten (S. 87–92).

Entspannendes Wohnzimmer
Eine günstige Anordnung der Sitzmöbel fördert die familiäre Harmonie und gute Gespräche. Pastellfarbene und weiche Polstermöbel wirken beruhigend, aber durch den vertikal gestreiften Stoff, hohe Pflanzen und den Spiegel über dem Kamin wird auch eine Aufwärtsbewegung vermittelt, welche die anregende Feuer-Energie in den Raum zurückwirft (S. 79–86).

Harmonische Möbel
Die Form der Möbel und das Material, aus dem sie hergestellt sind, beeinflussen das energetische Gleichgewicht in einem Raum. Weiche Materialien wie Holz, Bambus und Weide sowie die abgerundeten Kanten wirken beruhigend. Harte, glänzende Materialien – Keramikfliesen, Glas, Marmor – und eckige Formen wirken stärker anregend (S. 128–129).

verringert, oder sind Ihre Ausgaben gestiegen? Wenn Sie keinen Partner finden können – liegt es daran, daß Sie nicht ausgehen und keine Leute kennenlernen, oder ist es eher so, daß Sie nicht sensibel genug auf andere Menschen reagieren? Und wenn Sie beruflich nicht weiterkommen – hat es damit zu tun, daß Ihre Bemühungen nicht gewürdigt werden, oder sind Sie selbst am Arbeitsplatz lustlos und ohne Ehrgeiz? Aus den Antworten auf diese Fragen ergibt sich eine Lösung: entweder mehr Geld verdienen oder die Ausgaben einschränken, entweder geselliger oder weniger aggressiv sein, sich entweder stärker durchsetzen oder die eigene Motivation und den eigenen Ehrgeiz steigern. Erst jetzt können Sie anfangen, darüber nachzudenken, wie Sie Feng Shui einsetzen, um dafür zu sorgen, daß Ihre Umgebung Sie Ihren Zielen näher bringt.

FENG SHUI IN DER SÜDLICHEN HEMISPHÄRE

Verschiedene Schulen des Feng Shui sind viele Jahre lang in Australien und Neuseeland praktiziert worden, und es gibt unterschiedliche Meinungen darüber, wie die Grundsätze an die südliche Hemisphäre angepaßt werden sollten. Einige Feng-Shui-Anhänger sind der Meinung, die südliche und die nördliche Richtung (S. 30–33) sollten ausgetauscht werden; andere sehen das nicht so. Da die Auffassung von Yin und Yang einen Bezug zum Stand der Sonne hat, muß sie für die südliche Hemisphäre umgedreht werden – die sonnige Seite von Gebäuden, die stärker Yang ist, liegt im Norden, und die schattige Seite, die stärker Yin ist, im Süden. Konzentrieren Sie sich zunächst darauf, wie die Sonne auf Ihr Haus scheint; tauschen Sie Norden und Süden aus, aber lassen Sie Osten und Westen an dem gewohnten Platz. Später können Sie sich mit fortgeschrittenen planetarischen Aspekten beschäftigen, die Ihnen weitere Einsichten vermitteln.

WIE SIE DIESES BUCH BENUTZEN

KAPITEL 1 erklärt die Grundlagen des Feng Shui. Wenn Sie diese einmal verstanden haben, können Sie Ihre eigenen Lösungen gestalten, die Ihrem Geschmack und dem Charakter Ihres Hauses oder Ihrer Wohnung entsprechen. Kapitel 1 enthält außerdem eine Einführung in die Neun-Ki-Astrologie, die die beste Zeit und die günstigste Richtung für Ihren Umzug in ein anderes Haus oder für Veränderungen in Ihrem gegenwärtigen Heim festlegt. Schließlich werden hier auch die Werkzeuge des Feng Shui und ihre Nutzung beschrieben. Mit diesen Kenntnissen sollten Sie sich wappnen, bevor Sie weiterlesen.

KAPITEL 2 erklärt die Einflüsse der Architektur Ihres Hauses und der umgebenden Landschaft auf den Fluß der Energie.

KAPITEL 3 enthält Ratschläge, wo Sie welchen Raum im Haus einrichten sollten, und gibt Empfehlungen zur Möblierung und Dekoration.

KAPITEL 4 konzentriert sich auf spezielle Merkmale eines Hauses wie Türen, Fenster und Treppen und auf bestimmte Einrichtungsgegenstände wie Möbel, Spiegel und Pflanzen.

Hinweis: In der Kunst und in Kompaß-Bezeichnungen liegt der Norden unten, wie es dem traditionellen Stil orientalischer Karten entspricht.

Die Grundlagen des Feng Shui

Die Vorstellungen von Chi, Yin und Yang, den Fünf Elementen und den Acht Richtungen erklären, wie Veränderungen in unserem Lebensumfeld unser Schicksal verändern können; in der Neun-Ki-Astrologie geht es um die rechte Zeit für solche Veränderungen.

Chi-Energie

Seit Tausenden von Jahren sind sich die Menschen der Energie bewußt, die durch das Universum strömt und alles miteinander verbindet wie ein riesiges Computernetzwerk.

Chi nennt man den feinstofflichen Fluß elektromagnetischer Energien, die alles im Universum miteinander verbinden. In den alten Zeiten konnten die Menschen die Bewegungen dieser Energien vermutlich spüren. Plätze wie Stonehenge, Carnac oder die Kraftlinien von Nazca sind wahrscheinlich entlang unsichtbarer Linien konstruiert worden, von denen man annimmt, daß darunter konzentrierte Energien fließen. Es könnte sein, daß die Menschen, die diese Konstruktionen geschaffen haben, den Strom der Energien beeinflussen konnten.

In den Ländern des Fernen Ostens bilden das Verständnis und die Kontrolle der Energieströme die Grundlage der traditionellen Heilsysteme. Diese Energie nennt man in China Chi, in Japan Ki (auch Qi geschrieben) und in Indien Prana. Im Westen gibt es keinen spezifischen Ausdruck dafür, obwohl Bezeichnungen wie »Atmosphäre«, »Stimmung«, »Lebenskraft« oder »Geist« entsprechende Wahrnehmungen beschreiben. In diesem Buch habe ich den Ausdruck Chi-Energie gewählt. Chi steht im Mittelpunkt der orientalischen Astrologie und des Feng Shui.

Chi fließt hauptsächlich innerhalb von Einheiten wie menschlichen Körpern, Pflanzen oder Gebäuden, aber ein Teil davon strömt beständig nach außen, und ein Teil fließt aus anderen Quellen herein. Unser persönliches Chi mischt sich ständig mit dem Chi der Umgebung. Auf diese Weise sind wir mit unserer direkten Umwelt und letztlich mit dem gesamten Universum verbunden.

Die Kraft des Himmels und der Erde
Die Planeten strahlen Chi ab, das sich zur Erde bewegt: Himmelskraft. Die Erde strahlt Chi ab, das sich von der Erde wegbewegt: Erdkraft.

WIND UND WASSER

Die Chi-Energie, die Sie aus Ihrer Umgebung aufnehmen, beeinflußt Ihre Stimmungen und Emotionen, Ihre körperliche Energie und auf Dauer auch Ihre Gesundheit. Chi wird durch Wind und Wasser, Sonnenenergie, Licht und Klang in der Umwelt verteilt. Die Energie bewegt sich auf ähnliche Weise wie diese natürlichen Kräfte, aber anders als sie kann sie auch durch dichte Materie hindurchströmen. Sie fließt hauptsächlich durch Türen und Fenster in Gebäude hinein und aus ihnen heraus, aber etwas Chi dringt auch durch die Wände. Es bewegt sich wie Wasser bei Ebbe und Flut und strömt wie Luft um den Erdball. Das Wort Feng Shui, das wörtlich »Wind-Wasser« bedeutet, drückt aus, auf welche Weise sich die Chi-Energie bewegt. Das wesentliche Ziel von Feng Shui besteht darin, uns einen angemessenen Platz in diesem natürlichen Strom von Chi-Energie zu verschaffen, der uns hilft, unsere Ziele und Lebensträume zu verwirklichen.

DAS CHI DES UNIVERSUMS

Die Chi-Energie fließt durch das gesamte Sonnensystem und die Galaxien. Die Erde strahlt Chi aus, das den Planeten verläßt. Den Menschen, die auf der Erde leben, kommt das vor, als bewege sich die Energie nach oben; dieses Phänomen bezeichnet man als Erdkraft. Gleichzeitig strahlen auch die unsere Erde umgebenden Planeten Chi ab, das auf die Erde zu- und in sie hineinströmt. Diese Energie wird als Himmelskraft bezeichnet. So wie Erde, Sonne und Planeten ständig ihre Position wechseln, verändert sich auch die Bewegung des Chi, was wiederum unseren eigenen Chi-Strom beeinflußt. Die Feng-Shui-Astrologie (S. 34–41) ist die Kunst, diese großräumigen Bewegungen des Chi zu verstehen und ihre Wirkungen auf einen bestimmten Menschen vorherzusagen.

Am Äquator wird mehr Erdkraft freigesetzt als an den Polen. Dagegen fließt am Nord- und Südpol mehr Himmelskraft in die Erde. Die Chi-Energie der Erde bewegt sich vom Zentrum zur Erdoberfläche hin, wobei sie sich in einigen Gegenden stärker zerstreut und in anderen mit konzentrierter Energie an der Oberfläche die unsichtbaren Energielinien bildet.

Wenn die Chi-Energie des Himmels die Erde erreicht, wird ihre Bewegung durch die Landschaft (Hügel, Berge, Flüsse), die Vegetation (Bäume, Getreidefelder, Grasflächen, Büsche) und den Boden selbst (Felsen, Lehm, fruchtbares Ackerland, Kreide) verändert. Wenn sich die Erdkraft und die Himmelskraft auf der Oberfläche des Planeten mischen, entwickeln sich zahlreiche einzigartige Strömungen und Wirbel von Chi. Denselben Effekt haben Gebäude in der Stadt. Niedrige, flache Wohnhäuser, Wolkenkratzer, spitze Dächer, Kirchtürme und baumgesäumte Alleen entscheiden darüber, welchen Weg das Chi an der Erdoberfläche nimmt, und Straßen, Flüsse, Eisenbahntrassen, Bürogebäude, Fabrikhallen, Wohnhäuser, Kirchen, Friedhöfe und Krankenhäuser haben alle ihren Einfluß auf das Wesen dieser Energie.

CHI IN GEBÄUDEN

Gebäude verändern den Fluß der Chi-Energie. Ihre Form, ihre Öffnungen und die Materialien, aus denen sie bestehen, bestimmen den Weg, den Chi durch sie hindurch nimmt (Kap. 2). Chi fließt am leichtesten durch Türen und in geringerem Ausmaß durch Fenster, so daß die Richtung, aus der Sonne und Planeten auf ein Gebäude strahlen, darüber entscheidet, welche Art von Chi hineinströmt. Das ändert sich mit der Stellung der Planeten, so daß sich das Muster der Chi-Energie jedes Jahr, jeden Tag und jede Stunde wandelt. Die größten Veränderungen vollziehen sich im Jahresverlauf (S. 34–41). Merkmale der direkten Umgebung wie etwa Wasserstraßen haben ebenfalls Einfluß auf Chi, das durch die Türen des Gebäudes hinein- und herausfließt. Idealerweise strömt Chi harmonisch

CHI AUS DER VERGANGENHEIT

Alte Gebäude haben meist etwas von der Chi-Energie aufgenommen, die mit den glücklichen oder traurigen Ereignissen zusammenhängt, die dort stattgefunden haben. Das meiste davon verblaßt mit der Zeit, aber ein Rest kann Jahrhunderte überdauern.

Negative Chi-Energie haftet an Gebäudeteilen, die dunkel oder feucht sind, und kann das Leben der Bewohner beeinflussen. Wenn Generationen von Hausbewohnern ähnliche Unglücksfälle erlebt haben, könnte daran das Feng Shui des Gebäudes schuld sein.

Bevor Sie in ein neues Haus einziehen, sollten Sie soviel wie möglich über seine Geschichte und die der Bewohner herausfinden. Wenn es Probleme gab, können Sie das vorhandene Feng Shui vielleicht so ändern, daß die Kette der Ereignisse durchbrochen wird.

Einflußfelder
Die Begründer des Feng Shui konnten intuitiv die Einflüsse der energetischen Felder wahrnehmen, die sich durch das Universum ziehen.

STAUB UND UNORDNUNG

Staub hat seine eigene Chi-Energie, die zur Stagnation neigt, wenn sie an einer Stelle festsitzt. Unordnung beherbergt alte Chi-Energie und erschwert es dem Chi, sanft durch das Haus zu strömen. Stagnierendes und langsam fließendes Chi erschöpft Ihre Energien.

Säubern Sie Ihr Haus regelmäßig, um seine Chi-Energie neu zu beleben; lüften Sie die Teppiche und das Bettzeug. Waschen Sie Ihre Schränke aus, saugen Sie Teppichböden gründlich, und waschen Sie Gardinen und Vorhänge regelmäßig.

Mindestens einmal im Jahr sollten Sie Ihr Hab und Gut sichten und die Dinge aussortieren, die Sie nicht mehr benutzen, um sie wegzupacken, zu verkaufen oder zu verschenken.

durch das ganze Gebäude. Die Einrichtung und Gestaltung der Räume sollte den Energiestrom weiter optimieren.

UNGÜNSTIGE CHI-ENERGIEN

Einige Situationen bringen schlechtes Chi hervor und verursachen dadurch Probleme für die Hausbewohner oder führen sogar zu körperlichen oder geistigen Krankheiten.

NEGATIVES CHI Bestimmte Gebäude oder Materialien haben einen negativen Effekt auf die Chi-Energie. Synthetische Stoffe, synthetische Baumaterialien, künstliche Beleuchtung und Klimaanlagen bringen alle ihre eigene künstliche Chi-Energie hervor.

STAGNIERENDES CHI Dunkle Ecken, Räume, in denen keine Ordnung herrscht, und Feuchtigkeit verlangsamen die Chi-Energie und lassen sie stagnieren. Das kann dazu führen, daß sich auch der Strom unserer eigenen Chi-Energie verlangsamt, was ernsthafte Gesundheitsprobleme auslösen kann oder zur Folge hat, daß wir in unserem Leben die Richtung verlieren.

SCHNELLFLIESSENDES CHI Wenn die Chi-Energie auf gerader Strecke schnell vorwärts fließt, kann der Strom durch das gesamte Gebäude destabilisiert werden. Deshalb sollte man lange Korridore, gerade Wege oder die Anordnung von Gegenständen in gerader Linie meiden. Wenn sich schnellfließende Chi-Energie auf uns zubewegt, kann sie einen Teil unseres eigenen Chi wegdrücken, so daß wir uns unsicher und angegriffen fühlen (siehe gegenüber, »Schneidendes Chi«).

Schneidendes Chi

Wenn Chi um eine scharfe Ecke fließt, beginnt es sich zu drehen und bildet Wirbel und Strudel wie ein reißender Strom. Das nennt man »schneidendes Chi«. Es vermag unser eigenes Chi zum Wirbeln zu bringen, so daß wir die Orientierung verlieren und schließlich krank werden. Um das zu verhindern, kann man verschiedene Mittel einsetzen (S. 62 u. 85).

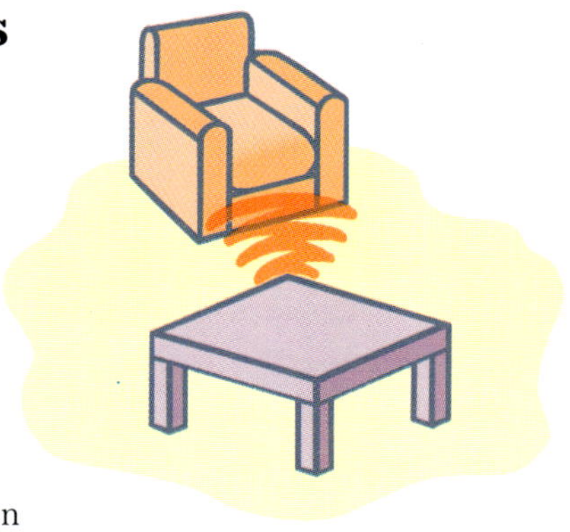

Möbel
Scharfe Ecken an Möbelstücken können schneidendes Chi verursachen. Vermeiden Sie sie in Schlafzimmern und in der Nähe von Sitzgruppen.

Nachbargebäude
Wenn die Ecke eines Nachbargebäudes auf Ihr Haus weist, kann das schneidendes Chi verursachen. Pflanzen Sie Büsche, um Ihre Eingangstür zu schützen.

PERSÖNLICHES CHI

Die Energie bewegt sich in uns ähnlich wie das Blut. Entlang der Körpermitte gibt es sieben feinstoffliche Energiezentren, die man als Chakras bezeichnet (s. rechts). Sie haben eine ähnliche Funktion für das Chi wie große Organe für das Blut. Von den Chakras aus verteilen sich 14 Energiekanäle, die als Meridiane bekannt sind und in die Arme, die Beine, den Rumpf und den Kopf führen.

Während das Blut Sauerstoff und Nährstoffe befördert, ist die Chi-Energie Träger unserer Gedanken, Ideen, Gefühle und Lebensträume. Sie enthält auch etwas Chi-Energie aus der Umgebung. Was wir denken und wo wir es denken, hat also einen direkten Einfluß auf die Zellen in unserem Körper. Der Einfluß von Geist und Psyche auf die körperliche Gesundheit ist wohlbekannt. Viele Menschen haben die Vorzüge des positiven Denkens erlebt, und einige behaupten, sie hätten es eingesetzt, um sich von schweren Krankheiten zu erholen. Auf ähnliche Weise sind manche Patienten geheilt worden, indem sie an einen anderen Ort gezogen sind. Reisen in Heilbäder oder an Orte, die über besondere heilende Eigenschaften verfügen, haben eine lange Tradition.

Die Chi-Energie wirkt auf zweierlei Weise: Was wir denken, beeinflußt unsere Chi-Energie, und diese beeinflußt unsere Art zu denken. Folglich kann die Umwelt unsere Chi-Energie verändern, und diese Veränderung wirkt sich darauf aus, was wir denken und fühlen. Wie Bäume, die an einem optimalen Standort gepflanzt werden, blühen wir auf, wenn wir Zugang zur optimalen Chi-Energie haben. Entspricht die Chi-Energie unseres Wohnortes dem, was wir zum Glücklichsein brauchen, dann hat sie einen sehr positiven Einfluß auf unser Leben. Leider ist es aber auch denkbar, daß unser Heim gegen uns arbeitet, und es gibt Orte, deren Chi-Energien sich negativ auf unser Wohlbefinden auswirken könnten.

Viele Faktoren beeinflussen die Chi-Energie, die in unseren Körper gelangt – dazu gehören die Ernährung, das Wetter und die Menschen in unserer Umgebung. Im Sinne des Feng Shui ist die Chi-Energie der Umgebung der wichtigste Einfluß. Dazu gehören das Haus, in dem wir wohnen, unser Arbeitsplatz und die umgebende Landschaft. Auch ein Bauwerk selbst kann seinen Einfluß haben. Wenn wir uns in einem großen, prächtigen Gebäude wie einem Museum oder einer Kathedrale aufhalten, kann das inspirierend, aufregend oder stimulierend sein, während ein kleines, gemütliches wie eine Hütte, ein Café oder eine Bar eher entspannend oder vertraulich wirkt. Der Ort, wo das Haus steht, trägt ebenfalls dazu bei, die Art des Chi zu formen, das in unseren Körper hineinfließt. Die Chi-Energie in ländlichen Gegenden ist anders als in der Stadt, und Reisen in fremde Länder geben uns die Möglichkeit, verschiedene Arten von Chi-Energie zu erleben.

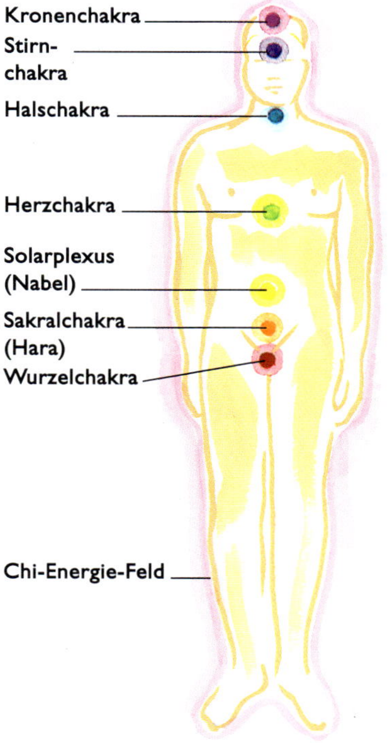

Die Chakras
Das Chi fließt im menschlichen Körper durch feinstoffliche Kanäle, die Blutgefäßen ähneln. Sie breiten sich von sieben Energiezentren, die man Chakras nennt, über den Körper aus. Typischerweise reicht das Chi mindestens 10 cm und maximal bis zu einem Meter über Ihre Haut hinaus.

Yin und Yang

Alles in der Welt kann man zwei Energieformen zuordnen: passiv und aktiv oder Yin und Yang. Dies gehört zu den grundlegenden Prinzipien des Feng Shui.

Die Vorstellung von Yin und Yang ermöglicht ein umfassendes Verständnis der Welt und ihrer Wirkung auf unser Leben. Dadurch erhalten wir die Gelegenheit, unsere Beziehungen zu anderen Menschen und zu unserer Umgebung so zu gestalten, daß allen davon eher Vor- als Nachteile entstehen. Und schließlich können wir unser Wissen auch einsetzen, um mit weniger Aufwand mehr von unserem Leben zu haben.

Bei Vollmond werden die Menschen beispielsweise mehr Yang, was bedeutet, daß sie aktiver sind, häufiger das Bedürfnis haben auszugehen und generell geselliger sind. Bei Neumond werden sie dagegen mehr Yin – friedlicher, stärker spirituell orientiert, entspannter und stärker nach innen gerichtet. Wenn Sie also eine Party geben wollen, sind die Tage vor dem Vollmond die günstigste Zeit. Die Menschen gehen dann stärker aus sich heraus und sind eher in der Stimmung, sich mit anderen zu treffen.

Ähnliche Grundsätze können Sie auf Ihr Heim, Ihre Ernährung, Ihre sportlichen Aktivitäten und Ihre Freizeitgestaltung anwenden. In all diesen Bereichen gibt es Aspekte, die mehr Yin oder mehr Yang sind, und man kann sie günstig beeinflussen.

Grundlegende Prinzipien

ALLES IST ENTWEDER MEHR YIN ODER MEHR YANG

Die Dinge sind mehr Yin oder mehr Yang, je nachdem, womit man sie vergleicht. Sich auszuruhen ist beispielsweise mehr Yin, als zu arbeiten, aber mehr Yang, als zu schlafen. Yin und Yang können materielle oder nichtmaterielle Dinge bezeichnen. Man muß sich darüber im klaren sein, wie diese Ausdrücke im Einzelfall angewendet werden. Bezogen auf einen Prozeß, ist eine Flamme beispielsweise mehr Yang als ein Stein, denn die Flamme bringt Hitze und Licht hervor. Aber die Struktur des Steins ist mehr Yang als die Flamme, weil der Stein fest, kompakt und härter ist.

ALLES SUCHT NACH EINEM GLEICHGEWICHTSZUSTAND

Obwohl alles entweder mehr Yin oder mehr Yang ist, sucht jede Einheit nach einer Art Balance. Nichts kann sich individuell in einem perfekten Gleichgewicht befinden, weil alles entweder mehr Yin oder mehr Yang ist. Etwas, das mehr Yin ist, kann in Verbindung mit etwas, das mehr Yang ist, zu einem ausgeglichenen Zustand finden. Oft weichen wir vom Mittelweg zu der einen oder anderen Seite ab. Für eine Weile werden wir mehr Yin und nehmen dann Veränderungen vor, die uns mehr Yang werden lassen oder umgekehrt.

GLOBALES YIN UND YANG

Die Stellung von Sonne und Mond und die Jahreszeiten sorgen dafür, daß wir uns mehr Yin oder mehr Yang fühlen, und wir passen unseren Lebensstil intuitiv an, um das Gleichgewicht zu bewahren.

TAG UND NACHT Morgens steigt die Sonne am Himmel und sorgt dafür, daß sich die Menschen stärker Yang fühlen. Wenn die Sonne zu sinken beginnt, werden wir stärker Yin. Falls es Ihnen schwerfällt, Ihre Arbeit zu erledigen, ist der Vormittag, wenn Sie sich aktiver und stärker Yang fühlen, die beste Zeit, sich darauf zu konzentrieren. Nachmittags können Sie sich besser entspannen.

MONDPHASEN In den letzten Tagen vor dem Vollmond werden Sie immer stärker Yang. Das ist eine gute Zeit für Aktivitäten, aber in diesen Tagen besteht größere Unfallgefahr. Nach dem Vollmond und in der Zeit vor dem Neumond werden Sie allmählich stärker Yin. Dies ist der richtige Moment, um den inneren Frieden zu pflegen.

JAHRESZEITEN Herbst und Winter sind kalt und feucht, beides Yin-Eigenschaften. Dann hat man das Bedürfnis nach warmen Speisen wie heißem Porridge, dicken Suppen und herzhaften Eintöpfen, die stärker Yang sind und helfen, das Gleichgewicht im Körper zu bewahren. Im Frühjahr und Sommer wird die Luft dagegen wärmer und trockener, was eher eine Yang-Atmosphäre ist. Dann wirken Nahrungsmittel, die stärker Yin sind, wie frisches Obst und Salate aus rohem Gemüse, kühlend.

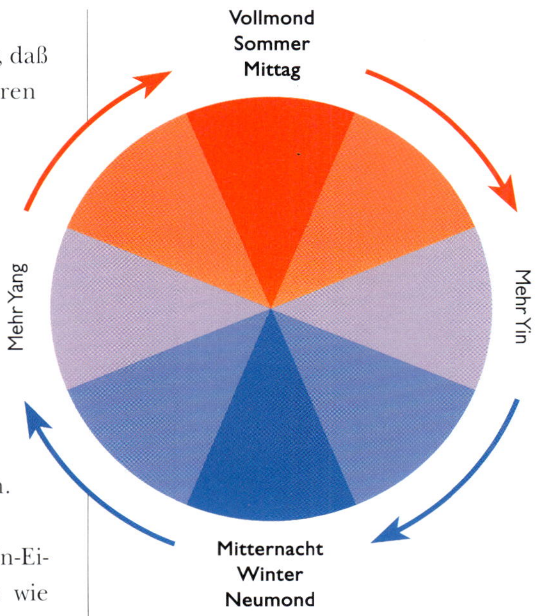

Am stärksten Yang ist die Umgebung mittags, im Hochsommer und bei Vollmond. Am stärksten Yin ist sie um Mitternacht, im tiefen Winter und bei Neumond.

YIN UND YANG ZIEHEN EINANDER AN

Dinge, die stärker Yin sind, ziehen andere Dinge an, die stärker Yang sind, und umgekehrt, ähnlich wie die Pole eines Magneten. Wenn Sie beispielsweise etwas essen, das stärker Yang ist wie trockene gesalzene Snacks, dann entsteht dadurch das Bedürfnis nach Getränken, die mehr Yin sind. Ein extremes Yin oder Yang zieht sein extremes Gegenteil an. Wenn jemand beispielsweise sehr stark Yang ist – verärgert, aggressiv oder gewalttätig –, kann er das Gegenteil provozieren: einen Aufenthalt im Krankenhaus oder Gefängnis (wegen eines Unfalls oder eines Verbrechens).

NICHTS IST VOLLSTÄNDIG YIN ODER VOLLSTÄNDIG YANG

In allem steckt etwas Yin und etwas Yang. Nichts ist vollständig das eine oder das andere, wenn auch jedes einzelne mehr das eine oder das andere ist. Man stellt sich Yin und Yang besser nicht als Schwarz und Weiß, sondern als verschiedene Graustufen vor. Selbst der skrupelloseste Kriminelle hat irgendwo eine weiche Seite, und selbst der freundlichste Mensch empfindet manchmal Frustration und Ärger. Jede negative Situation enthält immer etwas Positives, und jede positive Situation enthält immer etwas Negatives.

ALLES VERÄNDERT SICH

Die Beziehung der Dinge zueinander, die mehr Yin oder mehr Yang sind, ändert sich ständig. Alles bewegt sich entweder von mehr Yang zu mehr Yin oder von mehr Yin zu mehr Yang. Wenn beispielsweise ein Mensch mehr Yang ist – reizbar, frustriert und draufgängerisch –, dann kann er im Laufe der Zeit mehr Yin werden – entspannt, friedfertig und ruhig. Langfristig ist die Richtung, in die Sie sich bewegen, wichtiger als der Punkt, an dem Sie jetzt stehen.

Yin-Landschaften
Die sanften Hügel einer ländlichen Gegend sind mehr Yin und fördern einen gemächlichen und friedlichen Lebensstil.

Yang-Städte
Eine quirlige Stadt voller Anregungen und Aufregungen ist mehr Yang und fördert einen dynamischen, aktiven Lebensstil.

YIN UND YANG IN DER LANDSCHAFT

Landschaften und die Gestaltung von Städten haben Dimensionen von Yin und Yang. Im allgemeinen beeinflussen Orte, die Frieden ausstrahlen – beispielsweise Wälder in der Nähe langsam fließender Gewässer oder schattige grüne Wiesen –, uns mehr in Richtung Yin. Solche Gegenden wären geeignet, wenn Sie pensioniert sind oder ein ruhigeres Leben führen wollen. Geschäftige Städte sind mehr Yang und eignen sich besser für Menschen, die ein aktives Leben führen wollen.

Sonnige Orte sind ebenfalls mehr Yang. Die Sonnenseiten eines Berges oder eines Tals, einer Wohnung oder eines Bürohauses sind alle mehr Yang. Schattige Orte sind mehr Yin und helfen Ihnen, die entsprechenden Aspekte Ihres Lebens stärker zu entwickeln. Orte, an die überhaupt keine Sonne kommt, sind kein empfehlenswerter Lebensraum.

Die vertikalen Aspekte der Dinge sind mehr Yin, so daß die höchste Stelle einer Landschaft starke Yin-Eigenschaften aufweist.

BERGE, SEEN UND STÄDTE

Traditionell ziehen sich die Menschen zur Meditation in die Berge zurück. Die Atmosphäre an solchen Orten ist stärker nach innen gerichtet und fördert eher die Entwicklung innerer Gefühle und Gedanken. Berge erhalten außerdem mehr Himmelskraft (S. 13), was in spiritueller Hinsicht vorteilhaft ist. Diese Art von Yin-Energie stammt aus den Teilen des Himmels, die mehr Yin sind. Gleichzeitig existiert dort eine Abwärtsbewegung zur Erdmitte hin, was heißt, daß die Energie stärker Yang wird.

Das Meer ist ebenfalls eher eine Yin-Umgebung, die Ruhe, Entspannung und innere Heilung fördert. Hier stammt die Chi-Energie aus der Erdkraft (S. 13), die aus dem Zentrum der Erde aufsteigt und an der Wasseroberfläche stärker wird. Obwohl sie aus einer Quelle stammt, die mehr Yang ist, verändert die Aufwärtsbewegung diese Energie in Richtung Yin.

Interessanterweise kamen die großen spirituellen Offenbarungen von Menschen, die zur Meditation in die Berge gingen – denken Sie nur an die Propheten verschiedener Weltreligionen und an die buddhistischen Orden in Nepal und Tibet –, während wichtige Praktiken wie beispielsweise Feng Shui und die orientalische Astrologie von Menschen entwickelt wurden, die am Flußufer näher zum Meeresspiegel meditierten.

Flache Landschaften sind vergleichsweise Yang. Hier fördert die Chi-Energie einen aktiveren Lebensstil, und das geschieht typischerweise dort, wo sich große Städte mit ihren Verkehrsverbindungen entwickelt haben. Himmelskraft und Erdkraft sind hier ausgewogener, und die Energie paßt gut zu einer Generation mit neuen Ideen und der Fähigkeit, diese Ideen umzusetzen.

YIN UND YANG IM WOHNHAUS

Mit dem Weg, den die Sonne am Himmel nimmt, ändert sich der Strom der Chi-Energie durch Ihr Haus. Wenn die Sonne vom frühen Morgen bis zur Mittagszeit am Himmel steigt, bekommt die östliche, südöstliche und südliche Seite Ihres Hauses mehr Yang-Energie. In der südlichen Hemisphäre gilt das für die östliche, nordöstliche und nördliche Seite. Wenn die Sonne nachmittags am Himmel sinkt, bekommt die westliche, nordwestliche und nördliche Seite Ihres Hauses mehr Yin-Energie. In der südlichen Hemisphäre gilt das entsprechend für die westliche, südwestliche und südliche Seite.

Um diese Richtungen zu ermitteln, nehmen Sie einen Kompaß und stellen sich in die Mitte Ihres Hauses. Drehen Sie sich um die eigene Achse, bis der Kompaß richtig eingestellt ist. Sie können statt dessen auch die Sonne am Himmel beobachten. Warten Sie, bis sie ihren höchsten Punkt erreicht. Wenn Sie in der nördlichen Hemisphäre leben, steht die Sonne jetzt im Süden Ihres Hauses. In der südlichen Hemisphäre steht sie im Norden.

Die Sonnenseite Ihres Hauses eignet sich besser für Aktivitäten, bei denen Sie stärker Yang sein müssen, die Schattenseite für Tätigkeiten, bei denen Sie stärker Yin sein müssen. Wenn Sie bereits zu stark Yin oder Yang sind, sollten Sie mehr Zeit in Räumen verbringen, die zum entgegengesetzten Energietyp gehören, um wieder ausgeglichener zu werden. Wenn Sie beispielsweise sehr schnell wütend werden und es Ihnen schwerfällt, sich zu entspannen, könnten Sie zu stark Yang sein und sollten mehr Zeit auf der Yin-Seite Ihres Hauses verbringen. Wenn Sie sich andererseits müde, depressiv oder weinerlich fühlen, könnten Sie zu stark Yin sein. Verlegen Sie Ihre Aktivitäten in die Sonnenseite des Hauses, um mehr Yang-Energie aufzunehmen. Die Wirkung von Yin und Yang auf die verschiedenen Teile Ihres Hauses beeinflußt auch die Raumaufteilung (S. 70 f.).

GEBÄUDEFORMEN

Die Chi-Energie eines Gebäudes wird auch von seiner äußeren Form beeinflußt. So haben schmale, hohe Häuser wie die klassischen Wolkenkratzer mehr Yin-Energie, während niedrige, breite Häuser mehr Yang haben. Die Chi-Energie an der Spitze eines hohen Gebäudes hat etwas mehr Himmelskraft, und das Sonnenlicht wirkt sich stärker aus, während am Boden etwas mehr Erdkraft herrscht. Sich in den oberen Etagen eines solchen Hauses aufzuhalten kann deshalb die Entwicklung von Ideen fördern, während die unteren Etagen besser sind, um solche Ideen zu verwirklichen.

Von oben betrachtet, ist ein langes, schmales Gebäude mehr Yin, während ein rundes, achteckiges oder quadratisches Haus mehr Yang ist. Je kompakter die Form, desto mehr Yang ist das Gebäude. Ein Haus oder eine Wohnung, die sich in viele Richtungen ausdehnt, hat meist mehr Yin-Energie.

Yin- und Yang-Formen
Hohe, dünne und lange, schmale Gebäude sind mehr Yin, niedrige, gedrungene Häuser mit kompakten Formen wie Quadrat, Kreis oder Achteck sind mehr Yang.

Die richtigen Lebensmittel zu essen kann helfen, Ihr persönliches Yin und Yang zu balancieren. Die Nahrungsmittel oben reichen vom stärksten Yang (Salz, Fleisch) bis zum stärksten Yin (Flüssigkeiten, Zucker).

PERSÖNLICHES YIN UND YANG

Menschen können mehr Yin oder mehr Yang sein. Menschen mit mehr Yin sind meist entspannt, geschmeidig, sensibel, kreativ und phantasievoll. Wenn sie jedoch zu stark Yin sind, können sie lethargisch, langsam und depressiv werden. Im Gegensatz dazu sind Menschen mit mehr Yang aufmerksam, schnell, aktiver, konzentrierter, und sie achten auf mehr Details. Sind sie aber zu stark Yang, werden sie angespannt und reizbar, reagieren verärgert oder wirken körperlich steif.

Sie können Ihre Ernährung (Makrobiotik ist dafür besonders geeignet) und Ihren Lebensstil so einrichten, daß Sie leistungsfähiger oder gesünder werden. Wenn Sie zum Beispiel Konzentrationsprobleme haben, überlegen Sie zunächst, ob Sie zu stark Yin oder zu stark Yang sind. Konzentration ist eher eine Yang-Aktivität, so daß Konzentrationsstörungen auf ein Übermaß an Yin hinweisen. Die Lösung würde darin bestehen, daß Sie Nahrungsmittel, die mehr Yin sind wie Alkohol, Zucker und Kaffee, meiden und statt dessen mehr mineralstoffreiche Yang-Nahrungsmittel wie Wurzelgemüse, Fisch und naturbelassene Sojasauce zu sich nehmen.

SIND SIE ZU SEHR YIN ODER ZU SEHR YANG?

Um das herauszufinden, können Sie sich selbst mit anderen Menschen vergleichen. Wenn Sie zu sehr Yin sind, kommen Ihnen andere aggressiv, reizbar und ungeduldig vor. Sie versuchen vielleicht, Sie anzutreiben, während Sie sich entspannen und die Dinge leichtnehmen wollen. Wenn Sie zu sehr Yang sind, kommen Ihnen andere langsam, unentschlossen und still vor. Manche sind immer stärker Yin als die meisten ihrer Mitmenschen, manche sind immer stärker Yang, und andere stehen irgendwo in der Mitte.

Wenn es in Ihrem Leben ein Ungleichgewicht gibt, besteht der erste Schritt darin, zu entscheiden, ob Sie zu sehr Yin oder zu sehr Yang sind. Sehen Sie sich die Grafik mit den Yin- und Yang-Eigenschaften auf der gegenüberliegenden Seite an, und entscheiden Sie selbst. Eine andere Möglichkeit besteht darin, sich auf das zu konzentrieren, was Sie in Ihrem Leben verändern wollen. Wenn es Ihnen beispielsweise schwerfällt, sich zu entspannen, sind Sie wahrscheinlich zu sehr Yang; wenn Sie sich oft lustlos und depressiv fühlen, sind Sie wahrscheinlich zu sehr Yin.

Als nächstes sehen Sie sich die Grafik der Yin- und Yang-Einflüsse auf der gegenüberliegenden Seite an. Dort sind Nahrungsmittel, körperliche Übungen und Aktivitäten im Sinne von Yin und Yang aufgeführt. Wenn Sie eher Yin sind, suchen Sie sich Nahrungsmittel, Übungen und Aktivitäten aus, die mehr Yang in Ihr Leben bringen. Wenn Sie eher Yang sind, sollten Sie die Yin-Einflüsse verstärken.

PERSÖNLICHE YIN- UND YANG-MERKMALE

MEHR YANG, KÖRPERBAU

breit
klein
kurze Finger und Zehen
Augen eng zusammen
dünne Lippen
runder Kopf
kleine Augen
ausgewogene Proportionen
weniger Körperhaare
große Augen
volle Lippen
lange Finger und Zehen
groß
dünn

MEHR YIN, KÖRPERBAU

MEHR YANG, EMOTIONEN

ärgerlich
frustriert
reizbar
wettbewerbsorientiert
ehrgeizig
begeistert
Selbstvertrauen
entspannt
friedlich
freundlich
sensibel
weinerlich
unsicher
depressiv

MEHR YIN, EMOTIONEN

MEHR YANG, GEISTIGE EIGENSCHAFTEN

denkt schnell
detailliert
präzise
logisch
ordentlich
kreativ
geistig flexibel
großzügig
phantasievoll
langsamer

MEHR YIN, GEISTIGE EIGENSCHAFTEN

MEHR YANG, KÖRPERLICHE EIGENSCHAFTEN

hager
steif
stark
schnell
reaktionsschnell
flexibel
gelenkig
locker
weich
langsam
müde
lustlos
schwach

MEHR YIN, KÖRPERLICHE EIGENSCHAFTEN

YIN- UND YANG-EINFLÜSSE

MEHR YANG, NAHRUNGSMITTEL

Salz
Fleisch
Eier
Fisch
Getreide
Wurzelgemüse
Bohnen
Blattgemüse
Tofu
Salate
Obst
Getränke
Eiscreme
Zucker

MEHR YIN, NAHRUNGSMITTEL

MEHR YANG, ÜBUNGEN

Boxen
Karate
Fußball
Tennis
Aerobic
Laufen
schnelles Gehen
langsames Gehen
entspanntes Schwimmen
Stretching
Tai Chi
Yoga
Meditation

MEHR YIN, ÜBUNGEN

MEHR YANG, KÖRPERLICHE AKTIVITÄTEN

Skifahren
Surfen
Reiten
Segeln
Tanzen
Gartenarbeit
Spaziergang auf dem Lande
Massage
Sonnenbaden
Ausruhen
Schlafen

MEHR YIN, KÖRPERLICHE AKTIVITÄTEN

MEHR YANG, GEISTIGE AKTIVITÄTEN

Buchhaltung
Studieren
Schachspielen
Computer-programmierung
Kartenspielen
Malen
Plaudern
Musikhören
Lesen
Fernsehen

MEHR YIN, GEISTIGE AKTIVITÄTEN

HINWEIS Die Listen sind so gestaltet, daß die Beispiele, die am stärksten Yang sind, oben, und die am stärksten Yin sind, unten stehen.

Wie Sie Yin und Yang zu Hause einsetzen

Durch Formen, Materialien und Farben der Dinge in Ihrem Heim haben Sie die Möglichkeit, die Chi-Energie mehr in Richtung Yin oder Yang zu beeinflussen. Fastfood-Restaurants zeigen beispielhaft, wie man das wirkungsvoll macht. Die Farben sind oft Rot, Orange oder Gelb; die Oberflächen sind hart und glänzend; die Einrichtung ist eckig und ordentlich. Das schafft eine Umgebung, die stärker Yang ist und Gäste in das Restaurant zieht, aber wenn sie dort sitzen, ist die Atmosphäre nicht entspannend, und sie gehen wieder, sobald sie mit dem Essen fertig sind. Stellen Sie sich im Gegensatz dazu ein typisches Schlafzimmer vor: Teppiche, Vorhänge und Bettwäsche sorgen für eine weiche Yin-Oberfläche. Beliebte Farben sind Grün, Blau und Pastelltöne – alles, was tendenziell eher Yin ist. Dadurch entsteht eine beruhigende Atmosphäre, die sich ideal zum Schlafen eignet.

FORMEN

Gerundete Formen gelten im allgemeinen als mehr Yin im Vergleich zu geraden – ein langer, schmaler, abgerundeter Tisch ist mehr Yin als ein rechteckiger Tisch. Der Kreis bildet hier eine Ausnahme, denn obwohl er rund ist, stellt er die kompakteste Form dar und ist deshalb mehr Yang.

FARBEN

Sie haben großen Einfluß auf Yin und Yang, indem sie die verschiedenen Frequenzen des Lichts in den Raum reflektieren. Menschen reagieren auf Farben in einer sehr persönlichen Weise, aber im allgemeinen sorgen Rot, Orange und Hellgelb dafür, daß wir uns mehr Yang fühlen, während grüne und blaue Töne uns eher in Richtung Yin beeinflussen. Bei allen Farben sind Pastelltöne mehr Yin als die entsprechenden kräftigen, strahlenden Varianten. Je größer der Bereich ist, den eine bestimmte Farbe bedeckt, desto größer ist ihr Einfluß. Aber auch der kleinste Hauch einer starken, hellen Farbe kann seine Wirkung haben. Ein Gemälde, das ein Stück strahlendes Rot enthält, kann die Chi-Energie eines gesamten Raumes verändern.

MATERIALIEN

Das Material, aus dem ein Gegenstand gemacht ist – besonders die Oberfläche –, fördert entweder den schnelleren Fluß der Yang-Energie oder den langsameren Fluß der Yin-Energie. Im allgemeinen beschleunigen harte, glänzende, spiegelnde Oberflächen den Fluß des Chi, während weiche, matte oder verkleidete Oberflächen ihn verlangsamen.

Yin- und Yang-Gegenstände
Farben können die Dinge mehr in Richtung Yin (Blau- und Grüntöne) oder mehr in Richtung Yang (Rot, Orange, Gelb) verändern.

MEHR-YANG-MATERIALIEN

Glas
Marmor
Granit
polierter Stein
unpolierter Stein
glänzendes Metall
mattes Metall
poliertes Hartholz
naturbelassenes Hartholz
poliertes Weichholz
naturbelassenes Weichholz
Weide
Stoff

MEHR-YIN-MATERIALIEN

MEHR-YANG-BÖDEN

Marmor
Stein
Hartholz
Weichholz
Korkfliesen
Binsenmatten
Teppiche
Teppichböden

MEHR-YIN-BÖDEN

MEHR-YANG-FENSTER-ABDUNKELUNGEN

Fensterläden
Rolläden aus Metall
Rolläden aus Holz
Rollos aus Papier
Rollos aus Stoff
Vorhänge
leichte Vorhänge
zurückgezogene Vorhänge

MEHR-YIN-FENSTER-ABDUNKELUNGEN

MEHR-YANG-EINRICHTUNGS-GEGENSTÄNDE

Steinskulpturen
Spiegel
Gemälde hinter Glas
Möbel aus Metall
Hartholzmöbel
Weichholzmöbel
Wandschirme aus Papier
Polstermöbel
Wandteppiche
große Kissen

MEHR-YIN-EINRICHTUNGS-GEGENSTÄNDE

Die Fünf Elemente

Das System der Fünf Elemente ist eine Verfeinerung der Prinzipien von Yin und Yang. Statt zwei Arten von Energie gibt es nun fünf: Holz, Feuer, Erde, Metall und Wasser.

Die Fünf Elemente spielen eine große Rolle in den medizinischen Lehren des Orients, aber sie haben auch einen Bezug zum Haus und zur Umwelt. Wie Yin und Yang sind die Fünf Elemente mit den Jahreszeiten und den Tageszeiten verbunden. Das Jahr wird nicht in vier, sondern in fünf Abschnitte eingeteilt, wobei zwischen Sommer und Herbst eine Jahreszeit ergänzt wird, die man Frühherbst oder Spätsommer nennt.

Jedes der Fünf Elemente beschreibt eine bestimmte Art von Chi-Energie, die man zu einer bestimmten Richtung in Beziehung setzen kann, je nachdem, wie die Sonne im Laufe des Tages oder des Jahres am Himmel steht. Man versteht die unterschiedlichen Typen der Chi-Energie am besten, indem man sich vorstellt, zur entsprechenden Tages- und Jahreszeit draußen in der Natur zu sein (vgl. gegenüberliegende Seite).

DIE FÜNF ELEMENTE IM HAUS

Die Fünf Elemente sind mit den fünf Richtungen verbunden, die mit den Bewegungen der Sonne während des Tagesablaufs zusammenhängen. Am Morgen nimmt Ihr Haus im Osten das sich nach oben bewegende Chi auf (Holz-Energie). Im weiteren Verlauf des Tages bewegt sie sich von Osten nach Süden und lädt die Südseite mit strahlender Feuer-Energie auf. Später beginnt sie zu sinken und bringt die gesetztere Erd-Energie in den Südwesten und in die Mitte Ihres Hauses. Wenn sie untergeht, nimmt Ihr Haus im Westen Metall-Energie auf. Während der Nacht fließt im Norden Ihres Hauses die Wasser-Energie.

Zu den entsprechenden Tageszeiten nimmt Ihr Haus die Energien der Fünf Elemente intensiver auf, und sie bleiben dort, bis sie am nächsten Tag ersetzt werden. Folglich wird Ihr Haus im Osten unabhängig von der Tageszeit immer mit einem gewissen Maß an Holz-Energie aufgeladen sein.

Die Fünf Elemente befinden sich auch in reiner Form in Ihrem Haus. Die Holz-Energie kommt in Gestalt von Holz, Papier und großen Pflanzen vor, Feuer wird durch den Herd, einen Kamin und die Beleuchtung repräsentiert, Erde durch Porzellan, Keramik und Gips, Metall tritt in Form von Eisen, Silber oder Edelstahl in Erscheinung und Wasser in Form von Teichen, Waschbecken, Badezimmern und Aquarien.

FORMEN, FARBEN UND MATERIALIEN

Die Fünf Elemente haben eine Verbindung zu Formen, Farben und Materialien (Tabelle auf S. 26), und sie können dergestalt einen Platz in oder an Ihrem Haus finden.

Tapeten mit vertikalen Streifen etwa bringen mehr aufsteigende Holz-Energie. Eine Karte des Sternenhimmels (Feuer-Energie) schafft eine aufregende Atmosphäre. Horizontale oder karierte Muster erhöhen die Erd-Energie, so daß man sich in einem Raum behaglicher fühlt. Runde Formen verstärken die Metall-Energie und lassen ein Zimmer vollständiger erscheinen. Wellenförmige oder unregelmäßige Muster bringen zusätzliche Wasser-Energie und schaffen eine friedlich fließende Atmosphäre.

Wände, Decken, Böden oder Möbel können passende Farben haben. Starke Farben wie Rot oder Schwarz wirken sogar dann, wenn sie nur eine kleine Fläche bedecken, etwa eine Vase mit roten Blumen. Einen ähnlichen Einfluß hat das Material der Möbel, beispielsweise Holz oder Metall.

Diese Effekte werden besonders intensiv, wenn man die Farben mit entsprechenden Mustern oder Materialien kombiniert. Eine grüne Tapete mit vertikalen Streifen repräsentiert dann beispielsweise die Holz-Energie usw.

Die Chi-Energien der Fünf Elemente

Holz
Sie gehen im Frühling frühmorgens, wenn die Sonne gerade am Horizont erscheint, einen von Bäumen gesäumten Weg entlang. Das vorherrschende Gefühl ist das von aufwärtsstrebender Energie. An den Bäumen zeigt sich das erste Grün, und alles freut sich auf einen neuen Tag und ein neues Jahr.

Feuer
Es ist Mittag an einem heißen Sommertag. Die Natur steht in voller Blüte. Der Baum ist dicht belaubt. Helles Licht und farbenprächtige Blüten bestimmen das Bild. Die Energie scheint sich in alle Richtungen auszudehnen und strahlt wie die Hitze eines glühenden Feuers.

Erde
Denken Sie an einen Nachmittag im frühen Herbst. Die Blätter haben sich gefärbt und beginnen zu fallen. Die Sonne steht niedriger am Himmel. Das vorherrschende Gefühl ist, daß die Energie langsam in den Boden sinkt.

Metall
Es ist Abend im Spätherbst. Während die Sonne hinter den Horizont sinkt, hat man das Gefühl, daß sich die Energie sammelt und die Natur sich für den Winter bereit macht. Die Energie zieht sich nach innen zurück und wird fest, was den Vorgang spiegelt, durch den Metall geschaffen wird.

Wasser
Schließlich haben wir eine feuchte, frostige Nacht mitten im Winter. An der Oberfläche ist alles still und ruhig, aber tiefer in der Erde vollziehen sich gewaltige Veränderungen, und unter dem Eis fließen starke Wasserströme. Diese Art von Chi bewegt sich auf ähnliche Weise.

ELEMENT	FORMEN	FARBEN	MATERIALIEN	BEDEUTUNG
HOLZ Ost/Südost 	rechteckig hoch dünn vertikal	Grün	Holz Weide Binse Bambus	Leben Wachstum Vitalität Aktivität
FEUER Süden 	spitz sternförmig gezackt dreieckig Pyramide Diamant Zickzack	Rot	(Plastik wird der Feuer-Energie zugeordnet, aber im Haus nicht empfohlen, weil es die Chi-Energie negativ beeinflußt [S. 129])	Leidenschaft Wärme Aufregung Ausdruck
ERDE Südwest/Mitte/ Nordost 	gedrungen niedrig flach breit kariert horizontal	Gelb Braun	Gips Porzellan Ton Keramik Ziegel Naturfasern (Baumwolle, Leinen, Wolle, Seide) weicher Stein (z. B. Kalkstein)	Komfort Sicherheit Beständigkeit Vorsicht
METALL West/Nordwest 	rund kuppelförmig bogenförmig oval kreisförmig sphärisch	Weiß Golden Silbern	Edelstahl Messing Silber Bronze Kupfer Eisen Gold Harter Stein (z. B. Marmor, Granit)	Reichtum Solidität Führerschaft Organisation
WASSER Norden 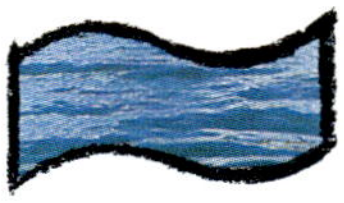	unregelmäßig gekrümmt chaotisch gewellt amorph	Schwarz	Glas	Tiefe Kraft Flexibilität Beruhigung

BEZIEHUNGEN ZWISCHEN DEN FÜNF ELEMENTEN

Zwei Energieströme beherrschen die Beziehungen zwischen den Fünf Elementen: der Kreislauf der Erzeugung und der Kreislauf der Zerstörung (rechts). Man kann sie mit dem natürlichen Kreislauf der Jahreszeiten vergleichen (s. S. 25).

WASSER Im Winter bearbeiten wir den Boden und pflanzen die Samen. Wenn es im Frühjahr schön ist, wachsen sie. Aber wenn es noch späte Fröste gibt, werden die Schößlinge zerstört. Wasser bringt Holz hervor, aber wenn das Holz mangelhaft ist, zerstört Wasser das Feuer.

HOLZ Nach einem guten Frühjahr versprechen die Felder im Sommer reiche Ernte. Aber wenn die Sonne nicht genug scheint oder viel Regen fällt, verfault das Korn im frühen Herbst auf dem Boden. Holz bringt Feuer hervor, aber wenn das Feuer schwach ist, zerstört Holz die Erde.

FEUER Nach einem guten Sommer reift das Korn im frühen Herbst. Aber wenn das Wetter kalt und wolkig ist, reift das Getreide nicht. Feuer bringt Erde hervor, so wie Asche den Boden verbessert, aber wenn die Erde mangelhaft ist, kann Feuer das Metall zerstören.

ERDE Wenn im frühen Herbst die Sonne scheint, gibt es im späten Herbst eine gute Ernte. Aber früher Frost oder starker Regen zerstören die Ernte, und dann hat man keinen Samen, den man im Winter säen könnte. Erde bringt Metall hervor, wie Mineralien in der Erde Metallerze entstehen lassen, aber wenn das Metall mangelhaft ist, zerstört Erde das Wasser.

METALL Hat das Getreide im Spätherbst Samen gebildet, können sie im Frühjahr neue Pflanzen hervorbringen. Ein harter Winter kann die Saat jedoch zerstören. Metall bringt Wasser hervor, aber wenn das Wasser mangelhaft ist, wird Metall das Holz zerstören.

ELEMENT	GEWINNT	ZERSTÖRT	ERSCHÖPFT
WASSER	Holz	Feuer (wenn Holz schwach ist)	Metall
HOLZ	Feuer	Erde (wenn Feuer schwach ist)	Wasser
FEUER	Erde	Metall (wenn Erde schwach ist)	Holz
ERDE	Metall	Wasser (wenn Metall schwach ist)	Feuer
METALL	Wasser	Holz (wenn Wasser schwach ist)	Erde

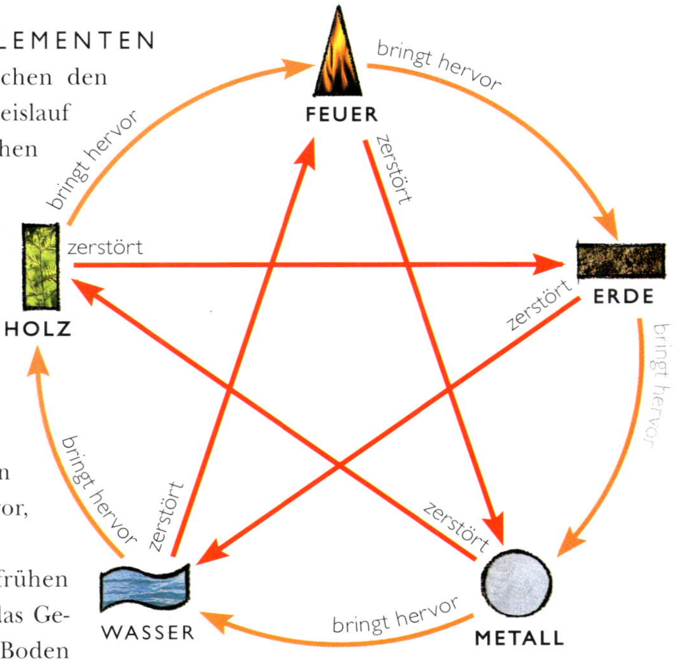

Kreisläufe der Erzeugung und Zerstörung

Im Kreislauf der Erzeugung (orange) bewegt sich das Chi im Uhrzeigersinn von einem Element zum nächsten und verwandelt sich dabei in das nächste Element. Jedes Element bringt das folgende hervor, aber diese Aktivität wirkt erschöpfend, so daß jedes Element vom folgenden erschöpft wird – Wasser bringt Holz hervor, wird aber auch von Holz erschöpft. Der Kreislauf der Erzeugung kann somit sowohl zur Beruhigung als auch zur Anregung des Chi benutzt werden.

Im Kreislauf der Zerstörung (rot) bewegt sich das Chi in geraden Linien zum jeweils übernächsten Element. Das geschieht, wenn das jeweils nächste Element einen Mangel hat, aber die Wirkung auf das übernächste Element ist zerstörerisch. Der Kreislauf der Zerstörung kann im Feng Shui ebenfalls positiv genutzt werden, aber das Hauptziel besteht darin, fehlende Energien aufzubauen. Diese Beziehungen zwischen den Elementen werden in der Tabelle (links) zusammengefaßt.

WIE MAN DIE FÜNF ELEMENTE VERWENDET

Man kann die Fünf Elemente verwenden, um die Energieströme im Haus zu verändern, und sie sind die Grundlage vieler Heilmittel und Problemlösungen des Feng Shui. Wenden Sie Ihre Kenntnisse über die Kreisläufe der Erzeugung und der Zerstörung auf die Ziele an, die Sie erreichen wollen, oder auf die Probleme, die Sie lösen möchten, um so eine bestimmte Art von Energie zu erhöhen, eine andere zu senken oder ein Gleichgewicht zu erhalten. Solche Beeinflussungen werden durchgeführt, indem man Dinge, die mit den betreffenden Elementen in Verbindung stehen, an den passenden Stellen plaziert.

Nehmen wir an, Sie hätten ein Zimmer im Süden Ihres Hauses und wollten dort die Chi-Energie erhöhen. Der Süden ist mit der Feuer-Energie verbunden. Feuer wird durch Holz erzeugt. Folglich sollten Sie entweder die Feuer-Energie selbst fördern oder ihre Entstehung durch Holz unterstützen. Feuer wird durch spitze Formen, die Farbe Rot sowie

Plazieren von Dingen, die ein Element repräsentieren

Die Energie eines Elementes kann in reiner Form an der entsprechenden Stelle plaziert werden – Holz, Feuer, Erde, Metall oder Wasser – oder in Form von Dingen, die das Element repräsentieren. Am stärksten wirken Objekte, die Form, Farbe und Material eines Elementes in sich vereinen (z. B. eine niedrige braune Terrakottaschale mit brauner Erde für die Erd-Energie).

Andere Farben stellen eine Verbindung zu einer bestimmten Richtung her (S. 30–33): Man kann etwa Rot im Westen für Metall verwenden.

Wasser *Verwenden Sie frisches Wasser, Gegenstände aus Glas oder Dinge, die schwarz oder unregelmäßig geformt sind. Hier sehen Sie Schalen und Steine aus Glas sowie schwarze, gebogene Stämme und schwarzen Stoff.*

Holz *Verwenden Sie Pflanzen, Holz oder Papier und hohe, schmale, grüne Gegenstände. Hier sehen Sie einen grünen Topf, eine hohe, grüne Vase, eine große Lampe mit Papierschirm und einen grünen Bilderrahmen.*

durch Licht und Feuer selbst repräsentiert; um sie zu erhöhen, können Sie also Kerzen aufstellen, rote Tapeten mit sternförmigem Muster anbringen oder den Raum hell erleuchten. Holz-Energie wird durch hohe, rechteckige Formen, die Farbe Grün und die Materialien Holz und Papier repräsentiert. Bäume und hohe Pflanzen stellen das Element selbst dar, so daß hohe Pflanzen, grüne, vertikal gestreifte Tapeten, Holzböden und ein Paravent aus Papier die Holz-Energie im Raum erhöhen würden.

Um das Chi in einem südlichen Raum zu dämpfen, würde man die Energie des Erd-Elementes verwenden, weil Feuer dadurch erschöpft wird. Niedrige Tonfiguren, die Farbe Gelb und niedrige, in die Breite wuchernde Pflanzen in viel Erde würden mehr Erd-Energie in den Raum bringen.

Man kann den Kreislauf der Erzeugung einsetzen, um das Chi zu dämpfen oder zu erhöhen. Um etwa das Chi im Norden zu dämpfen, könnte man dort Bäume oder hohe Pflanzen plazieren, weil sie die Holz-Energie repräsentieren, die die Wasser-Energie im Norden erschöpft.

Feuer *Verwenden Sie Feuer selbst, die Farbe Rot oder spitze Gegenstände. Die Abbildung zeigt eine Öllampe, sternförmige Kerzenhalter, einen roten Stern, rote Blumen in einer roten Vase und roten Stoff.*

Erde *Nehmen Sie Erde oder Lehm selbst oder die Farben Gelb/Braun oder niedrige rechteckige Gegenstände. Oben sehen Sie einen Tontopf, gelbe Blumen, eine viereckige Schale, einen Bilderrahmen und karierten Stoff.*

Metall *Verwenden Sie Metall selbst sowie runde, silberne, goldene oder weiße Gegenstände. Oben sehen Sie einen runden Metallrahmen, einen runden Metalltopf, ein rundes Drahtgestell und Silberkugeln.*

Die Acht Richtungen

Das Prinzip der Acht Richtungen führt Yin und Yang und die Fünf Elemente einen Schritt weiter. Nach dieser Vorstellung gibt es acht verschiedene Richtungen der Chi-Energie.

Die Acht Richtungen und die Mitte (s. u. links) auf dem Kompaß sind jeweils mit verschiedenen Arten der Chi-Energie verbunden. Jede Richtung ist also mit einem Trigramm aus dem *I Ging* (s. u.) verknüpft, mit einem der Fünf Elemente, einer Neun-Ki-Zahl, einer Farbe, einer Tageszeit und einer Jahreszeit. Zusammen formen sie ein detailliertes Bild der zu dieser Richtung gehörenden Chi-Energie.

TRIGRAMME Der Autor eines alten chinesischen philosophischen Textes, des *I Ging*, hat die Trigramme ausgearbeitet, die jeweils aus drei unterbrochenen oder durchgehenden Linien bestehen, die Yin und Yang repräsentieren. Die Trigramme symbolisieren spezielle Kombinationen von Energien. Das Trigramm für Wasser etwa besteht aus einer durchgehenden Linie in der Mitte mit unterbrochenen Linien darüber und darunter: Das Element ist nach außen weich und ruhig (Yin), hat aber im Inneren eine enorme Stärke (Yang).

DIE FÜNF ELEMENTE Jede Richtung und auch die Mitte ist mit mindestens einem der Fünf Elemente verbunden (S. 24–29). Außer Norden und Süden teilen sich alle Richtungen zu zweit ein Element.

SYMBOLE Wo sich zwei Richtungen ein Element teilen, haben sie jeweils ein unterschiedliches Symbol, zum Beispiel Donner im Osten und Wind im Südosten (beide Holz).

FAMILIENMITGLIEDER Jede Richtung ist einem Familienmitglied zugeordnet. Die Zuordnung basiert auf einer traditionellen orientalischen Familie, was heutzutage unpassend erscheinen mag, aber man kann die Symbolik nach den eigenen Vorstellungen deuten.

NEUN-KI-ZAHL Dies sind die Ziffern der japanischen Neun-Ki-Astrologie (S. 34–41). Jede Richtung und die Mitte ist mit einer Neun-Ki-Zahl verbunden.

FARBE Jede Richtung und die Mitte ist mit einer Farbe verknüpft. Auch die Farben basieren auf den japanischen Neun-Ki-Zahlen. Im Osten und Südosten sowie in der Mitte handelt es sich um die Farben des jeweils zugeordneten Elementes; bei den anderen Richtungen gibt es diese Übereinstimmung nicht.

TAGESZEIT Sie wird bestimmt durch die Zeit, zu der die Sonne in der betreffenden Richtung steht. Dann ist die jeweilige Chi-Energie hier am stärksten, etwa mittags im Süden.

JAHRESZEIT Jede Richtung wird einer Jahreszeit zugeordnet, zu der die jeweilige Chi-Energie am stärksten ist. So wirkt beispielsweise das Chi im Süden im Hochsommer am stärksten.

DAS CHI DER MITTE

Es gibt noch eine neunte Form der Chi-Energie, die der Mitte. Diese Energie hat die stärkste Kraft und eröffnet dadurch größere Chancen, aber auch größere Risiken als die Acht Richtungen. Die Energie ist veränderlich und hat zwei Extreme: produktiv und destruktiv. Sie ist dem Element Erde, der Zahl 5 und der Farbe Gelb zugeordnet, aber anders als die Acht Richtungen hat sie keine Verbindung zu einem Trigramm, Symbol, Familienmitglied, einer Tages- oder Jahreszeit. Wenn Sie Ihr Haus einrichten, ist es am besten, die Mitte des Hauses und eines jeden Zimmers so leer wie möglich zu lassen.

Die acht Typen der Chi-Energie

In verschiedenen Bereichen eines Hauses, eines Zimmers oder einer Landschaft findet man jeweils eine bestimmte Art von Energie. Diese Bereiche werden dadurch festgelegt, in welcher Richtung sie von der Mitte des Hauses, des Zimmers oder der Landschaft aus liegen (S. 42–46). Ein Zimmer im Norden wird überwiegend die Chi-Energie des Nordens aufweisen. Die Energien der Acht Richtungen schließen Yin und Yang und die Fünf Elemente ebenso ein wie die anderen erwähnten Bezugsgrößen. Das folgende Diagramm faßt das generelle Bild zusammen; die Tabellen auf den nächsten Seiten beschreiben die Auswirkungen jeder Art von Chi-Energie im Detail.

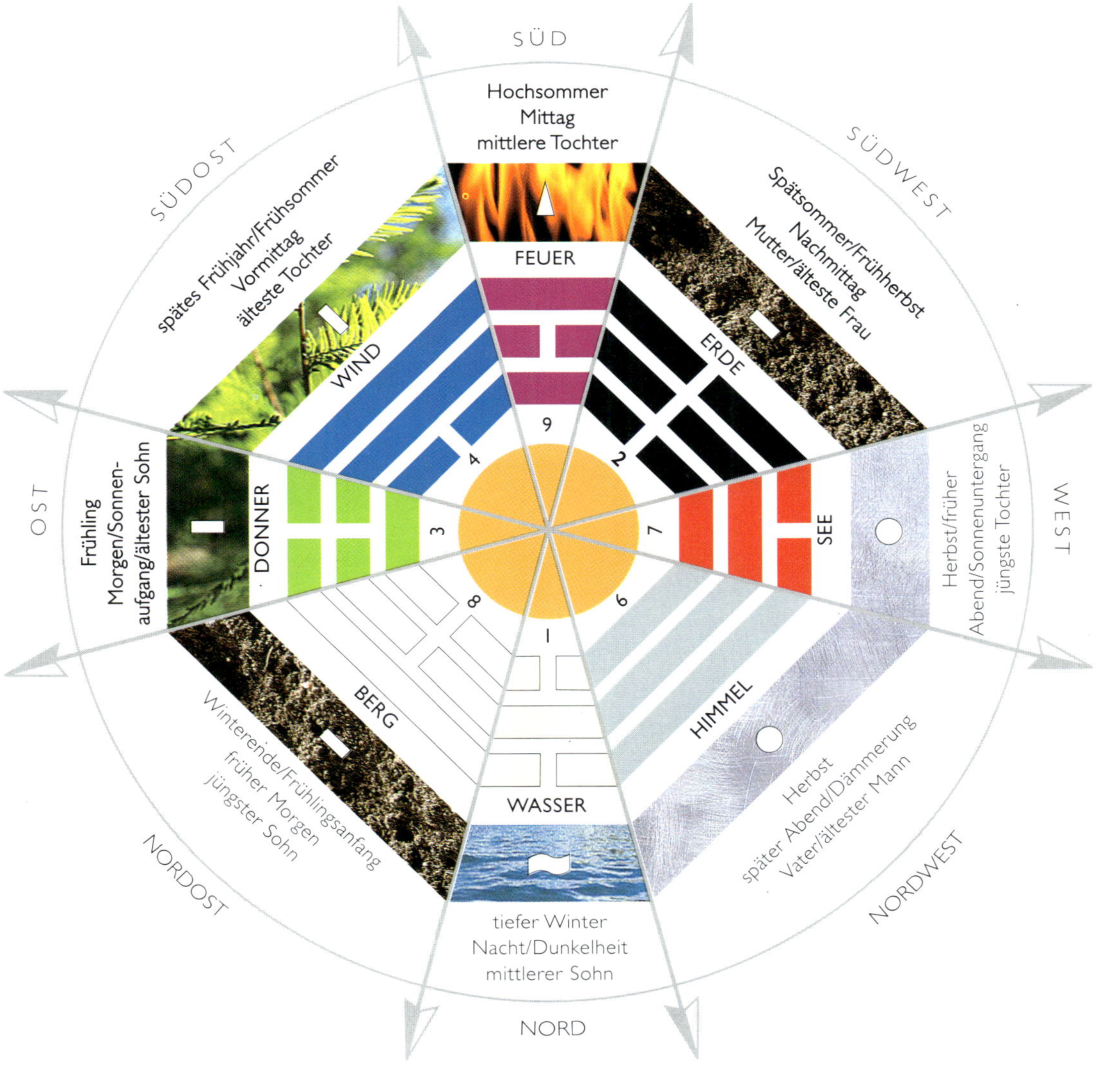

RICHTUNG	CHI-ENERGIE
NORDEN **Trigramm** Yin/Yang/Yin **Element** Wasser **Symbol** Wasser **Familienmitglied** mittlerer Sohn **Neun-Ki-Zahl** 1 **Farbe** gebrochenes Weiß **Tageszeit** Nacht/Dunkelheit **Jahreszeit** tiefer Winter	Der Norden repräsentiert die Empfängnis – den Lebensanfang –, wenn das Kind beginnt, im Mutterleib, fast unabhängig von der Welt, seine individuellen Charakteristika zu entwickeln. An der Oberfläche scheint alles ruhig zu sein, aber im Inneren finden mächtige Veränderungen statt. Bei Nacht und im tiefen Winter ist die Chi-Energie still, aber höchst aktiv. Es besteht eine Verbindung zu Sexualität, Spiritualität und Isolation. Die Yin-Linien des Trigramms sorgen für Weisheit und eine oberflächlich passive Natur. Die Yang-Linie repräsentiert Macht und Stärke in der Tiefe. Wasser ist auch ein Symbol für Tiefe und Bewegung mit Flexibilität. Der mittlere Sohn steht für Zuneigung bei einem gleichzeitig sehr unabhängigen Geist. Gebrochenes Weiß erreicht man leicht durch eine polierte Oberfläche.
NORDOSTEN **Trigramm** Yang/Yin/Yin **Element** Erde **Symbol** Berg **Familienmitglied** jüngster Sohn **Neun-Ki-Zahl** 8 **Farbe** strahlendes Weiß **Tageszeit** früher Morgen **Jahreszeit** Ende des Winters/Vorfrühling	In dieser Phase entwickelt das Kind Individualität, einen Leistungswillen, der sich auf das Überleben und die Weiterentwicklung richtet, Stärke und Hartnäckigkeit. Der Nordosten ist Teil einer Nordost-Südwest-Achse, auf der beide Richtungen und die Mitte zum Element Erde gehören. Die Energie kann sich hier sehr schnell bewegen – dadurch sind diese Richtungen wenig stabil. Das nordöstliche Chi ist durchdringend und ändert schnell die Richtung. Am aktivsten ist es kurz vor dem Morgengrauen und am Ende des Winters. Das Trigramm repräsentiert Stärke und Aktivität über der Ruhe. Der Berg symbolisiert die Schroffheit eines Felsens. Jüngere Söhne sind oft verzogen und entwickeln ein Leistungsstreben, wodurch sie motiviert, schroff und direkt werden. Das strahlende Weiß schafft ebenso eine klare, helle Atmosphäre.
OSTEN **Trigramm** Yin/Yin/Yang **Element** Holz **Symbol** Donner **Familienmitglied** ältester Sohn **Neun-Ki-Zahl** 3 **Farbe** Grün **Tageszeit** Morgen/Sonnenaufgang **Jahreszeit** Frühling	In dieser Lebensphase ist der Mensch bereit für eine berufliche Laufbahn. Es ist eine Zeit der Ambitionen und des Neubeginns. Die Chi-Energie ist aktiv und konzentriert – und am intensivsten bei Sonnenaufgang. Das Trigramm hat eine durchgehende Yang-Linie unter zwei Yin-Linien, was der Yang-Energie erlaubt, sich kraftvoll nach oben zu bewegen. Das Element Holz sorgt für die Aufwärtsbewegung. Das Symbol des Donners vermittelt den Eindruck großer Stärke und Aggression sowie die Vorstellung, daß man die Dinge in Bewegung bringen will. Der älteste Sohn übernimmt später traditionell die Rolle des Familienoberhauptes. Er repräsentiert die Zukunft der Familie, und diese Chi-Energie drückt Ehrgeiz, Ideen und Träume aus. Das Grün des Ostens ist hell und fördert Gefühle von Wachstum, Frische und Vitalität.
SÜDOSTEN **Trigramm** Yang/Yang/Yin **Element** Holz **Symbol** Wind **Familienmitglied** älteste Tochter **Neun-Ki-Zahl** 4 **Farbe** dunkelgrün/blau **Tageszeit** Vormittag **Jahreszeit** spätes Frühjahr/Frühsommer	Dies ist die Phase der Reife und des harmonischen Fortschritts, wenn man langfristige Beziehungen eingeht oder heiratet. Diese Form der Chi-Energie ist geschäftig und aktiv, aber weniger scharf als die des Ostens. Sie ist stärker am Vormittag und im Frühsommer, wenn die Sonne am Himmel steigt. Das Trigramm besteht aus einer Yin-Linie unter zwei Yang-Linien. So wird die Herzensgüte durch große Aktivität an der Oberfläche geschützt. Das Symbol des Windes verleiht dieser Energie Kraft und Stärke, ist jedoch weniger aggressiv und dramatisch als der Donner. Die älteste Tochter ist freundlicher als der älteste Sohn, und so unterstützt diese Energie einen harmonischen Fortschritt. Das dunkle Grün ist tiefer und beständiger als das helle Grün des Ostens und symbolisiert eine reifere Form von Wachstum und Vitalität. Einige Blautöne haben ähnliche Eigenschaften.

RICHTUNG	CHI-ENERGIE
SÜDEN **Trigramm** Yang/Yin/Yang **Element** Feuer **Symbol** Feuer **Familienmitglied** mittlere Tochter **Neun-Ki-Zahl** 9 **Farbe** Purpur **Tageszeit** Mittag **Jahreszeit** Hochsommer	Diese Phase steht für den Höhepunkt des Lebens, wenn man nach harter Arbeit endlich Erfolg und Anerkennung genießt. Die Chi-Energie des Südens ist feurig, leidenschaftlich und strahlend, und sie ist am aktivsten um die Mittagszeit und im Hochsommer. Fließt die Chi-Energie in diesem Teil des Hauses gut, winken möglicherweise Ruhm und sozialer Erfolg. Das Trigramm besteht aus einer Yin-Linie zwischen zwei Yang-Linien, d.h., die Chi-Energie ist an der Oberfläche aktiv und dynamisch, im Inneren jedoch weich und fließend. Die mittlere Tochter gibt dieser Richtung ihre extravertierte und gesellige Natur. Gleichzeitig repräsentiert der Süden Intelligenz und Schönheit. Die zugehörige Farbe ist Purpur – das entspricht besonders dem Farbton, den man am Grund einer Flamme findet. Damit werden Leidenschaft, Erregung und Hitze symbolisiert.
SÜDWESTEN **Trigramm** Yin/Yin/Yin **Element** Erde **Symbol** Erde **Familienmitglied** Mutter/älteste Frau **Neun-Ki-Zahl** 2 **Farbe** Schwarz **Tageszeit** Nachmittag **Jahreszeit** Spätsommer/Frühherbst	Diese Chi-Energie symbolisiert das gesetztere Stadium der Lebensmitte. Die familiäre Harmonie ist jetzt das vorherrschende Thema. Der Südwesten liegt auf derselben labilen Achse wie der Nordosten, aber die Veränderungen sind hier weniger plötzlich und abrupt. Am aktivsten ist sie nachmittags und im Spätsommer. Diese Atmosphäre fördert die Festigung des Bestehenden und einen methodischen Fortschritt. Das Trigramm hat drei Yin-Linien und repräsentiert eine empfänglichere, nachgebende weibliche Energie. Das Symbol der Mutter weist ebenfalls auf Weiblichkeit hin und fördert die familiäre Harmonie. Die Erde vermittelt die Vorstellung, daß sie uns unterstützt und das Leben nährt. Die Farbe Schwarz erinnert an den fruchtbaren dunklen Mutterboden und fördert die nährende und unterstützende Atmosphäre.
WESTEN **Trigramm** Yin/Yang/Yang **Element** Metall **Symbol** See **Familienmitglied** jüngste Tochter **Neun-Ki-Zahl** 7 **Farbe** Rot **Tageszeit** früher Abend/Sonnenuntergang **Jahreszeit** Herbst	In dieser Zeit gehen die mittleren Jahre zu Ende. Jetzt hat man Gelegenheit, loszulassen, sich zu entspannen und die Früchte der Arbeit zu ernten. Die Chi-Energie des Westens steht mit finanziellen Einkünften und der Ernte in Verbindung, und sie ist am aktivsten bei Sonnenuntergang und im Herbst. Das Trigramm hat eine Yin-Linie über zwei Yang-Linien. Die Ruhe an der Oberfläche wird durch die darunterliegende Kraft gestärkt. Der See repräsentiert eine tiefere, mehr reflektive Qualität, und von der Metall-Energie behaupten einige Feng-Shui-Schulen, sie habe eine Verbindung zum Geld. Die jüngste Tochter bringt eine spielerische Note in diese Richtung. Die Farbe des Westens ist Rot wie das feurige Glühen eines strahlenden Sonnenuntergangs. Sie fördert Gefühle von Romantik, Freude, Stil und Zufriedenheit.
NORDWESTEN **Trigramm** Yang/Yang/Yang **Element** Metall **Symbol** Himmel **Familienmitglied** Vater/ältester Mann **Neun-Ki-Zahl** 6 **Farbe** Silberweiß **Tageszeit** später Abend/Dämmerung **Jahreszeit** Spätherbst/Winter	Dies ist die letzte Phase im Lebenszyklus – das Alter. Zu diesem Zeitpunkt hat die Lebenserfahrung uns zu Weisheit verholfen, so daß wir anderen durch die früheren Lebensstadien helfen können. Die Chi-Energie des Nordwestens hat einen Bezug zu Führerschaft, Organisation und Planung, und sie ist am aktivsten in der Dämmerung und im Spätherbst oder Winter. Die drei Yang-Linien des Trigramms repräsentieren eine mächtige männliche Energie. Das Symbol des Himmels fügt Würde, Weisheit und Überlegenheit hinzu. Mit dem Vater verbindet man Vorstellungen von Respekt, Autorität und Verantwortlichkeit. Der Nordwesten ist eine besonders wichtige Richtung für den Vater, den ältesten Mann oder den Hauptverdiener der Familie, gleich, welchen Geschlechts. Die Farbe Silberweiß läßt an das Haar eines älteren Menschen denken und verstärkt den Eindruck von Würde, Stolz und Weisheit.

Neun-Ki-Astrologie

Die Kompaßmethode des Feng Shui berücksichtigt Zeit und Raum. Sie können damit nicht nur herausfinden, wie Sie den Raum in Ihrem Haus aufteilen sollten, sondern auch, wann die beste Zeit dafür ist.

Dieses Zahlenmuster, das als magisches Quadrat bezeichnet wird, bildet die Grundlage des Feng Shui und der Neun-Ki-Astrologie. Es wurde vor Tausenden von Jahren von dem chinesischen Kaiser Fu Hsi entdeckt, dem legendären Begründer des I Ging (Buch der Wandlungen).

Es gibt günstige und ungünstige Zeiten für bestimmte Vorhaben. Wenn es für Sie vorteilhaft ist, Ihr Bett an einen bestimmten Platz zu stellen, dann gibt es sicher auch eine günstige Zeit dafür. Was Sie tun und der Zeitpunkt, wann Sie es tun, sollte für Sie vorteilhaft sein, ganz gleich, ob Sie Feng-Shui-Empfehlungen in die Tat umsetzen oder in ein neues Haus ziehen.

Der Umzug in ein neues Haus verändert das Leben der Menschen oft drastisch, wobei die Zeit und die Richtung des Umzugs häufig den größten Einfluß haben. Das ist nicht überraschend, wenn wir uns solche Vorgänge in der Natur vergegenwärtigen: Setzt man eine Pflanze im Garten an einen anderen Platz, muß man sie zuerst aus dem Boden ausgraben, anschließend unbeschädigt zum Zielort bringen und sie dann an der günstigsten Stelle und zur richtigen Jahreszeit wieder einpflanzen.

Bei Menschen ist die Situation ganz ähnlich. Wo immer Sie leben, mischt sich Ihr Chi mit dem der Umgebung. Wenn Sie diesen Ort verlassen, ist das so, als würden Sie buchstäblich Ihre Wurzeln aus der Erde reißen. Die Richtung und der Zeitpunkt Ihres Umzugs legen fest, wie gut Ihr persönliches Chi sich mit den Energien des neuen Ortes verbindet. Wenn die neue Chi-Energie günstig ist, wird es Ihnen dort gutgehen. Der Umzug in ein neues Haus birgt nicht nur Risiken, sondern auch günstige Gelegenheiten, Ihr Leben zu verändern und Ihre Aussichten auf eine bessere Gesundheit, Reichtum und Glück zu steigern, ganz so, als ob eine vor sich hin kümmernde Pflanze wie durch ein Wunder auflebt, wenn man sie in das richtige Beet setzt.

DAS MAGISCHE QUADRAT

Ob man sich beim Zeitpunkt für einen Umzug nach den Kräften der Natur richtet, kann über Erfolg oder Mißerfolg entscheiden. Sie sollten das genausowenig dem Zufall überlassen wie eine Seereise, zu der Sie auch nicht ohne Karte, nautische Instrumente und Informationen über die Wetterlage aufbrechen würden. Das magische Quadrat (links) ist sowohl eine Karte als auch ein Zeitplan, der die Bewegungen der Chi-Energie jährlich, monatlich, täglich und stündlich abbildet. Feng-Shui-Praktiker benutzen dieses Quadrat, um die ideale Zeit und Richtung für einen Umzug festzulegen, die beste Zeit für größere Renovierungsarbeiten oder die günstigsten Tage zur Umsetzung von Feng-Shui-Empfehlungen zu bestimmen. Man kann es auch verwenden, um den besten Tag und die Richtung für die Reise zu einem wichtigen Ereignis, für die Unterzeichnung eines Vertrages oder die Eröffnung eines neuen Geschäftes festzulegen.

Das magische Quadrat wurde angeblich von Fu Hsi entdeckt, als er eine Schildkröte, in China ein heiliges Tier, aus dem Fluß Lo steigen sah und ihm plötzlich das Muster der Wassertropfen auf ihrem Panzer auffiel. In einem Augenblick tiefer Meditation kam er zu der Überzeugung, dieses Muster könne die Bewegung der Energie im Universum erklären. Die Tropfen waren auf den neun Feldern des Panzers folgendermaßen angeordnet: Fünf Tropfen standen in der Mitte, und die restlichen Gruppen von 1 bis 9 verteilten sich so um diese Mitte, daß die Summe in jeder Richtung 15 ergab. Im Feng Shui repräsentieren diese Ziffern die Typen der Chi-Energie, die auf S. 30–33 genau beschrieben sind.

NEUN KI

Neun Ki nennt man die Feng-Shui-Astrologie in Japan. Die 9 bezieht sich auf die neun Zahlen des magischen Quadrats, und Ki ist das japanische Wort für Chi. Die Anordnung der Zahlen im magischen Quadrat mit der 5 in der Mitte ist die Standard-Neun-Ki-Karte, die das vorherrschende Energiemuster in bestimmten Jahren repräsentiert. Wie sich das Muster jedes Jahr ändert, wird durch die entsprechenden Neun-Ki-Karten dargestellt. Es gibt neun verschiedene Jahreskarten (rechts), die sich alle neun Jahre wiederholen. Mit jedem Jahresbeginn nimmt eine neue Zahl die mittlere Position ein, und die anderen Zahlen werden um sie herum neu angeordnet (nur bei der Standardkarte ergibt sich in jeder Richtung die Summe 15). Jedes Jahr ist die mittlere Zahl um 1 niedriger; wenn die mittlere Zahl also 1997 die 3 ist, ist sie 1998 die 2 usw.

Auf diese Weise können Sie die Neun-Ki-Zahl (die mittlere Zahl) Ihres Geburtsjahres ermitteln (S. 37). Sie ist gleichzeitig Ihre persönliche Neun-Ki-Zahl. Sie repräsentiert die Art von Chi, die in Ihrem Geburtsjahr vorherrschend war und die Ihr Leben auf ähnliche Weise prägt wie ein Fingerabdruck oder eine bestimmte DNA-Abfolge. Sie wirkt sich darauf aus, welches Verhältnis Sie zu anderen Arten von Chi-Energie haben, und mit ihrer Hilfe läßt sich bestimmen, welche Energien sich positiv oder negativ auf Ihr Wohlbefinden und Ihren Erfolg im Leben auswirken. Eine korrekte Neun-Ki-Karte basiert auf Ihrem genauen Geburtsdatum, aber diese komplizierte Berechnung überläßt man besser einem erfahrenen Neun-Ki-Astrologen. Wir verwenden hier nur die Jahreskarten.

NEUN-KI-ASSOZIATIONEN

DIE FÜNF ELEMENTE Diese Beziehung basiert auf der Anordnung der Neun-Ki-Zahlen auf der Standardkarte (rechts). Dort steht beispielsweise die Zahl 1 im Norden, der das Element Wasser repräsentiert. Menschen mit der Neun-Ki-Zahl 1 werden Merkmale des Wasser-Elements in ihrem Charakter haben und vielleicht nicht zu Menschen mit der Neun-Ki-Zahl

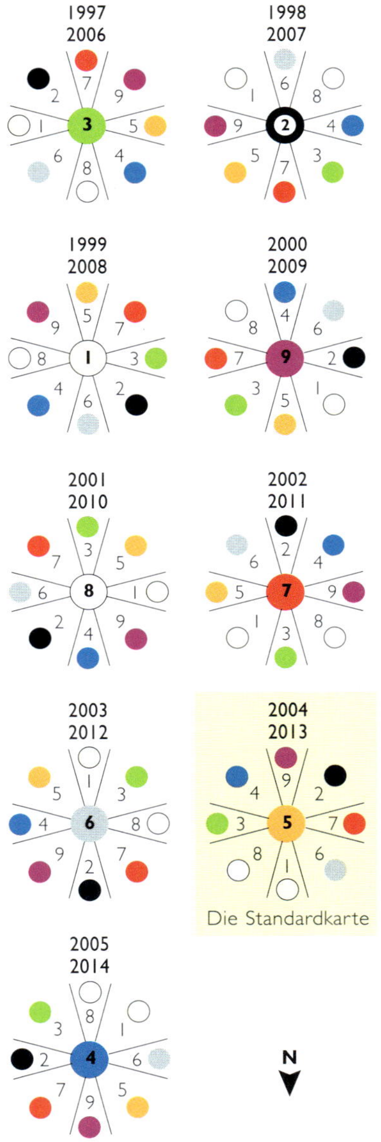

Es gibt neun verschiedene Jahreskarten, die neun Energiemuster repräsentieren. Die wechselnde Position Ihrer Neun-Ki-Zahl gibt Hinweise darauf, welchen Einfluß ein bestimmtes Jahr auf Sie hat. Wenn Ihre Zahl beispielsweise die 5 ist, dann steht das Chi Ihres Geburtsjahres im Element Erde (Mitte), aber Sie werden 1999 einige Charakteristika des Feuer-Elementes übernehmen, weil die 5 dann in der Feuer-Position (Süden) steht.

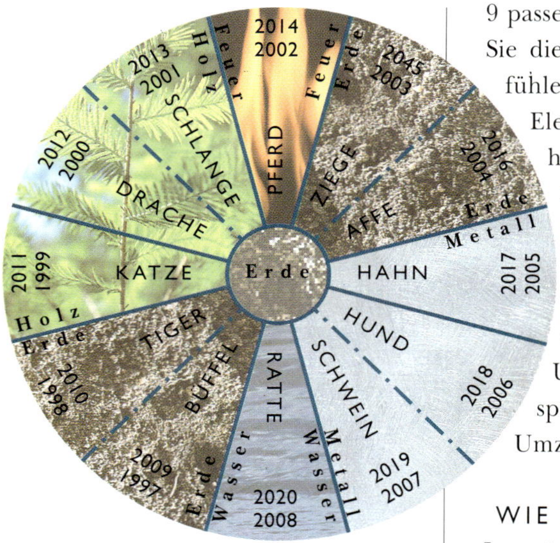

Einflußreiche Zusammenhänge
Die Neun-Ki-Astrologie hat einen Bezug zu den Fünf Elementen, und die chinesischen Tierkreiszeichen sind besonders wichtig bei der Wahl des richtigen Zeitpunktes für einen Umzug oder Veränderungen im Haus (S. 38–41).

9 passen, weil diese eine Verbindung zum Feuer-Element haben. Sofern Sie die Neun-Ki-Zahl 1 haben, werden Sie sich in den Jahren wohler fühlen, in denen die 1 dem Element Holz (1997, 1998) oder dem Element Metall (2001, 2010) zugeordnet ist, denn Wasser verhält sich harmonisch zu Holz und Metall.

DIE ZWÖLF TIERE Die zwölf symbolischen Tiere der chinesischen Astrologie haben einen Bezug zu bestimmten Himmelsrichtungen (in diesem Fall unterscheidet man nicht nur acht, sondern zwölf Richtungen). Jedes Jahr wird eins der Tiere aktiver. Der Kreislauf der Veränderungen vollzieht sich im Uhrzeigersinn und beginnt alle zwölf Jahre von neuem. Das hat spezielle Auswirkungen auf die Wahl des Zeitpunktes für einen Umzug.

WIE SIE IHRE PERSÖNLICHE NEUN-KI-ZAHL FINDEN

Im westlichen Kalender beginnt das Jahr am 1. Januar, aber im Neun Ki beginnt es gewöhnlich am 3., 4. oder 5. Februar. Die gegenüberliegende Tabelle zeigt die Neun-Ki-Zahlen der Jahre 1910 bis 2017 einschließlich der genauen Zeit (westeuropäische Zeit oder WEZ) des Jahresbeginns.

Benutzen Sie die Tabelle, um Ihre Neun-Ki-Zahl zu ermitteln: Wenn Sie beispielsweise im Januar 1950 geboren sind, ist Ihre Neun-Ki-Zahl die 6 – die Zahl für 1949; wären Sie im März 1950 geboren, wäre es die 5. Wenn Sie am 3., 4. oder 5. Februar eines beliebigen Jahres geboren sind, müssen Sie eventuell die Zeitverschiebung zwischen der WEZ in der Tabelle und der Ortszeit Ihres Geburtsortes berücksichtigen.

Dasselbe Verfahren müssen Sie anwenden, wenn Sie den günstigsten Zeitpunkt für einen Umzug berechnen. Wollten Sie am 4. Februar 1998 vor 8.01 WEZ umziehen, hätten Sie die Tabelle für 1997 benutzen müssen.

Die Farben im Kopf der Tabelle sind die Farben der Acht Richtungen, und sie stehen in einem Bezug zur Position der Zahlen in der Standard-Karte. Diese Farben sind günstig für Menschen mit der entsprechenden Neun-Ki-Zahl.

Die Symbole in der Tabelle repräsentieren die Chi-Energie der entsprechenden Zahl: Wind, Donner, Himmel usw. (S. 32 f.).

Es ist möglich, die Neun-Ki-Jahreszahl für Frauen nach einer anderen Methode zu berechnen, wobei die Zahl jedes Jahr um 1 erhöht statt verringert wird. Die Zahl für Männer und Frauen ist identisch, wenn ihre Neun-Ki-Jahreszahl die 3 ist (zum Beispiel 1952). In den Jahren 1953 und 1954 wären die Zahlen dann 4 und 5 für Frauen statt 2 und 1 für Männer. In diesem Buch benutze ich jedoch das System, nach dem Männer und Frauen, die im selben Jahr geboren sind, auch dieselbe Neun-Ki-Jahreszahl haben.

IHRE NEUN-KI-ZAHL

Mit Ihrer Neun-Ki-Zahl können Sie folgendes feststellen:
- die vorherrschende Chi-Energie Ihres Geburtsjahres, die Ihnen einen Einblick in Ihren Charakter, Ihre Bedürfnisse und Ihre Bestrebungen ermöglicht,
- die vorherrschende Chi-Energie jedes Jahres und die Stellung Ihres eigenen Chi auf dieser Karte,
- die in jedem Jahr günstigsten Richtungen für einen Umzug, die beste Zeit, um Veränderungen in Ihrem Haus vorzunehmen.

NEUN-KI-ZAHL	9	8	7	6	5	4	3	2	1
FARBE									
SYMBOL	Feuer	Berg	See	Himmel		Wind	Donner	Erde	Wasser
ELEMENT	Feuer	Erde	Metall	Metall	Erde	Holz	Holz	Erde	Wasser
Jahr Anfangsdatum Zeit (WEZ)	1910 4. Feb. 23:41	1911 5. Feb. 05:33	1912 5. Feb. 11:11	1913 4. Feb. 17:01	1914 4. Feb. 22:53	1915 5. Feb. 04:34	1916 5. Feb. 10:31	1917 4. Feb. 16:18	1918 4. Feb. 22:06
	1919 5. Feb. 04:00	1920 5. Feb. 09:43	1921 5. Feb. 15:34	1922 4. Feb. 21:28	1923 5. Feb. 03:13	1924 5. Feb. 09:06	1925 4. Feb. 14:58	1926 4. Feb. 20:49	1927 5. Feb. 02:46
	1928 5. Feb. 08:31	1929 4. Feb. 14:19	1930 4. Feb. 20:11	1931 5. Feb. 01:53	1932 5. Feb. 07:42	1933 4. Feb. 13:28	1934 4. Feb. 19:13	1935 5. Feb. 01:03	1936 5. Feb. 06:47
	1937 4. Feb. 12:36	1938 4. Feb. 18:32	1939 5. Feb. 00:20	1940 5. Feb. 06:15	1941 4. Feb. 12:07	1942 4. Feb. 17:57	1943 4. Feb. 23:51	1944 5. Feb. 05:39	1945 5. Feb. 11:26
	1946 4. Feb. 17:18	1947 4. Feb. 23:03	1948 5. Feb. 04:50	1949 4. Feb. 10:40	1950 4. Feb. 16:29	1951 4. Feb. 22:29	1952 5. Feb. 04:07	1953 4. Feb. 09:52	1954 4. Feb. 15:42
	1955 4. Feb. 21:29	1956 5. Feb. 03:15	1957 4. Feb. 09:07	1958 4. Feb. 14:57	1959 4. Feb. 20:47	1960 5. Feb. 02:38	1961 4. Feb. 08:29	1962 4. Feb. 14:24	1963 4. Feb. 20:17
	1964 5. Feb. 02:08	1965 4. Feb. 07:57	1966 4. Feb. 13:46	1967 4. Feb. 19:32	1968 5. Feb. 01:19	1969 4. Feb. 07:04	1970 4. Feb. 12:50	1971 4. Feb. 18:37	1972 5. Feb. 00:23
	1973 4. Feb. 06:13	1974 4. Feb. 12:08	1975 4. Feb. 17:56	1976 4. Feb. 23:48	1977 4. Feb. 05:38	1978 4. Feb. 11:28	1979 4. Feb. 17:21	1980 4. Feb. 23:10	1981 4. Feb. 04:59
	1982 4. Feb. 10:53	1983 4. Feb. 16:38	1984 4. Feb. 22:27	1985 4. Feb. 04:18	1986 4. Feb. 10:05	1987 4. Feb. 15:57	1988 4. Feb. 21:42	1989 4. Feb. 05:28	1990 4. Feb. 09:20
	1991 4. Feb. 15:04	1992 4. Feb. 20:51	1993 4. Feb. 02:42	1994 4. Feb. 08:27	1995 4. Feb. 14:18	1996 4. Feb. 20:10	1997 4. Feb. 02:00	1998 4. Feb. 08:01	1999 4. Feb. 13:51
	2000 4. Feb. 19:39	2001 4. Feb. 01:35	2002 4. Feb. 07:20	2003 4. Feb. 13:08	2004 4. Feb. 18:57	2005 4. Feb. 00:38	2006 4. Feb. 06:31	2007 4. Feb. 12:16	2008 4. Feb. 17:59
	2009 3. Feb. 23:55	2010 4. Feb. 05:40	2011 4. Feb. 11:31	2012 4. Feb. 17:28	2013 3. Feb. 23:05	2014 4. Feb. 05:05	2015 4. Feb. 10:55	2016 4. Feb. 16:40	2017 3. Feb. 22:37

LEBENSEREIGNISSE

Um ein günstiges Jahr für ein wichtiges Ereignis zu finden, schauen Sie in die Tabelle unten und prüfen dann die Position Ihrer Neun-Ki-Zahl in den Jahreskarten (S. 35). Beispielsweise würde sich zur Familiengründung ein Jahr eignen, in dem Ihre Neun-Ki-Zahl in der Wasser- (Norden) oder in der Erd-Position (Südwesten) steht.

EREIGNIS	GÜNSTIGE POSITION
Heirat oder Beginn einer neuen Beziehung	Wind/Südosten See/Westen Erde/Südwesten
Geschäftseröffnung oder neue Karriere	Donner/Osten Wind/Südosten Feuer/Süden See/Westen Himmel/Nordwesten
Gewinn von Preisen und Wettbewerben	Berg/Nordosten
Familiengründung	Wasser/Norden Erde/Südwesten
Pensionierung	See/Westen Himmel/Nordwesten

NEUN-KI-ZEITPLANUNG

Jedes Jahr entsteht ein neues Chi-Muster, das Ihr eigenes Chi auf unterschiedliche Weise beeinflußt. Wenn Ihre Neun-Ki-Zahl etwa die 1 ist, dann wurden Sie mit den Charakteristika der Wasser-Energie geboren, gelangten 1998 jedoch in den Einfluß der Wind-Energie (Südosten). Wenn Sie sich die Chi-Energien der kommenden Jahre ansehen, können Sie besser vorausplanen, indem Sie das jeweils vorherrschende Chi nutzen.

Um dies in die Praxis umzusetzen, müssen Sie Ihre eigene Neun-Ki-Zahl und die Neun-Ki-Zahl des betreffenden Jahres (S. 37) herausfinden. Dann stellen Sie fest, wo Ihre Zahl auf der Neun-Ki-Karte des Jahres steht (das ist die Karte mit der betreffenden Neun-Ki-Jahreszahl in der Mitte [S. 35]). Angenommen, Ihre Neun-Ki-Zahl ist 7 und Sie interessieren sich dafür, welchen Einfluß das Jahr 1998 auf Ihr Leben hat. Die Jahreszahl von 1998 ist die 2, und die 7 steht auf dieser Karte in der Wasser-Position (Norden). Wenn Sie nun die Tabelle auf der gegenüberliegenden Seite betrachten, werden Sie feststellen, daß 1998 ein ruhiges Jahr für Sie sein könnte; sofern Sie sich ein Kind wünschen, wäre es jedoch ein gutes Jahr, um schwanger zu werden. Es ist auch ein gutes Jahr, um sich zu entspannen und zu lernen, obwohl Sie möglicherweise gesundheitliche Probleme oder finanzielle Schwierigkeiten haben könnten.

DER UMZUG

Jedes Jahr mischt sich Ihr persönliches Chi mit den Chi-Energien einer oder mehrerer der Acht Richtungen. Wenn Sie umziehen, bestimmen Zeitpunkt und Richtung des Umzugs darüber, ob Ihr Chi sich mit den Energien des neuen Ortes verträgt. Indem Sie die Neun-Ki-Jahreskarte für Ihren Umzug zu Rate ziehen, können Sie vorhersagen, welche Veränderungen Sie möglicherweise erwarten.

Nehmen Sie zunächst eine Landkarte, auf der sowohl Ihr Wohnort eingezeichnet ist als auch die Gegend, in die Sie ziehen wollen, und markieren Sie auf dieser Karte Ihren gegenwärtigen Wohnort. Ziehen Sie eine Linie von Ihrem Wohnort nach Norden. Zeichnen Sie dann die Acht Richtungen so auf der Karte ein, daß die Mitte über Ihrem Wohnort liegt und der Norden dem Norden auf Ihrer Karte entspricht (S. 46). Der nächste Schritt besteht darin, ungünstige Richtungen auszuschließen (Abb. S. 40).

Danach bleiben einige Richtungen als mögliche Optionen übrig. Jede einzelne repräsentiert einen anderen Einfluß. Richten Sie sich nach der gegenüberliegenden Tabelle, um festzustellen, welche Einflüsse im Hinblick auf Ihre Situation und Ihre Lebensziele wahrscheinlich die günstigsten für Sie sein würden.

POSITION IHRER NEUN-KI-ZAHL	VORHERRSCHENDE EINFLÜSSE FÜR DAS JAHR	RISIKEN
DONNER (Osten)	Ein gutes Jahr, um aktiv zu sein und einen neuen beruflichen Anfang zu machen. Günstig für Arbeit, man wird gefördert und kann Ideen in die Praxis umsetzen. Besonders günstig für die Neun-Ki-Zahlen 3, 4 und 9. Wenn Ihre Zahl die 1 ist, sollten Sie die Gelegenheiten lieber auf sich zukommen lassen.	Übereilte Entscheidungen, Überarbeitung und Frustration.
WIND (Südosten)	Ein gutes Jahr für harmonischen Fortschritt und einen beruflichen Neuanfang. Günstig für Kreativität, Kommunikation und Heirat, vor allem wenn Ihr Partner ebenfalls ein günstiges Jahr hat. Besonders vorteilhaft für die Neun-Ki-Zahlen 1, 4 und 9. Wenn Ihre Zahl die 3 ist, suchen Sie vielleicht nach Beziehungen, finden jedoch schwer zur Harmonie.	Sie könnten zu halsstarrig sein und keinen Rat annehmen.
MITTE	Ein veränderliches Jahr, keine gute Zeit für einen Neubeginn. Lassen Sie sich lieber auf die Veränderungen ein, und versuchen Sie nicht, die Ereignisse zu beeinflussen. Vertagen Sie größere Entscheidungen nach Möglichkeit. Weniger ungünstig für die Neun-Ki-Zahlen 2, 5, 6, 7, 8 und 9.	
HIMMEL (Nordwesten)	Ein gutes Jahr für Organisation, Führungsaufgaben und Vorausplanung. Günstig für Intuition und Selbsterkenntnis. Besonders vorteilhaft für die Neun-Ki-Zahlen 1, 2, 5, 6 und 8. Wenn Ihre Neun-Ki-Zahl die 7 ist, haben Sie vielleicht Probleme, Ihre Absichten zu vermitteln und Fortschritte zu machen.	Arroganz, Selbstgerechtigkeit und Übertreibung.
SEE (Westen)	Ein gutes Jahr für Zufriedenheit, Romanzen und Vergnügen und Einkommensverbesserungen. Günstig, um eine neue Beziehung einzugehen oder zu heiraten, in Rente zu gehen oder ein Geschäft zu verkaufen. Besonders vorteilhaft für die Neun-Ki-Zahlen 1, 2, 5, 6, 7 und 8. Wenn Ihre Zahl die 9 ist, könnten Sie finanzielle Schwierigkeiten oder Beziehungsprobleme haben.	Fehlende Motivation und zu hohe Ausgaben für Vergnügungen.
BERG (Nordosten)	Ein gutes Jahr für Motivation und Leistungsstreben und um Ihre Pläne durch harte Arbeit zu verwirklichen. Wägen Sie Ihre Entscheidungen sorgfältig ab. Besonders vorteilhaft für die Zahlen 5, 6, 7, 8 und 9. Wenn Ihre Zahl die 2 ist, sollten Sie sich vor allem bei Familienangelegenheiten Zeit lassen.	Zu große Eile, weil man zum Erfolg entschlossen ist.
FEUER (Süden)	Ein gutes Jahr, um gesellig und leidenschaftlich zu sein. Günstig, um öffentliche Aufmerksamkeit zu gewinnen. Vorteilhaft für die Neun-Ki-Zahlen 2, 3, 5, 8 und 9. Wenn Ihre Zahl die 4 ist, sollten Sie sich nicht absondern.	Streitsucht, Provokation von Auseinandersetzungen.
WASSER (Norden)	Ein ruhiges Jahr, gut zur Entspannung und zum Lernen. Für Frauen ein günstiges Jahr, um schwanger zu werden, und vorteilhaft für Gesundheitsvorsorge und Erhöhung der, auch sexuellen, Vitalität. Besonders vorteilhaft für die Neun-Ki-Zahlen 1, 3, 4 und 7. Wenn Ihre Zahl die 6 ist, sollten Sie keine öffentliche Aufmerksamkeit erregen und sich vor Sexskandalen schützen.	Dramatischer Gegensatz zum Vorjahr: gesundheitliche oder finanzielle Probleme.
ERDE (Südwesten)	Ein gutes Jahr für stetigen Fortschritt und Konsolidierung. Günstig für Freundschaften, mehr familiäre Harmonie, um ein Haus zu bauen und das Beste aus allem zu machen. Ein gutes Jahr für die Geburt eines Kindes. Besonders vorteilhaft für die Neun-Ki-Zahlen 2, 5, 6, 7 und 9. Wenn Ihre Zahl die 8 ist, haben Sie vielleicht Schwierigkeiten, sich selbst zu motivieren.	Übermäßige Vorsicht, Furchtsamkeit oder Abhängigkeit von anderen.

HINWEIS Die Reihenfolge der Richtungen in der Tabelle folgt der Bewegung Ihrer Neun-Ki-Zahl im Verlauf der Jahre. Wenn Sie die Einflüsse in dieser Reihenfolge lesen, sehen Sie, wie Sie sich wahrscheinlich von Jahr zu Jahr verändern werden.

Günstige und ungünstige Umzüge

Die Kriterien, die sich auf die Richtung eines Umzugs ungünstig auswirken, sind links unten aufgelistet. Die Abbildungen daneben zeigen die Ergebnisse für die Jahre 1997 bis 2008. Suchen Sie zunächst die Abbildung für das Jahr, in dem Sie umziehen wollen. Ihre Neun-Ki-Farbe (S. 37) zeigt an, welche Richtungen für Sie günstig sind. Wenn Ihre Farbe beispielsweise ein gebrochenes Weiß ist, wäre es 1997 günstig gewesen, nach Süden oder Nordosten zu ziehen. Jedes Jahr sind einige Richtungen für alle Menschen ungünstig.

UNGÜNSTIGE RICHTUNGEN

NACH 5 HIN Das mächtigste Chi, das produktiv wie auch destruktiv sein kann. Gesundheit, Karriere oder Geschäft könnten zerstört werden.

VON 5 WEG Bewegung weg von einer großen Kraft, Schwächung des Chi. Risiko: Unfälle oder Raubüberfälle.

ZU IHRER NEUN-KI-ZAHL HIN Das wäre so, als würden die gleichen magnetischen Pole zusammengeführt: schlechte Gesundheit, Streß und Spannungen.

VON IHRER NEUN-KI-ZAHL WEG Sie würden von Ihrem eigenen Chi wegziehen. Risiko: Mangel an Selbstvertrauen, Gefühle der Leere und die Unfähigkeit, Ihr Leben zu organisieren.

VOM TIER DES JAHRES WEG Sie würden in einen Energiemangel hineinziehen. Risiko: Zerbrechen der Familie, Bruch von Beziehungen, Verträgen.

IN DAS FELD EINES UNVERTRÄGLICHEN ELEMENTES Wenn das Chi dieses Elementes Ihr eigenes Chi zerstört, könnte es sich schädlich auswirken.

ZU EINER ZAHL, DIE IHRER NORMALEN POSITION GEGENÜBERSTEHT Das kann zu unvorhersehbaren Problemen führen.

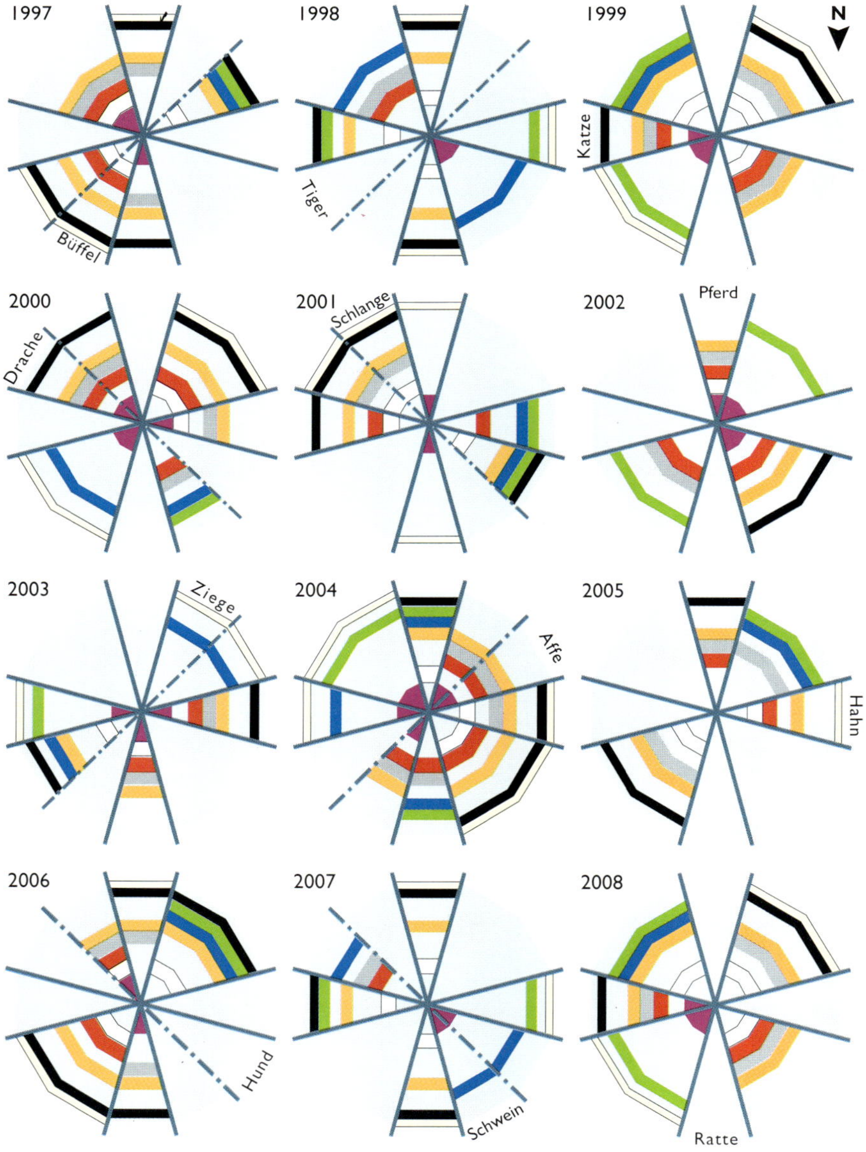

VERÄNDERUNGEN IN IHREM HAUS

Indem Sie spezielle Feng-Shui-Kalender mit detaillierten Informationen über Monate und Tage verwenden, können Sie die exakten Termine errechnen, die für Veränderungen günstig sind, selbst wenn es sich nur darum handelt, ein Bild aufzuhängen oder ein Aquarium aufzustellen. Hier geht es uns aber ausschließlich um die Veränderungen von Jahr zu Jahr, die für umfassendere Maßnahmen von Bedeutung sind, wenn Sie beispielsweise einen Anbau, ein Gewächshaus oder ein Schwimmbecken planen oder die Ausstattung des Hauses grundlegend ändern wollen.

Der erste Schritt besteht darin, einen genauen Grundriß Ihres Hauses zu zeichnen, die Mitte zu finden und die Karte der Acht Richtungen darauf zu übertragen oder eine transparente Folie mit den Acht Richtungen darüberzulegen, wie es auf S. 42–46 gezeigt wird. Dann müssen Sie die Neun-Ki-Jahreskarte für das Jahr finden, in dem Sie die Veränderungen vornehmen wollen (S. 35), und feststellen, welches Tier in diesem Jahr aktiv ist (S. 36). Übertragen Sie die Zahl 5, Ihre eigene Neun-Ki-Zahl und das aktive Tier auf die entsprechenden Richtungen des Jahres. Die Abbildung rechts unten zeigt Ihnen ein Beispiel.

PROBLEMBEREICHE

DIE POSITION DER 5 Vermeiden Sie Veränderungen Ihres Hauses in diesem Bereich des Grundrisses. Daraus könnten sich ernsthafte Probleme oder Verzögerungen für das Projekt selbst ergeben, besonders wenn es sich um größere Renovierungsarbeiten handelt. Langfristig könnte Ihr Leben dadurch streßreicher werden.

DER BEREICH GEGENÜBER DER 5 Veränderungen in diesem Teil des Hauses können zu Unfällen führen. ,Sie könnten sich langfristig schwächer und verletzlicher fühlen.

DER BEREICH IHRER NEUN-KI-ZAHL UND DER BEREICH GEGENÜBER Zeichnen Sie Ihre eigene Neun-Ki-Zahl und die der anderen Haushaltsmitglieder ein. Bei einer großen Familie können Sie sich hauptsächlich auf die Eltern, die Hauptverdiener oder jemanden, der besondere Probleme hat, konzentrieren. Veränderungen in diesen Bereichen können die ganze Familie in Aufruhr versetzen und bei den Betroffenen zu besonderem Streß und Verlust an Selbstvertrauen führen.

DER BEREICH GEGENÜBER DEM AKTIVEN TIER Lassen Sie diesen Bereich in Ruhe, oder bauen Sie die Chi-Energie hier auf. Pflanzen und Lampen würden diesen Effekt haben. Erhöhen Sie das Yang durch entsprechende Farben, Formen oder Materialien (S. 22 f.). Sie können statt dessen auch Fünf-Elemente-Lösungen verwenden (S. 26 f.). Fügen Sie etwas hinzu, das die Farbe, die Form oder das Material des mit diesem Bereich verbundenen Elementes oder des vorhergehenden Elementes hat.

LÖSUNGEN

Wenn Ihr letzter Umzug in Richtung auf die 5 oder Ihre Neun-Ki-Jahreszahl hin- oder davon weggeführt hat, können Sie Ihr Chi nachträglich verbessern:

- Ziehen Sie vorübergehend in eine vorteilhafte Richtung, schlafen Sie dort drei Monate lang, und kehren Sie dann in einer günstigen Richtung nach Hause zurück. Nach Ihrer Rückkehr sollten Sie in den ersten zwei oder drei Monaten jede Nacht zu Hause schlafen.
- Reisen Sie in einer günstigen Richtung einmal um die Welt. Danach schlafen Sie zwei Monate lang jede Nacht zu Hause.
- Wenn Sie morgens das Haus verlassen, sollte Sie der erste Weg in eine günstige Richtung führen, beispielsweise in ein Café oder einen Park. Bleiben Sie dort ungefähr 20 Minuten.

1999

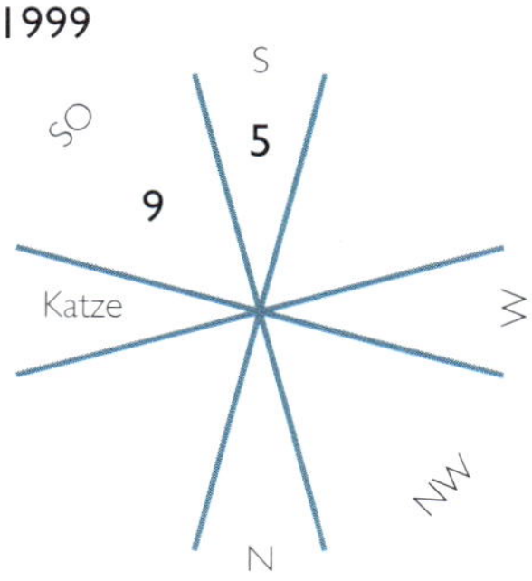

Jemand mit der Neun-Ki-Zahl 9 sollte 1999 beispielsweise größere Veränderungen im Süden (hier steht die 5), im Norden (gegenüber der 5), im Südosten (die Neun-Ki-Zahl), im Nordwesten (gegenüber der Neun-Ki-Zahl) und im Westen (gegenüber dem Tier des Jahres) vermeiden.

Feng-Shui-Werkzeuge

Ein paar einfache Vorrichtungen, die Sie selbst herstellen können, versetzen Sie in die Lage, Feng Shui in Ihrem eigenen Haus zu praktizieren.

Um das Muster der in Ihrem Haus herrschenden Chi-Energien festzustellen, müssen Sie herausfinden, welche Teile Ihres Hauses zu welcher Richtung gehören. Zu diesem Zweck brauchen Sie einen genauen Grundriß Ihres Hauses, auf den Sie einen Raster der Acht Richtungen legen. Wenn es schon einen Grundriß gibt, stellen Sie sicher, daß er alle Details enthält, die für Feng Shui relevant sind (s. rechts). Wenn nicht, zeichnen Sie den Grundriß selbst.

Wenn ich in diesem Zusammenhang von »Ihrem Haus« spreche, dann meine ich den Ort, an dem Sie leben, gleich, ob gemietet oder Eigentum, Haus oder Wohnung. Wenn es sich um eine Wohnung handelt, nehmen Sie in den Grundriß nur die Bereiche des Gebäudes auf, die Sie allein nutzen. Später können Sie die Lage der Wohnung im ganzen Haus bewerten.

Ausrüstung

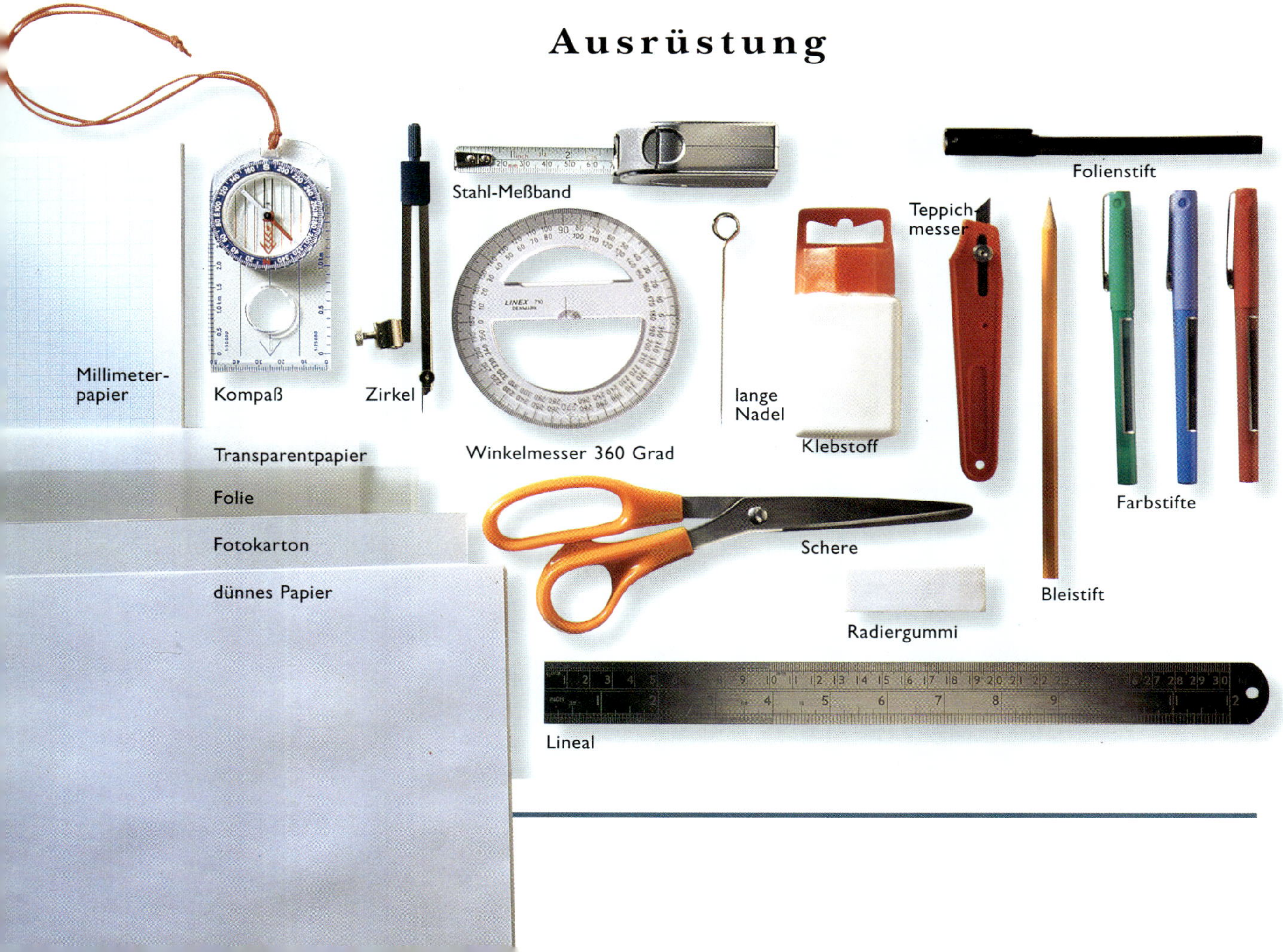

DER FENG-SHUI-GRUNDRISS

Wenn Ihr Haus mehr als ein Stockwerk hat, zeichnen Sie für jede Etage einen besonderen Grundriß. Damit er genau und maßstabgerecht wird, benutzen Sie am besten Millimeterpapier (s. u.). Der Grundriß sollte alle Wände, Türen, Fenster, Treppen und Feuerstellen enthalten. Markieren Sie auch alle möglichen Problembereiche (S. 76 f.) wie vorspringende Ecken und andere Merkmale, die im Sinne des Feng Shui von Bedeutung sind, vor allem Feuerstellen, Abflüsse, den Küchenherd, Badewannen, Duschen, Toiletten usw. Zeichnen Sie außerdem ein, wo sich wichtige bewegliche Gegenstände wie Betten, Tische, Stühle und Sofas befinden.

Der nächste Schritt besteht darin, die Mitte Ihres Hauses (S. 44) und aller wichtigen Zimmer zu finden (besonders wenn sie mehr als eine Funktion haben, beispielsweise Küche/Eßzimmer).

Schließlich müssen Sie den Raster der Acht Richtungen auf dem Grundriß ausrichten (S. 45 f.). Dadurch haben Sie die Möglichkeit, auf einen Blick das Gleichgewicht der Chi-Energien in Ihrem Haus zu bewerten.

Der Grundriß

DIE RÄUME AUSMESSEN

Verwenden Sie ein Maßband aus Metall, und notieren Sie Länge und Breite aller Flure, Zimmer, Treppen und Korridore.
Messen Sie möglichst auch Nischen und Erker mit aus.

Übertragen Sie die Ergebnisse in einen bequemen Maßstab, beispielsweise 1 Meter = 1 cm.

Nun können Sie den Grundriß auf das Millimeterpapier zeichnen. Zeichnen Sie alle Fenster, Türen, Einbauschränke, Garderoben und fest eingebauten Küchenelemente ein.
Vermerken Sie auf dem Plan, in welche Richtung sich die Türen öffnen.

Ergänzung wichtiger Merkmale
Zeichnen Sie auf dem Grundriß alle im Sinne des Feng Shui wichtigen Merkmale ein (s.o.). Markieren Sie feststehende und bewegliche Einrichtungsgegenstände in verschiedenen Farben, und nehmen Sie eine dritte Farbe für die Problembereiche.

Die Mitte finden

Um die Richtungen auf Ihrem Grundriß zu bestimmen, müssen Sie zunächst für jedes Stockwerk und jeden wichtigen Raum die Mitte festlegen. Das ist bei Rechtecken und Quadraten am einfachsten. Unregelmäßige Formen machen die Sache komplizierter. Bei ihnen kann man den Mittelpunkt zwar auch errechnen, aber am leichtesten ist es, den Gleichgewichtspunkt mit Hilfe einer langen Nadel zu finden.

Wie man die Mitte von Quadraten und Rechtecken findet
Verbinden Sie die gegenüberliegenden Ecken durch Linien. Die Mitte ist dort, wo sich diese Linien schneiden.

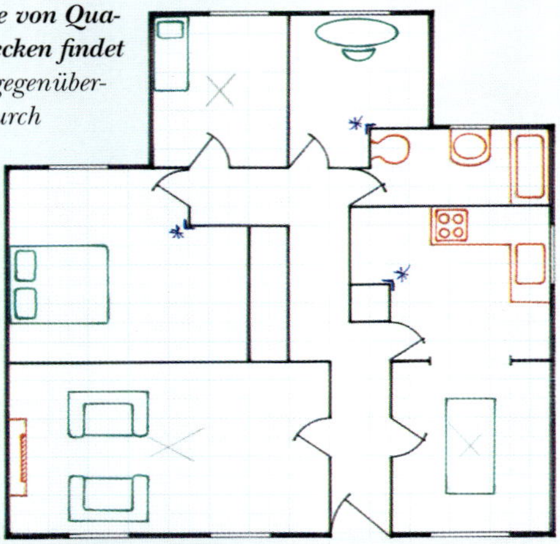

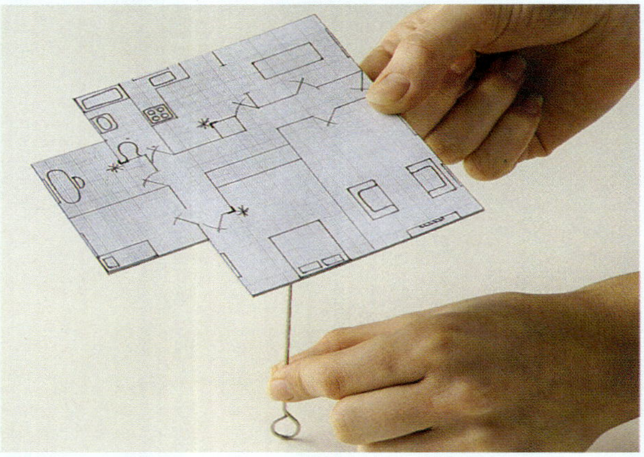

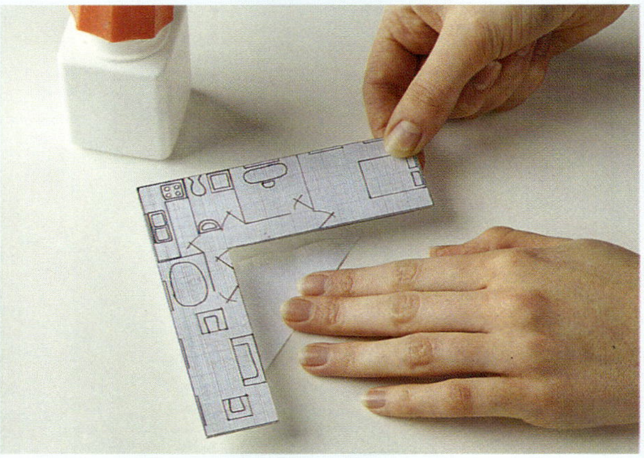

Wie man die Mitte bei unregelmäßigen Formen findet
Übertragen Sie den Grundriß auf festen Karton und schneiden Sie ihn aus. Halten sie die Karte horizontal und versuchen Sie, sie auf einer langen Nadel auszubalancieren. Das ist die Mitte der Form, die Sie nun auf den Grundriß übertragen können.

Wie man die Mitte von L-Formen findet
Wenn es Ihnen nicht gelingt, eine L-Form auszubalancieren, könnte der Mittelpunkt außerhalb liegen. Kleben Sie ein Stück dünnes Papier über den Bereich zwischen den Flügeln des Gebäudes, wo das Zentrum wahrscheinlich liegt. Damit haben Sie etwas, das Sie auf der Nadel balancieren können.

Wie man den Raster der Acht Richtungen anpaßt

Den Raster der Acht Richtungen finden Sie auf S. 46. Kopieren Sie den Raster auf Folie oder Transparentpapier, oder zeichnen Sie ihn mit Hilfe eines Winkelmessers und eines Zirkels und schneiden ihn aus. Dann stimmen Sie den Raster mit Hilfe eines Kompasses auf den Grundriß ab. Einige Feng-Shui-Schulen benutzen einen Kompaß, der Luo Pan genannt wird. In diesem Fall reicht jedoch ein normaler aus.

EINE KORREKTE KOMPASSANZEIGE

Viele Dinge beeinflussen den Kompaß: Metall, elektrische Geräte, verborgene Metallstreben, Wasser- oder Gasleitungen. Gehen Sie durch Ihr Haus, bis die Anzeigen an mehreren Stellen eines Raums übereinstimmen. Legen Sie in diesem Raum den Norden auf Ihrem Grundriß fest.

Wie man den magnetischen Norden auf dem Grundriß findet
Die Wände auf Ihrem Grundriß müssen mit den entsprechenden Wänden des Raumes übereinstimmen. Drehen Sie den Kompaß, dessen Mitte auf dem Zentrum des Plans liegt, so daß die Nadel auf die Markierung hinweist. Markieren Sie den Grundriß an diesem Punkt und ziehen Sie eine Linie zur Mitte.

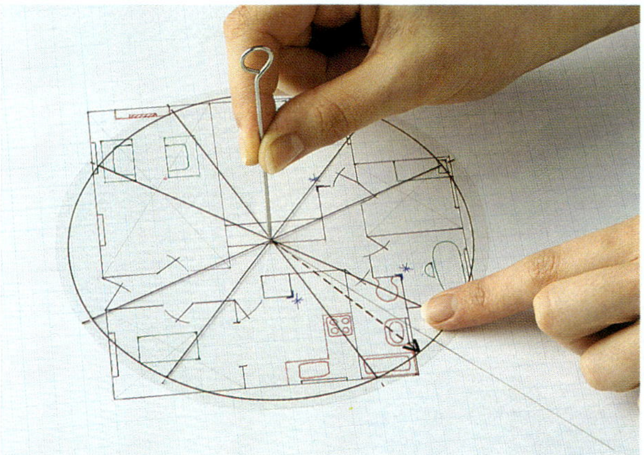

Wie man den Raster der Acht Richtungen anpaßt
Legen Sie den transparenten Raster über den Grundriß, so daß beide Mittelpunkte sich decken. Stecken Sie eine Nadel durch die Mittelpunkte. Drehen Sie den Raster, bis die Linie, die nach Norden zeigt, mit dem magnetischen Nordpol auf dem Grundriß übereinstimmt.

Benutzen Sie dieselben Methoden, um die Richtungen in den anderen wichtigen Räumen festzulegen.

Wie man die Richtungen überträgt
Sie können jetzt die Richtungen in Ihrem Haus durch den transparenten Raster ablesen. Sie können aber auch die Richtungspunkte des Rasters mit einem Bleistift auf den Grundriß übertragen. Ziehen Sie von diesen Punkten Linien zur Mitte.

Der Raster der Acht Richtungen

Den Raster auf dieser Seite benutzt man, um die Richtungen und die entsprechenden Energiemuster in einem Haus festzulegen (S. 44f.). Verschiedene Feng-Shui-Schulen zeichnen ihn auf unterschiedliche Weise. Einige teilen ihn in vier Segmente von 30 und vier von 60 Grad, wodurch die Acht Richtungen mit den zwölf Tierkreiszeichen der chinesischen Astrologie in Übereinstimmung gebracht werden.

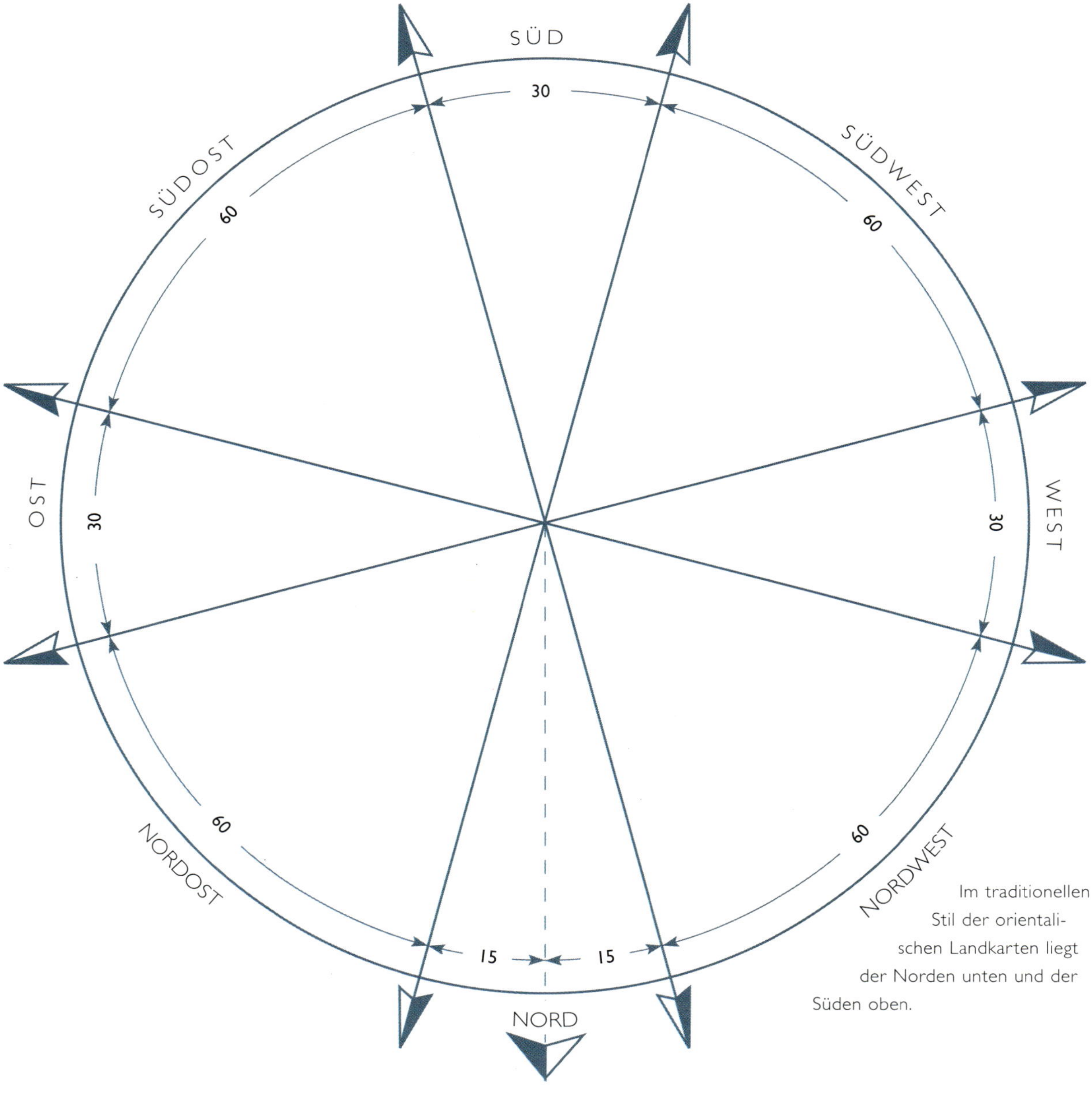

Im traditionellen Stil der orientalischen Landkarten liegt der Norden unten und der Süden oben.

2

Ihr HAUS und seine UMGEBUNG

Die Architektur des Gebäudes selbst und bestimmte Merkmale der umgebenden Landschaft haben beträchtlichen Einfluß auf die Energiemuster in Ihrem Haus, und das kann viele Aspekte Ihres Lebens günstig oder ungünstig beeinflussen.

Die Struktur und Form Ihres Hauses

Woraus Ihr Haus besteht, wirkt sich darauf aus, wie die Energie hindurchströmt, und damit auch, wie sie sich auf Sie auswirkt. Je länger Sie in einem Haus leben, das eine bestimmte Form hat, desto stärker kann der Einfluß auf Ihr Leben sein.

Wenn Sie viel Zeit in einem bestimmten Gebäude verbringen, erkennen Sie die Verbindung zwischen Form und Struktur und der Atmosphäre. In einem langen, schmalen Gebäude fühlt man sich beispielsweise ganz anders als in einem quadratischen. Solche Unterschiede kommen teilweise dadurch zustande, daß die Chi-Energie anders fließt, wozu zahlreiche Faktoren beitragen können: welche Baumaterialien verwendet wurden, ob es Erweiterungen oder Einbuchtungen gibt, das Gleichgewicht oder Ungleichgewicht der acht Energietypen und die Art von Sonnenlicht.

Sogar die Grundform kann für Feng-Shui-Spezialisten bedeutsam sein. Wenn ein Gebäude an einen anderen bekannten Gegenstand erinnert, ist der Energiefluß diesem womöglich ähnlich. Idealerweise sollte die Form ein positives Bild vermitteln. Tut sie das nicht, wie beispielsweise bei L-förmigen Gebäuden, mit denen man häufig ein Fleischerbeil assoziiert, müssen Sie den negativen Energiefluß vielleicht durch die Raumaufteilung kompensieren. Im Falle eines L-förmigen »Fleischerbeil«-Gebäudes würden Sie etwa im Bereich der »Klinge« dann keine Schlafzimmer einrichten. Blattpflanzen in diesem Teil des Hauses würden ebenfalls helfen. Eine Schwierigkeit bei diesem Ansatz besteht darin, daß die Bedeutung von Formen kulturell geprägt ist, so daß jede Verallgemeinerung irreführend sein kann.

MATERIAL UND OBERFLÄCHE

Die Materialien, die für die inneren und äußeren Mauern eines Hauses verwendet wurden, beeinflussen die Geschwindigkeit der Chi-Energie, die über die Oberflächen strömt. In vielen Gegenden bestehen die Außenmauern von Gebäuden alle aus dem gleichen Material (Ziegel, Steine oder Holz), was das Chi der gesamten Nachbarschaft beeinflußt.

Oberflächen, die mehr Yang sind (vgl. gegenüberliegende Seite), beschleunigen die Energie und sind besonders typisch für Geschäftsbauten. Oberflächen, die mehr Yin sind, verlangsamen das Chi und sind im allgemeinen passender für Wohnhäuser.

Probleme können auftreten, wenn ein Gebäude mit mehr Yang-Oberflächen wie ein modernes Bürohaus mit Fronten aus Glas und Stahl in einem Wohnviertel erstellt wird. Die Menschen in den umliegenden Wohnhäusern fühlen sich dann vielleicht stärker angespannt, reizbar und aggressiv.

Baumaterialien

Das ideale Baumaterial ist ein Stoff, der es einer gesunden Chi-Energie aus der Umgebung erlaubt, ungehindert in das Haus zu strömen. Die Bausubstanz sollte frei von Feuchtigkeit sein – Feuchtigkeit erschwert den Fluß des Chi und verursacht ungesunde Nester von stagnierender Energie. Die verschiedenen Baustoffe haben wie alle anderen Materialien unterschiedliche Yin- und Yang-Eigenschaften.

Stoffe, die mehr Yang sind wie Stein, sind meist härter und dichter. Werden daraus Mauern errichtet, so kann die Chi-Energie nur schwer hindurchfließen. Materialien, die mehr Yin sind wie Holz, lassen die Energie leicht durch die Wände strömen. Ein Haus mit dicken, harten Mauern aus Stein ist vom Chi der Umgebung stärker isoliert als ein Holzhaus. Mauern aus Ziegelsteinen oder Holz haben gewöhnlich das beste Gleichgewicht zwischen Yin und Yang.

Synthetische Stoffe leiten die Chi-Energie nicht gut. Viele Kunststoffe haben ihre eigene Ladung statischer Energie und isolieren das Innere des Hauses auch besonders stark vom Chi der Umgebung. Deshalb sollten Sie nach Möglichkeit darauf verzichten.

Holz
Dieses Baumaterial ist am stärksten Yin. Holz stammt von lebenden Pflanzen, deshalb ist es nach Feng-Shui-Kriterien lebendiger als alle anderen Baustoffe. Dunkles Hartholz wie Mahagoni ist mehr Yang, während helle Weichhölzer wie Kiefer stärker Yin sind.

Ziegel
Da sie aus Lehm gebrannt werden, sind Ziegel relativ weich und leicht porös, folglich auch stärker Yin als Stein. Unverputzte Ziegelmauern im Inneren des Hauses verlangsamen den Fluß des Chi und erhöhen das Risiko stagnierender Energie in den Ecken. Verputzen Sie Ziegelwände im Inneren des Hauses, um eine glatte Oberfläche und einen ausgewogeneren Strom des Chi zu bekommen.

Hohlblocksteine
Hohlblocksteine gleichen Ziegelsteinen, sind jedoch mehr Yang. Der Stoff (Gasbeton) ist an und für sich nicht ungünstig, aber die Blöcke haben Hohlräume, die oft mit synthetischem Isolierschaum gefüllt werden, der den Fluß des Chi durch die Wände behindert. Gebäude aus Hohlblocksteinen werden innen und außen meist verputzt, was den Fluß des Chi an der Oberfläche verbessert.

Stein
Harter Stein wie Granit ist stärker Yang als ein weicher Kalkstein. Unebene Steinmauern können das Chi zerstreuen. Rohe Steinwände im Inneren lassen es in viele Richtungen springen und verhindern Stagnation. Aber Steine sind auch weniger durchlässig als andere Baustoffe, die eine Stagnation verursachen können. Steinhäuser sollten große Türen und Fenster haben, damit die Energie leichter hereinkommt.

Glas
Hartes, glänzendes und glattes Glas hat die meisten Yang-Eigenschaften, aber es läßt die Chi-Energie auch in Form von Licht und strahlender Hitze leicht ins Haus fließen. Große Glasflächen beschleunigen den Chi-Strom entlang ihrer Oberfläche. In Wohnhäusern sollten sie an großen Glasfenstern Vorhänge anbringen und Pflanzen aufstellen, um die Energie zu verlangsamen.

FENG SHUI IM ALLTAG

Streit vermeiden

Wenn bei Ihnen zu Hause häufig gestritten wird, kann das mit einer Erweiterung des Hauses im Süden zu tun haben, die zuviel Leidenschaft schürt. Im Süden herrscht die Feuer-Energie, die man beruhigen kann, indem man die Erd-Energie stärkt. Dazu stellen Sie Gegenstände, die schwarz und niedrig sind, aus Ton bestehen oder Erde enthalten, in die Erweiterung, beispielsweise einen niedrigen Tontopf oder einen Trog mit schwarzer Erde, in der niedrige Pflanzen wachsen, oder einen ähnlichen Topf, der mit Holzkohle gefüllt ist. Da Gelb die Farbe des Erd-Elementes ist, würden gelbe Blumen ebenfalls passen.

ERWEITERUNGEN UND EINBUCHTUNGEN

Nur wenige Häuser sind vollkommen rechteckig. Die meisten haben entweder Erweiterungen, wobei ein Teil des Gebäudes vorsteht, oder Einbuchtungen, wobei Teile »fehlen«. Um festzustellen, ob Ihr Haus eine Erweiterung oder eine Einbuchtung hat, sollten Sie die Breite des betreffenden Sektors messen und anschließend den Teil, der vorsteht, sowie den Teil, der fehlt (vgl. gegenüberliegende Seite). Wenn der vorstehende Teil weniger als 50 Prozent der Gesamtbreite mißt, handelt es sich um eine Erweiterung. Wenn der fehlende Teil weniger als 50 Prozent der Gesamtbreite mißt, handelt es sich um eine Einbuchtung. Je nach Größe und Richtung können beide günstig oder ungünstig sein.

BEWERTUNG DER EFFEKTE

Im allgemeinen betont eine Erweiterung die in diesem Teil des Gebäudes vorherrschende Chi-Energie, während eine Einbuchtung sie dämpft. Eine große Erweiterung kann dem betreffenden Chi zuviel Gewicht verleihen und so die Balance stören. Die Übersicht auf S. 52f. umreißt die hauptsächlichen Probleme und Vorzüge von Erweiterungen und Einbuchtungen in Abhängigkeit von ihrer Richtung. Überlegen Sie zunächst, ob Sie tatsächlich entsprechende Probleme haben. Veränderungen, die seit dem Einzug in dieses Haus in Ihrem Leben stattgefunden haben, können Ihnen nützliche Hinweise geben.

Nehmen wir an, es gäbe im Nordwesten Ihres Hauses eine Erweiterung. Das stärkt die Chi-Energie, die mit dem Familienoberhaupt assoziiert ist. Wenn es ihm/ihr gutgeht und seine/ihre Beziehungen zur übrigen Familie in Ordnung sind, dann können Sie davon ausgehen, daß die Erweiterung im Nordwesten eine günstige Größe hat. Ist das Familienoberhaupt jedoch anmaßend und schafft dadurch Probleme für die anderen, dann könnte die Erweiterung zu groß sein.

Einbuchtungen hält man normalerweise für ungünstig, aber eine kleine Einbuchtung kann manchmal auch vorteilhaft sein. Im Norden verringert sie beispielsweise das Chi, das mit Spiritualität, Stille und einem ruhigen Leben assoziiert ist, und das könnte vorübergehend für einen jungen Menschen, der eine neue berufliche Laufbahn antritt, von Vorteil sein.

Wo Probleme auftreten, können sie auf verschiedene Weise gelöst werden. Ein großer Spiegel, der auf der Innenseite einer Einbuchtung angebracht wird, kann den fehlenden Teil optisch ergänzen. Wenn Sie stattdessen draußen in der Einbuchtung viele Pflanzen aufstellen, füllen diese den fehlenden Bereich mit ihrer eigenen Energie und verringern so das Ungleichgewicht. Auch Heilmittel, die eins der Fünf Elemente repräsentieren (S. 28f.), oder die Farben der Acht Richtungen (vgl. gegenüberliegende Seite) können eine positive Wirkung haben.

Lösungen für problematische Erweiterungen und Einbuchtungen

Legen Sie den Raster der Acht Richtungen auf Ihren Grundriß, so daß die Mittelpunkte sich decken (S. 44 f.). Daraus können Sie die Richtung ihrer Erweiterung oder Einbuchtung ablesen. Der Raster unten rechts auf dieser Seite zeigt Ihnen, welche Vorzüge und Nachteile mit jeder Richtung verbunden sind.

Wenn Sie entsprechende Probleme haben, müßte das Chi der Erweiterung beruhigt oder das Chi der Einbuchtung gestärkt werden. Prüfen Sie, welche Energie in der Richtung vorherrscht (s. rechts), und stärken Sie in der Erweiterung das Element, das diese Energie schwächt (S. 27), ein Beispiel finden Sie auf S. 50. Um die Energie in einer Einbuchtung zu stärken, müssen Sie dort mehr Gegenstände plazieren, die das entsprechende Element oder ein anderes förderliches Element repräsentieren. In einer Nordwest-Einbuchtung müßten Sie beispielsweise mehr Metall-Energie oder mehr Erd-Energie (die Metall unterstützt) einsetzen.

Statt dessen können Sie aber auch bei Dekor und Möbeln die entsprechenden Farben der Acht Richtungen verwenden (s. rechts), um den gewünschten Effekt zu erzielen (S. 123).

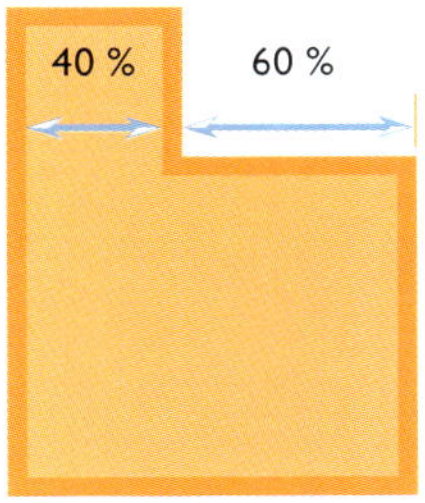

Erweiterungen
Die Breite des vorstehenden Teils beträgt weniger als 50 Prozent der Gesamtbreite Ihres Hauses.

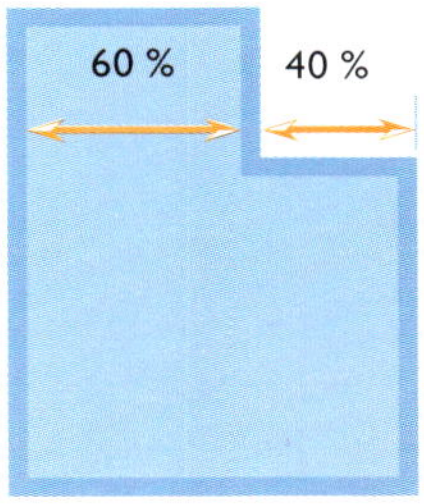

Einbuchtungen
Die Breite des fehlenden Teils beträgt weniger als 50 Prozent der Gesamtbreite Ihres Hauses.

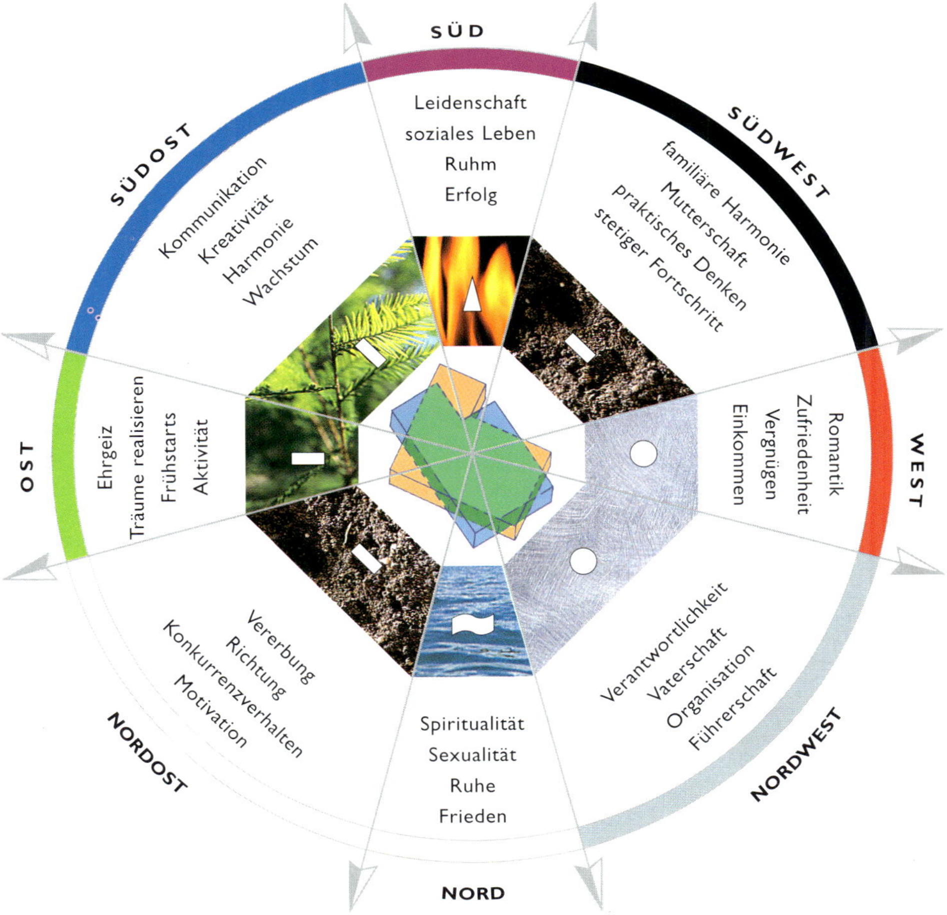

EFFEKTE VON ERWEITERUNGEN

NORDEN

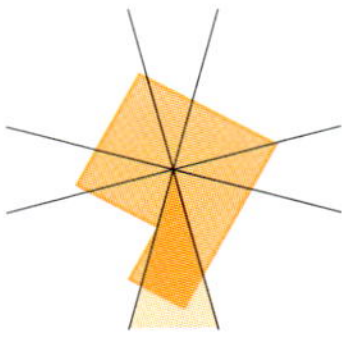

Eine kleine Erweiterung stärkt das Chi, das mit Wasser, Nacht und Winter in Verbindung steht, so daß die Atmosphäre friedlicher und spiritueller wird. Dadurch können Sie selbstgenügsamer und unabhängiger werden. Solche Gebäude eignen sich für ältere Menschen, die zurückgezogen leben wollen. Aber sie können auch günstig sein, um die Fruchtbarkeit zu fördern.

Eine große Erweiterung könnte dazu führen, daß Sie zu ruhig, isoliert und zurückgezogen leben. Das kann Probleme wie Einsamkeit, Einkommensverluste und die Möglichkeit von Sexskandalen oder sexuell bedingten Krankheiten hervorrufen.

NORDOSTEN

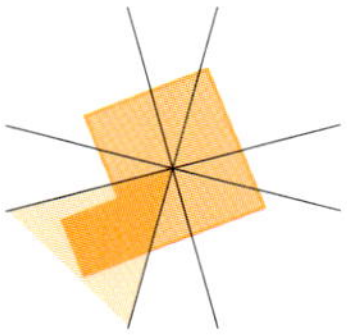

Eine kleine Erweiterung stärkt Ihr Motivations-Chi, so daß Sie Ihre Ziele klar sehen und bereit sind, hart zu arbeiten. Gleichzeitig wird aber auch die unruhestiftende Energie plötzlicher Veränderungen stimuliert, weshalb solche Erweiterungen im allgemeinen unerwünscht sind.

Eine große Erweiterung kann das Gebäude mit nordöstlicher Chi-Energie überschwemmen. Das kann Unglück hervorrufen und Sie besonders verwundbar gegenüber äußeren, möglicherweise negativen spirituellen Einflüssen machen. Sie könnten auch extrem materialistisch und besitzergreifend werden.

OSTEN

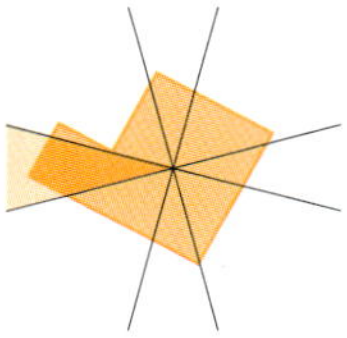

Eine kleine Erweiterung fördert die Aktivität und begünstigt Karrieren und Geschäfte. Das ist besonders nützlich für junge Leute, die eine berufliche Laufbahn beginnen und ihr Leben aufbauen, sowie für Kinder, besonders den ältesten Sohn.

Eine große Erweiterung kann eine hyperaktive Atmosphäre schaffen, in der es schwerfällt, sich zu entspannen. In Ihrem entschiedenen Erfolgsstreben könnten Sie die Dinge zu stark forcieren und Rückschläge herausfordern. Es kann sich auch ein Hang zu übermäßigem Ehrgeiz entwickeln, der zu unrealistischen Erwartungen führt.

SÜDOSTEN

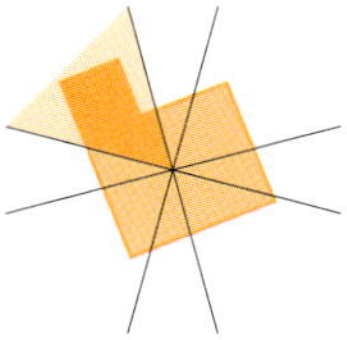

Eine kleine Erweiterung fördert das mit harmonischen Entwicklungen assoziierte Chi. Es ermuntert zu einem aktiven Leben und ist nützlich für den Aufbau von Karrieren und geschäftlichem Erfolg. In der Familie begünstigt eine Südost-Erweiterung Töchter und fördert besonders ihre Verlobung oder Heirat. Im allgemeinen ist diese Gebäudeform vorteilhaft für Wohlstand und Wohlbefinden.

Eine große Erweiterung kann zu Überaktivität und zu Krankheit führen. Sie riskieren damit, daß sich Ihr Leben disharmonisch entwickelt. Sie könnten faul werden, was Ihren beruflichen oder geschäftlichen Erfolg schmälert.

EFFEKTE VON EINBUCHTUNGEN

NORDEN

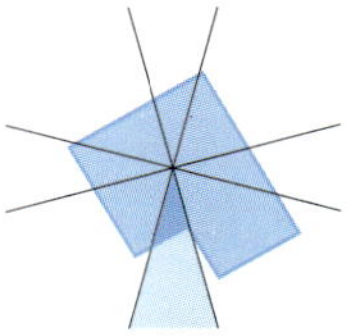

Eine Einbuchtung an dieser Stelle kann die Vitalität und besonders die sexuelle Energie der hier lebenden Menschen verringern. Dazu gehören auch Krankheiten der Fortpflanzungsorgane und Fruchtbarkeitsprobleme.

NORDOSTEN

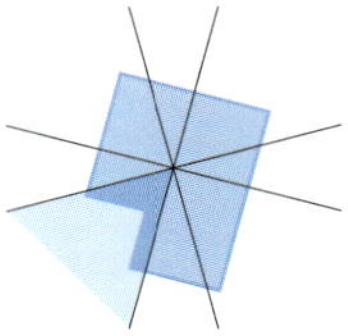

Eine kleine Einbuchtung kann manchmal vorteilhaft sein, obwohl eine ausgeglichene Form im allgemeinen besser ist.

Eine große Einbuchtung kann die Motivation schwächen und zu Problemen bei der Familiengründung führen. Sie kann sich auch auf Erbschaften nachteilig auswirken.

OSTEN

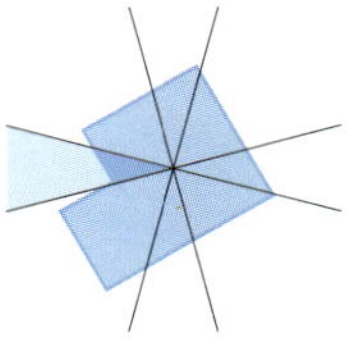

Eine Einbuchtung schafft Probleme für die Kinder der Familie, vor allem für den ältesten Sohn. Vielleicht fehlen ihm dann Antrieb und Motivation, oder seine Handlungsfähigkeit wird geschwächt.

SÜDOSTEN

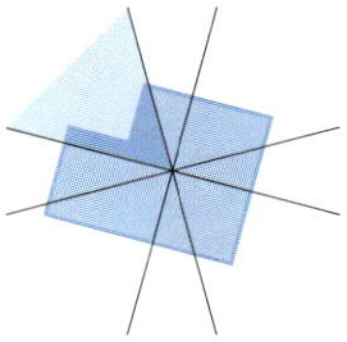

Eine große Einbuchtung kann zu einem drastischen Verlust harmonischer Chi-Energie und dadurch zu schwerem Unglück führen. Für die langfristige Zukunft der Familie ist diese Form nicht wünschenswert.

EFFEKTE VON ERWEITERUNGEN

SÜDEN

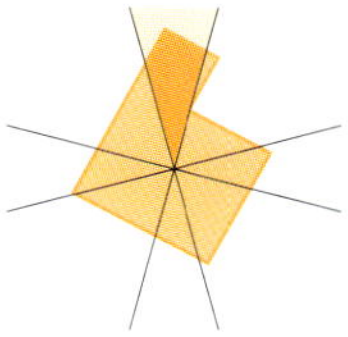

Eine kleine Erweiterung ist günstig für Ruhm, Erfolg und öffentliche Anerkennung. Sie kann die Leidenschaft fördern, Sie stärker aus sich herausgehen lassen und Ihr soziales Leben aktivieren, besonders wenn Sie mit öffentlichen Angelegenheiten beschäftigt sind.

Eine große Erweiterung kann zu überhöhten Erwartungen und fast unvermeidlichen Enttäuschungen führen. Sie können dadurch auch emotional unpassend und heftig reagieren, was zu hitzigen Auseinandersetzungen und möglicherweise zu Streit mit Freunden und Familienangehörigen führt. Es kann schwierig sein, sich in einem Haus wohl zu fühlen, das zuviel südliches Chi hat.

SÜDWESTEN

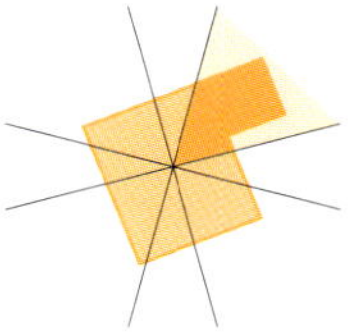

Eine kleine Erweiterung kann die Familienharmonie fördern und dazu führen, daß Sie praktischer und methodischer werden. Da solche Erweiterungen jedoch – wenn auch entgegengesetzt – auf derselben Achse wie nordöstliche Erweiterungen liegen, können sie den Chi-Strom auf ähnliche Weise destabilisieren.

Eine große Erweiterung schafft einen mächtigen Energiestrom, der die Mutter oder älteste Frau unterstützt. Dadurch kann sie zu dominant werden und der Familie Schaden zufügen. Im Fernen Osten wird diese Form manchmal »Witwenhaus« genannt, weil die Energie der Frau hier zu stark wird und ihren Ehemann erschöpft.

WESTEN

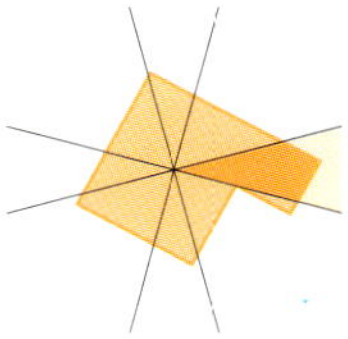

Eine kleine Erweiterung hier kann günstig sein, um Ihr Einkommen zu verbessern oder Darlehen zu vereinbaren, weil der Westen mit der Ernte-Energie verbunden ist. Sie begünstigt auch eine Heirat, besonders für Frauen, da sie eine romantischere Atmosphäre schafft und ideal für Unterhaltung und gesellige Abende ist.

Eine große Erweiterung kann dazu führen, daß man zuviel Geld ausgibt und folglich seine Ersparnisse verliert – und daß man vergnügungssüchtig wird. Das könnte jedes Familienmitglied treffen, aber jüngere Frauen sind dafür wahrscheinlich besonders anfällig.

NORDWESTEN

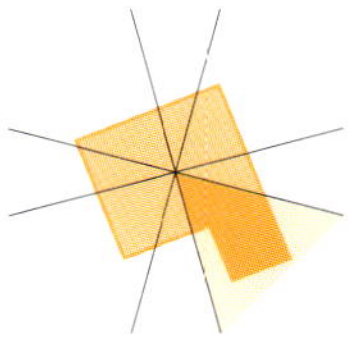

Eine kleine Erweiterung fördert Organisation und Vorausplanung. Sie ist nützlich für den stetigen Aufbau einer Karriere oder eines Geschäftes und kann Ihnen helfen, eine Spitzenposition zu erlangen oder den nötigen Gerechtigkeitssinn für eine leitende Aufgabe zu entwickeln. Sie fördert das Verantwortungsgefühl und unterstützt besonders den Vater oder den Hauptverdiener in der Familie.

Eine große Erweiterung kann dazu führen, daß der Vater oder Hauptverdiener in der Familie zu mächtig wird, was ihn arrogant, selbstgerecht, autoritär und anmaßend macht.

EFFEKTE VON EINBUCHTUNGEN

SÜDEN

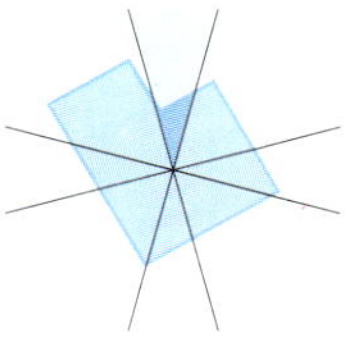

Eine Einbuchtung hier kann für Gerichtsverfahren und Strafanzeigen anfällig machen. Sie kann auch entmutigend wirken und zu einem Verlust von Spontaneität und Leidenschaft führen. Es könnte Ihnen dann schwerer fallen, Aufmerksamkeit und öffentliche Anerkennung zu gewinnen.

SÜDWESTEN

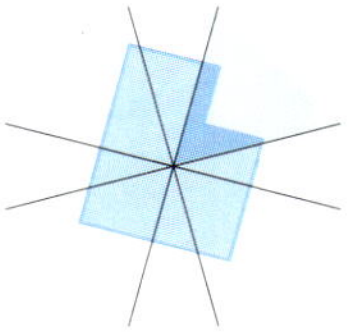

Eine Einbuchtung an dieser Stelle schwächt das Chi der Mutter oder der ältesten Frau. Dies kann zu Gefühlen der Unsicherheit und Eifersucht führen und damit die Familienharmonie stören.

WESTEN

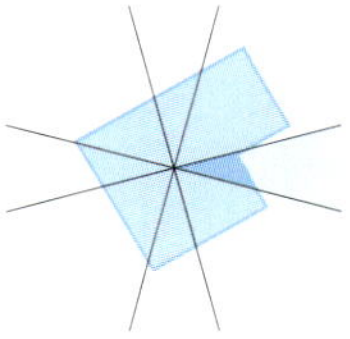

Eine Einbuchtung hier kann Unzufriedenheit hervorrufen, wovon besonders die jüngste Tochter oder Frau betroffen sein dürfte. Eine Frau, die in einem solchen Haus allein lebt, könnte Schwierigkeiten haben, einen Partner zu finden, weil das mit Romantik assoziierte Chi hier fehlt.

NORDWESTEN

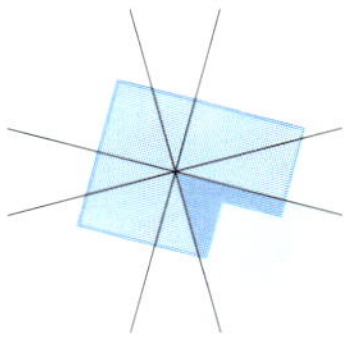

Eine Einbuchtung hier ist ungünstig für den Vater oder Hauptverdiener. Diese Art Haus wird auch als »Witwenhaus« bezeichnet, weil der Ehemann durch den Mangel an unterstützender Energie geschwächt und somit leichter krank wird.

FENG SHUI IM ALLTAG

Motivationsmangel
Wenn Sie nur schwer in die Gänge kommen, dann sollten Sie sich den nördlichen Sektor des Rasters über Ihrem Grundriß ansehen. Wenn nur ein kleiner Teil Ihres Hauses in diesen Bereich fällt, fehlt Ihnen vielleicht die motivierende Energie.

Um die Erd-Energie und das Chi des Nordostens zu verbessern, können Sie in dem Sektor eine niedrige weiße Steinskulptur, das Bild eines schneebedeckten Berges oder eine weiß blühende Pflanze in einem quadratischen Steintopf plazieren. Um die Feuer-Energie zu stärken, können Sie das Feuer selbst verwenden (ein Holz- oder Kohlenfeuer, besonders in einer Feuerstelle aus Stein) oder einen spitzen oder purpurroten Gegenstand benutzen, z. B. eine Pflanze mit purpurroten Blüten und spitzen Blättern. Eine einfachere Lösung wäre eine weiße Kerze in einem purpurnen Kerzenhalter mit Sternen.

AUSGLEICH DER ACHT ENERGIETYPEN

Im allgemeinen ist es günstig, wenn man im Haus ein Gleichgewicht der Chi-Energien der Acht Richtungen hat. Runde und achteckige Gebäude haben die ausgewogensten Formen, weil sie in jeder Richtung über die gleiche Menge an Chi-Energie verfügen. Vollkommen runde und achteckige Gebäude sind heutzutage selten, obwohl sie früher typische Wohnhäuser waren. Rechteckige Gebäude sind weitaus stärker verbreitet, und je näher das Rechteck dem Quadrat kommt, desto ausgewogener sind die acht Energietypen. L-förmige Häuser oder Wohnungen können ihren Mittelpunkt außerhalb des Gebäudes haben, so daß einige Energietypen vielleicht völlig fehlen. Andere Formen wie lange, schmale Rechtecke können von einem bestimmten Chi-Typ sehr viel mehr als von anderen haben.

Legen Sie den Raster der Acht Richtungen wie gewöhnlich auf Ihren Grundriß (S. 44 f.). Das zeigt Ihnen, in welchen Bereichen ein Mangel herrscht. Ein anderer Ansatz besteht darin, zu überlegen, ob die Hausbewohner irgendwelche Probleme haben. Wenn Einsamkeit beispielsweise ein Problem ist, sollten Sie sich den nördlichen Teil Ihres Grundrisses ansehen. Wenn ein großer Teil Ihres Hauses in diesen Sektor fällt, könnte das eine mögliche Ursache sein. Informationen über ehemalige Bewohner des Hauses und ihre Erfahrungen können ebenfalls Hinweise geben.

Bei der Korrektur energetischer Ungleichgewichte gehen Sie ähnlich vor wie bei der Lösung von Problemen, die sich durch Erweiterungen oder Einbuchtungen ergeben (S. 50–53). Wo Mangel herrscht, sollten Sie den betreffenden Sektor stärken, indem Sie dort entsprechende Gegenstände plazieren.

SONNENEINSTRAHLUNG

Das Sonnenlicht bringt die Chi-Energie direkt in Ihr Haus, und die Form des Gebäudes kann darauf Einfluß haben. Die Größe, Lage und Anzahl der Fenster sind ebenfalls von Bedeutung. Wenn ein Teil des Hauses während des ganzen Tages kein oder wenig Sonnenlicht hat, dann besteht ein ernstes Risiko, daß es dort feucht wird und die Chi-Energie stagniert.

FORM

Wenn ein L-förmiges Gebäude in eine bestimmte Richtung weist, könnte ein Teil des Hauses fast den ganzen Tag im Schatten liegen. Auch wenn ein Gebäude im Norden eine Einbuchtung hat, gelangt auf keine dieser Wände Sonnenlicht (s. gegenüberliegende Seite). Liegt die Öffnung einer Einbuchtung jedoch der Sonne zugewandt, dann fängt dieser Bereich die Sonne ein und zieht mehr Yang-Energie an, was günstig ist.

Gebäude bekommen über ihre längere Seite das meiste Sonnenlicht; deshalb entscheidet diese Seite über die Art der Chi-Energie, die im Haus den stärksten Einfluß hat. Wenn die längste Seite z. B. nach Osten oder Westen zeigt, wird Ihr Haus überwiegend vom Sonnenaufgang und Sonnenuntergang beeinflußt. Angenommen, es hat genügend Fenster und liegt nicht zu sehr im Schatten, kann der Sonnenaufgang Ihrem Leben Energie verleihen, so daß Sie neue Vorhaben in Angriff nehmen, sehr aktiv sind und optimistisch über die Zukunft denken. Der Sonnenuntergang hilft Ihnen dagegen, sich von den Tagesaktivitäten zu lösen und zu einer stilleren, romantischeren Stimmung zu finden.

FENSTER NACH NORDEN

Wohnungen, deren Fenster alle nach Norden gerichtet sind, bekommen sehr wenig direktes Sonnenlicht und haben oft eine kalte, höhlenähnliche Atmosphäre. Die Chi-Energie scheint zu stagnieren, und es gibt eine Tendenz zur Feuchtigkeit. Die Menschen, die hier leben, haben vielleicht mit zahlreichen Problemen zu kämpfen wie z. B. Einsamkeit, Mißerfolg, Verlust der Vitalität, Depressionen und einer schlechten Gesundheit.

Wenn Ihr Haus in diesem Sinne betroffen ist, muß man Mittel und Wege suchen, wie man mehr Chi-Energie in die Räume bringen kann. Wenn möglich, sollten sie Oberlichter oder Fenster auf der Südseite einbauen. Falls das nicht geht, richten Sie echte Feuerstellen ein, lassen Sie Kerzen vor allem im Nordosten des Hauses brennen, züchten Sie Pflanzen, setzen Sie dazu Leuchten ein, die Tageslicht geben, weil die meisten Pflanzen hier sonst nicht wachsen, und halten Sie die Räume ziemlich leer. Oberflächen aus Holz (z. B. Holzböden), Spiegel an den Wänden und Windspiele aus Metall im Westen, Nordwesten oder Norden Ihres Hauses helfen ebenfalls.

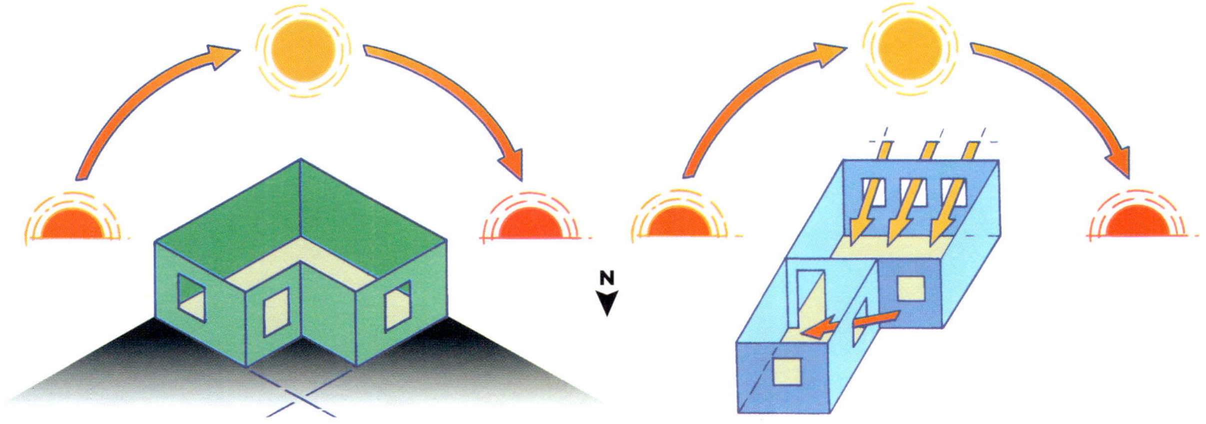

Mangel an Sonnenlicht
Die L-Form dieses Hauses, seine Ausrichtung und die nach Norden weisenden Fenster führen dazu, daß die Räume zuwenig Sonnenlicht bekommen.

Gutes Sonnenlicht
Dieses L-förmige Haus bekommt reichlich direktes Sonnenlicht. Obwohl der Nordteil die meiste Zeit des Tages im Schatten liegt, läßt das westliche Fenster der Erweiterung die Nachmittagssonne herein.

Die Umgebung

Die Chi-Energie eines Gebäudes wird von seiner Umgebung stark beeinflußt. Andere Häuser, Straßen und Landschaftsmerkmale haben Auswirkungen auf die Chi-Energie, die an Ihrem Haus entlang und in das Haus hineinströmt.

Die Chi-Energie der Umgebung hat vielfältige Auswirkungen auf Ihr Haus. Einzelne Gebäude und bestimmte Merkmale der Landschaft wie Wasser, Bäume und Hügel können ebenso von Bedeutung sein wie der generelle Charakter des Gebietes, in dem Sie leben. Sogar die Anordnung der Straßen ist aus der Sicht des Feng Shui wichtig. In einer Reihenhaussiedlung leben die Menschen beispielsweise in sehr ähnlichen Häusern, die alle gleich ausgerichtet sind. Dasselbe gilt für die Parallelstraßen. In einer solchen Nachbarschaft entstehen enge Verbindungen, weil die Menschen hier viele Gemeinsamkeiten haben. Das gilt besonders, wenn die ganze Straße in einer allgemein günstigen Richtung angelegt ist. An Straßen, die von Norden nach Süden führen, liegen die Vorder- und Rückseite des Hauses im Osten bzw. Westen, und das sind beides günstige Richtungen. Wenn die Straße jedoch in eine ungünstige Richtung führt, können sich daraus für die ganze Siedlung Schwierigkeiten ergeben.

Modernere Siedlungen sind anders angelegt – hier weisen die Häuser in verschiedene Richtungen, und man hat mehr Auswahl. So finden die Menschen besser das für sie richtige Haus. Mehr Individualismus kann jedoch den Gemeinschaftsgeist schwächen. Außerdem erhöhen die verschiedenen Richtungen der Häuser die Gefahr von schneidendem Chi (S. 62).

In einer ländlichen Umgebung liegen die Häuser weiter auseinander, und es gibt viel natürliche Vegetation zwischen ihnen, so daß sie sich gegenseitig weniger beeinflussen.

NACHBARGEBÄUDE

Bestimmte Gebäudeformen oder andere Konstruktionen können einen negativen Einfluß auf die benachbarten Häuser haben. Dazu gehören Kirchen, Friedhöfe, Krematorien, Trauerhallen und Krankenhäuser, deren Chi-Energien einen Bezug zu Leiden, Krankheit, Tod und Verfall haben. Bei Kirchen kann dieser Effekt jedoch durch die positive Energie von Hochzeiten, Taufen und Festen ausgeglichen werden.

Andere problematische Gebäude sind Kernkraftwerke und Bauten oder Konstruktionen, die viel elektrische Strahlung abgeben (Transformatorstationen, Hochspannungsmasten und Gebäude mit einem hohen Stromverbrauch). Sie gelten weithin als besondere Gesundheitsrisiken.

Idealerweise sollte sich keins von diesen Gebäuden in der Nähe Ihres Hauses befinden oder von dort zu sehen sein. Die Reaktionen darauf sind jedoch individuell verschieden, und viele Menschen ertragen eine solche Nachbarschaft ohne negative Auswirkungen.

LÄNDLICHE UMGEBUNG

Finden Sie heraus, welches der folgenden Elemente die Landschaft in Ihrer Umgebung am besten charakterisiert, und sehen Sie in der Tabelle auf den folgenden Seiten nach, welche Auswirkungen und Lösungen es gibt.

WASSER Seen, Flüsse, Bäche, Marschland, Meere

HOLZ Bäume, Unterholz, Wälder

FEUER Berge mit spitzen Gipfeln

ERDE Ebenen, Hochebenen, Wiesen und allgemein flache Landschaften

METALL gerundete Hügelketten

Gebäudeformen und die Fünf Elemente

Die Formen von Gebäuden können den Elementen zugeordnet werden, deren Chi-Energie sie hervorbringen (s. u.). Viele Gebäude repräsentieren Mischformen und entsprechende Energien. So kombiniert ein niedriges Gebäude mit einem spitzen Dach beispielsweise Erd- und Feuer-Energien; ein hohes Gebäude mit einem Kuppeldach vereint die Energien von Holz und Metall.

Die Fünf Elemente vermögen sich gegenseitig zu stärken oder zu schwächen, so daß die Gebäudeformen in der Umgebung Ihr Haus günstig oder ungünstig beeinflussen können. Wenn Ihr Haus dieselbe Form hat wie die Nachbargebäude, dann herrscht Harmonie. Bei unterschiedlichen Formen könnte es Probleme geben, deren potentielle Auswirkungen Sie ermitteln sollten. Entscheiden Sie zunächst, an welches Element Sie die Form Ihres Hauses am stärksten denken läßt, und ordnen Sie dann die Formen der Nachbargebäude ein. Die Übersicht auf S. 58 f. zeigt Ihnen die möglichen Kombinationen von Gebäudeformen und umreißt die potentiellen Auswirkungen auf Sie und Ihre Nachbarschaft.

Wo nötig, werden Lösungen angeboten und Mittel zur praktischen Umsetzung vorgeschlagen. Andere Wege, wie Sie die Fünf Elemente zur Problemlösung einsetzen können, werden auf S. 28 f. beschrieben. Wählen Sie eine für Ihre Situation passende Lösung. Wenn nicht ausdrücklich etwas anderes vermerkt ist, plazieren Sie das Heilmittel zwischen Ihr Haus und die Gebäude, die problematische Formen haben.

Wasser *Gebäude mit unregelmäßigen oder vielfältigen Formen (hohe, schmale Merkmale, spitze Türme, Kuppeln oder niedrige Rechtecke) und gebogene, fließende Formen fallen in diese Kategorie. Oft handelt es sich um Gebäude, die immer wieder erweitert worden sind.*

Holz *Hohe, schmale, rechteckige Gebäude wie moderne Bürohochhäuser oder Wohnblocks haben eine Holz-Form. Kirchen mit hohen Türmen würden ebenfalls in diese Kategorie fallen.*

Feuer *Gebäude mit hohen Dächern wie Kirchen mit spitzen Türmen oder Gebäude mit pyramidenförmigen Dächern wie Canary Wharf in London und die Louvre-Pyramide in Paris.*

Erde *Niedrige Gebäude mit flachen oder nur leicht geneigten Dächern gehören in diese Gruppe. Viele normale Häuser und Bungalows haben diese Form.*

Metall *Runde Gebäude mit kuppelförmigen Dächern einschließlich solcher, die mehrere Rundbögen oder gerundete Formen haben, wie Kreuzgänge, Rundbogentüren und Rundbogenfenster.*

ELEMENTE-FORMEN	EFFEKTE	LÖSUNGEN
WASSER umgeben von Holz	Die Wasser-Energie Ihres Hauses wird durch die Holz-Energie der umliegenden Gebäude geschwächt. Das kann zu einem Mangel an Vitalität, zu Ängstlichkeit und sexueller Unlust führen.	Fügen Sie Metall- oder Wasser-Energie hinzu (eine Metallkugel oder Wasser-Merkmale im Osten oder Südosten).
WASSER umgeben von Feuer	Die Wasser-Energie Ihres Hauses zerstört die Feuer-Energie der umliegenden Gebäude. Das betrifft Sie nicht direkt, kann jedoch die Harmonie in der Nachbarschaft beeinträchtigen.	Fügen Sie Holz-Energie hinzu (hohe grüne Blattpflanzen und Bäume).
WASSER umgeben von Erde	Die Wasser-Energie Ihres Hauses wird zerstört durch die Erd-Energie der umliegenden Gebäude. Sie könnten sich dadurch ängstlich, furchtsam oder ständig angegriffen fühlen.	Fügen Sie Metall-Energie hinzu (silber- oder goldfarbene Metallkugeln).
WASSER umgeben von Metall	Die Wasser-Energie Ihres Hauses wird durch die Metall-Energie der umliegenden Gebäude gestärkt. Sie sollten sich in Harmonie mit Ihrer Umgebung fühlen, unabhängig, spirituell und voller Vitalität. Diese Konstellation kann Ihnen auch helfen, innere Stärke und Flexibilität zu entwickeln.	
HOLZ umgeben von Feuer	Die Holz-Energie Ihres Hauses wird durch die Feuer-Energie der umliegenden Gebäude geschwächt. Das kann sich negativ auf die Chi-Energie auswirken, die mit Aktivität, Ehrgeiz und Karriereaufbau zu tun hat.	Fügen Sie Wasser-Energie (ein Wasser-Merkmal im Osten) und Holz-Energie (hohe Blattpflanzen oder Bäume) hinzu.
HOLZ umgeben von Erde	Die Holz-Energie Ihres Hauses zerstört die Erd-Energie der umliegenden Gebäude. Das betrifft Sie nicht direkt, kann jedoch für eine unruhige Atmosphäre in der Nachbarschaft sorgen.	Fügen Sie Feuer-Energie (helle Außenbeleuchtung an Ihrem Haus) hinzu.
HOLZ umgeben von Metall	Die Holz-Energie Ihres Hauses wird zerstört von der Metall-Energie der umliegenden Gebäude. Sie könnten Schwierigkeiten im Hinblick auf beruflichen Erfolg und optimistische Zukunftseinstellung haben	Fügen Sie Wasser-Energie (ein Wasser-Merkmal) im Osten oder Südosten hinzu.
HOLZ umgeben von Wasser	Die Holz-Energie Ihres Hauses wird unterstützt von der Wasser-Energie der umliegenden Gebäude. Das ist besonders günstig für die Karriere. Es kann den Ehrgeiz fördern sowie Ihre Aktivität und Ihre Fähigkeit, Ideen praktisch umzusetzen, stärken.	
FEUER umgeben von Erde	Die Feuer-Energie Ihres Hauses wird durch die Erd-Energie der umliegenden Gebäude geschwächt. Das verringert Ihre Chancen auf Erfolg und öffentliche Anerkennung.	Fügen Sie Holz-Energie (hohe Blattpflanzen) und Feuer-Energie (helle Außenbeleuchtung am Haus) hinzu.
FEUER umgeben von Metall	Die Feuer-Energie Ihres Hauses zerstört die Metall-Energie der umliegenden Gebäude. Das schadet Ihnen nicht direkt, aber es könnte den Wohlstand in der Nachbarschaft mindern.	Fügen Sie Erd-Energie (niedriger Tontopf mit schwarzer Erde und niedrigen Pflanzen) hinzu.

ELEMENTE-FORMEN	EFFEKTE	LÖSUNGEN
FEUER umgeben von Wasser	Die Feuer-Energie Ihres Hauses wird durch die Wasser-Energie der umliegenden Gebäude zerstört. Das könnte Sie zum Opfer öffentlicher Feindseligkeiten und rechtlicher Verfolgung machen.	Fügen Sie Holz-Energie (Bäume oder hohe Blattpflanzen) hinzu.
FEUER umgeben von Holz	Die Feuer-Energie Ihres Hauses wird durch die Holz-Energie der umliegenden Gebäude unterstützt. Das könnte Ihre Chancen, Aufmerksamkeit zu gewinnen, verbessern und Ihnen Ruhm und öffentliche Anerkennung für Ihre Arbeit oder Ihre Leistungen eintragen.	
ERDE umgeben von Metall	Die Erd-Energie Ihres Hauses wird durch die Metall-Energie der umliegenden Gebäude geschwächt. Das könnte dazu führen, daß Sie sich unsicher und unwohl fühlen, woraus sich eventuell familiäre Probleme ergeben.	Fügen Sie Feuer-Energie (helle Außenbeleuchtung) und Erd-Energie (niedrige Pflanzen in einem Tontopf) hinzu.
ERDE umgeben von Wasser	Die Erd-Energie Ihres Hauses zerstört die Wasser-Energie der umliegenden Gebäude. Das betrifft Sie vielleicht nicht direkt, könnte jedoch die Vitalität in Ihrer Nachbarschaft schädigen.	Fügen Sie Metall-Energie (silber- oder goldfarbene Metallkugeln) hinzu.
ERDE umgeben von Holz	Die Erd-Energie Ihres Hauses wird zerstört durch die Holz-Energie der umliegenden Gebäude. Das kann dazu führen, daß Sie sich unwohl fühlen und unsicher werden, was besonders für die Mutter Gesundheitsprobleme bedeuten kann.	Fügen Sie Feuer-Energie (Kamin, Ofen oder helle Lichter) im Inneren des Hauses hinzu.
ERDE umgeben von Feuer	Die Erd-Energie Ihres Hauses wird von der Feuer-Energie der umliegenden Gebäude unterstützt. Diese Kombination von Energien ist besonders günstig, um zu Hause eine harmonische Familienatmosphäre zu schaffen.	
METALL umgeben von Wasser	Die Metall-Energie Ihres Hauses wird durch die Wasser-Energie der umliegenden Gebäude geschwächt. Das ist eine ungünstige Kombination, die zu finanziellen Problemen führen kann.	Fügen Sie Erd-Energie (Tontopf mit niedrigen Pflanzen) und Metall-Energie (Metallkugeln) hinzu.
METALL umgeben von Holz	Die Metall-Energie Ihres Hauses zerstört die Holz-Energie der umliegenden Gebäude. Das hat für Sie keine direkten Folgen, könnte jedoch die Karrierechancen Ihrer Nachbarn schmälern.	Fügen Sie Wasser-Energie (ein Wasser-Merkmal) im Osten oder Südosten Ihres Hauses hinzu.
METALL umgeben von Feuer	Die Metall-Energie Ihres Hauses wird durch die Feuer-Energie der umliegenden Gebäude zerstört. Das kann zu finanziellen Engpässen und Problemen wie beispielsweise Spielsucht führen.	Fügen Sie Erd-Energie (Tontopf mit niedrigen Pflanzen) hinzu.
METALL umgeben von Erde	Die Metall-Energie Ihres Hauses wird durch die Erd-Energie der umliegenden Gebäude unterstützt. Das ist günstig für den materiellen Wohlstand und könnte Ihnen helfen, Ihre Finanzen zu verbessern.	

SCHATTEN

Sonnenlicht bringt Energie in Form von Licht, Wärme, Strahlung und Chi-Energie in Ihr Haus. Während die Sonne am Himmel ihren Weg zieht, scheint sie auf verschiedene Außenwände Ihres Hauses und durch die Fenster hindurch. Wenn Ihr Haus oder Ihre Wohnung zuwenig Sonnenenergie bekommt, kann das Chi stagnieren, und das könnte die Wirksamkeit vieler Feng-Shui-Lösungen in Frage stellen. Der Mangel an Sonnenlicht kann durch die Form des Hauses oder durch die Zahl und die Lage der Fenster bedingt sein. Auch wenn Ihr Haus im Schatten höherer Nachbargebäude liegt, kann es vom Sonnenlicht abgeschnitten sein, was den Fluß des Chi nach innen behindert.

Wenn Sie ein bestimmtes Haus kaufen oder mieten wollen, ist es wich-

Die Richtung des Schattens

Wenn ein Teil Ihres Hauses im Schatten liegt, geht eine bestimmte Art von Chi-Energie verloren. Welche das ist, hängt von der Lage des Gebäudes ab, das Ihr Haus überschattet. Wenn es sich beispielsweise um einen hohen Wohnblock im Osten handelt, liegt Ihr Haus im Schatten, wenn die Sonne im Osten steht, und Ihnen fehlt die Chi-Energie des Ostens.

Glücklicherweise gibt es dafür einige Heilmittel. Eins besteht darin, die Farbe dieser Richtung (S. 31) hinzuzufügen. Man kann aber auch die Chi-Energie des entsprechenden Elementes stärken (S. 28 f.).

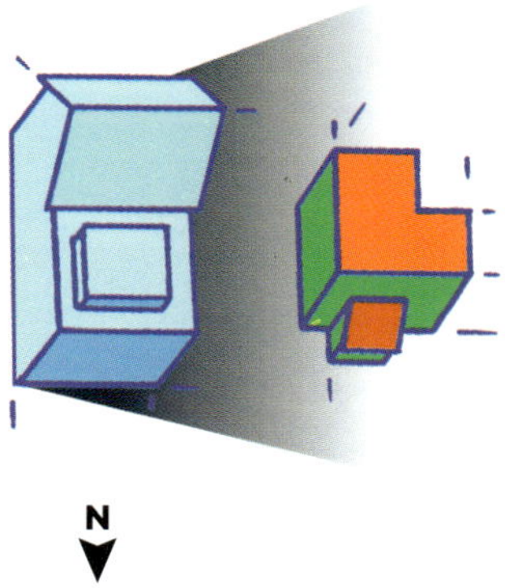

Schatten im Osten
Es herrscht ein Mangel an Chi-Energie, die mit Aktivität, Ehrgeiz und Karriereaufbau zu tun hat.

Lösungen Stärken Sie die Holz-Energie. Plazieren Sie ein Wasser-Merkmal – Springbrunnen, Teich oder Aquarium – östlich von der Mitte Ihres Hauses, entweder drinnen oder im Garten. Hohe, helle Grünpflanzen oder Oberflächen aus Holz sind ebenfalls zweckmäßig.

Schatten im Südosten
Es herrscht ein Mangel an Chi-Energie, die mit Kommunikation, Kreativität und harmonischem Fortschritt zu tun hat.

Lösungen Da der Chi-Energie im Südosten dasselbe Element wie im Osten zugeordnet ist, gleichen sich die Lösungen. Plazieren Sie ein Wasser-Merkmal südöstlich der Mitte Ihres Hauses. Dunkelgrün und Blau sind hier günstige Farben. Hohe Pflanzen und Oberflächen aus Holz sind ebenfalls zweckmäßig, weil sie die Holz-Energie stärken.

tig, Licht und Schatten zu berücksichtigen. Sehen Sie sich die Umgebung des Gebäudes an, und prüfen Sie, ob es in der Nachbarschaft irgendwelche Strukturen gibt, die Schatten auf Ihr Haus werfen könnten.

Die wichtigsten Faktoren sind die Höhe der Nachbargebäude sowie ihre Richtung und die Entfernung von Ihrem Haus. Ein Gebäude im Osten oder Westen wird wahrscheinlich eher Schatten auf Ihr Haus werfen, weil die Sonne in diesen Richtungen tiefer am Himmel steht und längere Schatten erzeugt. In diesem Fall könnte Ihr Haus sogar dann im Schatten liegen, wenn das andere Gebäude relativ niedrig oder weit entfernt ist. Wenn die Sonne hoch am Himmel steht, werden die Schatten kürzer, so daß ein Gebäude im Süden auch dann nicht problematisch wäre, wenn es relativ nahe läge.

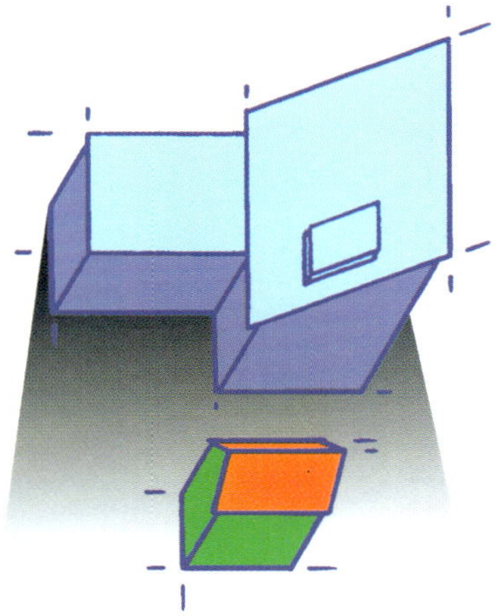

Schatten im Süden
Es herrscht ein Mangel an Chi-Energie, die mit Leidenschaft, öffentlicher Anerkennung und Ruhm zu tun hat.

Lösungen Stärken Sie die Feuer-Energie. Schaffen Sie Feuerstellen, oder zünden Sie Kerzen an. Plazieren Sie etwas Purpurfarbenes südlich von der Mitte Ihres Hauses. Hohe Pflanzen mit spitzen Blättern, vor allem purpurfarbene, und Oberflächen aus Holz sind zweckmäßig. Auch spitze Gegenstände oder Muster mit Punkten oder Polstermöbel wären günstig.

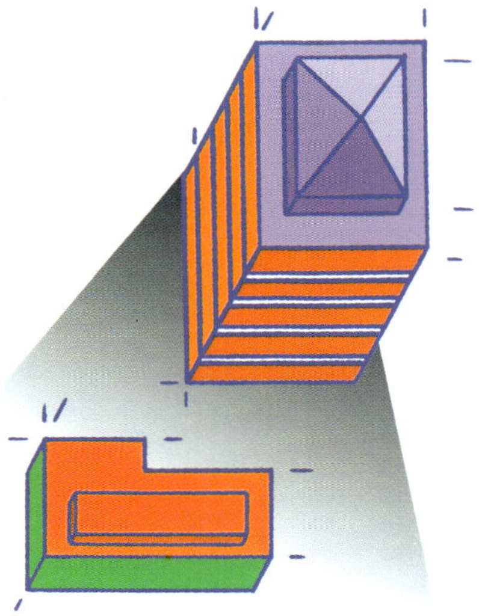

Schatten im Südwesten
Es herrscht ein Mangel an Chi-Energie, die mit Konsolidierung, Mutterschaft und familiärer Harmonie zu tun hat.

Lösungen Stärken Sie die Erd-Energie. Plazieren Sie Kerzen oder eine Feuerstelle südwestlich von der Mitte Ihres Hauses. Erdfarbene Gegenstände oder niedrige Pflanzen in Tontöpfen wären ebenfalls zweckmäßig.

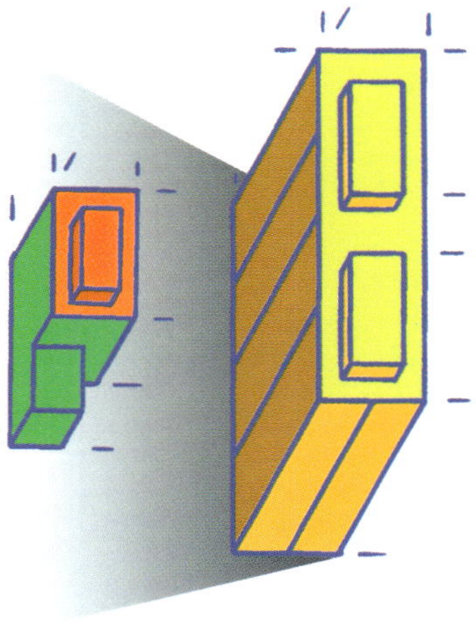

Schatten im Westen
Es herrscht ein Mangel an Chi-Energie, die mit Romantik, Zufriedenheit und Einkommen zu tun hat.

Lösungen Stärken Sie die Metall-Energie. Plazieren Sie Windspiele aus Metall oder glänzende runde Metallplatten bzw. Silber- oder Goldmünzen westlich von der Mitte Ihres Hauses. Eine Pflanze mit runden Blättern und roten Blüten in einem runden silbernen Topf wäre ebenfalls zweckmäßig.

Das schneidende Chi abweisen
Reflektierende Oberflächen wirken wie Spiegel und lenken das schneidende Chi von Ihrer Eingangstür ab. Der polierte Messingtürknauf, der Briefkasten und der hochglänzende Anstrich leisten einen Beitrag dazu.

SCHNEIDENDES CHI

Wenn die Ecke eines Nachbargebäudes auf Ihr Haus zeigt, kann es von schneidendem Chi durchdrungen werden. Das bringt den Fluß Ihrer persönlichen Chi-Energie und der Energie Ihrer Familienmitglieder durcheinander und führt wahrscheinlich dazu, daß Sie sich unbehaglich fühlen, krank werden oder Ihre Richtung im Leben verlieren.

Schneidendes Chi kann durch die Wände in Ihr Haus gelangen, aber es dringt sehr viel leichter durch Fenster und Türen ein. Fenster sind dabei weniger problematisch, weil Menschen oder andere Chi-Träger gewöhnlich nicht auf diesem Weg ins Haus kommen. Aber wenn die Ecke eines benachbarten Gebäudes auf eine Tür zeigt, vor allem auf die Vordertür, sind die Risiken, die von dem schneidenden Chi ausgehen, wesentlich größer.

Wichtig ist dabei auch, wo sich die Quelle des schneidenden Chi befindet, denn jede Richtung hat ihre eigene Chi-Energie. Die Auswirkungen sind besonders schwerwiegend, wenn die Ecke im Nordwesten Ihres Hauses liegt, weil die Chi-Energie aus dieser Richtung ohnehin schon scharf und durchdringend ist und plötzlichen Änderungen unterliegt. Das Schlimmste, was Ihnen passieren kann, ist eine Ecke im Nordwesten Ihres Hauses, die direkt auf Ihre Eingangstür weist.

SCHNEIDENDES CHI ABMILDERN

Um die Auswirkungen des schneidenden Chi zu mildern, brauchen Sie einen ruhigen Chi-Strom aus der entgegengesetzten Richtung. Das läßt sich sehr effektiv durch die Prinzipien der fünf Elemente erreichen, insbesondere durch den Kreislauf der Erzeugung.

Das Chi des Elementes, das mit einer bestimmten Richtung verbunden ist, kann durch das Chi des Elementes, das ihm im Kreislauf der Erzeugung direkt folgt, geschwächt werden: Erde schwächt Feuer, Metall schwächt Erde, Wasser schwächt Metall, und Holz schwächt Wasser. Nehmen wir beispielsweise an, die Quelle des schneidenden Chi wäre im Südwesten Ihres Hauses. Der Südwesten steht mit der Erd-Energie in Verbindung, die durch Metall-Energie geschwächt wird. Um das schneidende Chi aus dem Südwesten zu mildern, müssen Sie einen Gegenstand, der die Metall-Energie repräsentiert, wie eine Gold- oder Silberscheibe im Südwesten Ihres Hauses plazieren. Statt dessen können Sie auch eine große Statue aus Gußeißen, Bronze oder einem anderen Metall, die runde Formen hat, im Garten zwischen Ihrem Haus und der betreffenden Ecke aufstellen.

Einfachere Lösungen bieten die universellen Heilmittel des Feng Shui. Sie könnten Laubbäume und Sträucher oder eine dichte Hecke zwischen Ihr Haus und die Ecke setzen, um das schädliche Chi zu absorbieren. Wenn Sie an Ihrer Eingangstür etwas anbringen, das glänzt und reflektiert, wird das schneidende Chi dadurch abgewiesen.

STRASSEN

Autos, Busse und Lastwagen und die Menschen, die darin über die Straße fahren, haben alle ihr eigenes Chi. Sie schaffen selbst eine sich rasch bewegende Energie und wirbeln gleichzeitig im Vorbeifahren das Chi der Umgebung auf. Straßen haben glatte Oberflächen und bilden oft gerade Linien, was alles mehr Yang ist und dadurch den Fluß des Chi noch mehr beschleunigt. Straßen, die diese sich schnell bewegende Energie in Ihr Haus leiten, stören dort die natürliche Bewegung der Chi-Energie. Wenn die Straße belebt und verkehrsreich ist, wird der Energiefluß um so schneller und intensiver sein. Diese Einflüsse verschärfen sich noch, wenn Ihr Haus an bestimmten Stellen steht: T-förmige Kreuzungen, Gabelungen und Kurven in der Straße können Probleme schaffen (s. u.). Gelegentlich liegen große Wohnblocks auch im Zentrum eines Kreisverkehrs oder einer Ringstraße, was eine besonders ungünstige Position ist.

Die Lösungen sind ähnlich wie jene für das schneidende Chi (s. gegenüber): Versuchen Sie, den Fluß des Chi zu verlangsamen oder zu unterdrücken und in eine andere Richtung abzulenken. Pflanzen Sie Büsche, oder setzen Sie irgend etwas Reflektierendes zwischen Ihr Haus und die Straße. Windspiele in der Diele oder im Garten helfen, die durch den Straßenverkehr gestörte Energie zu reinigen.

FENG SHUI IM ALLTAG

Unbehagen zu Hause

Das Haus meiner ersten Klienten lag am Kopf einer belebten T-förmigen Kreuzung. Sie fühlten sich dort rastlos und konnten sich nur schlecht entspannen. Sie mieden die Räume, die der Straße am nächsten lagen, und verbrachten die meiste Zeit im hinteren Teil des Hauses. Ich riet ihnen, Büsche in den Vorgarten zu pflanzen, einen konvexen Spiegel so aufzuhängen, daß er auf die Straße wies, und Windspiele aus Metall in die Eingangstür zu hängen. Bald fühlten sie sich erheblich wohler und verbrachten gern mehr Zeit daheim.

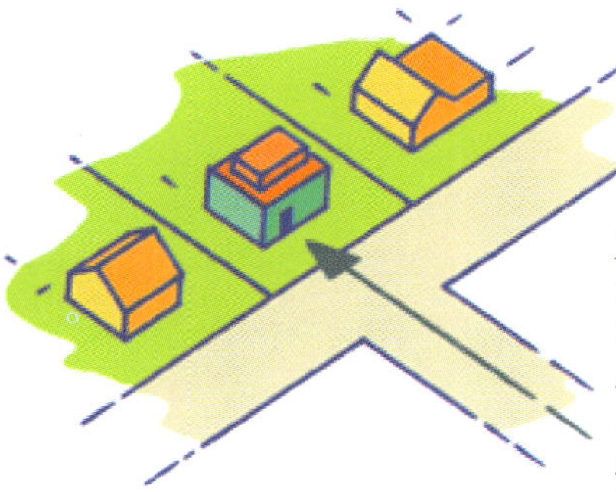

Der Kopf einer T-Kreuzung
Wenn die Autos sich der Kreuzung nähern, treiben sie schnelle Chi-Energie in Ihr Haus.

Die Außenseite einer Kurve
Die Kurve läßt schnelle Chi-Energie von der Straße wegwirbeln. Häuser, die hier stehen, sind vom Verkehr aus beiden Richtungen betroffen.

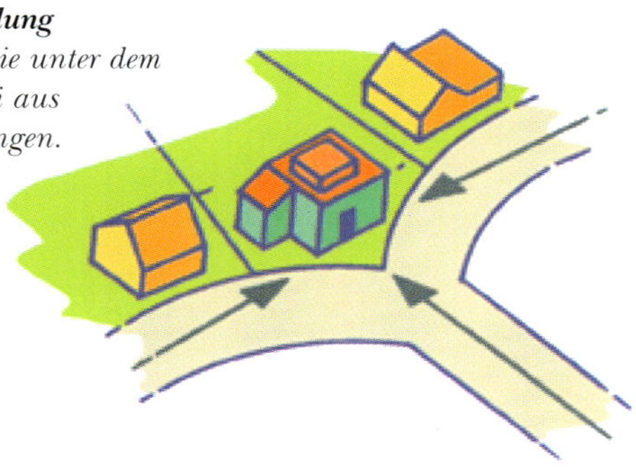

Die Mitte einer Straßengabelung
Hier leiden Sie unter dem schnellen Chi aus allen Richtungen.

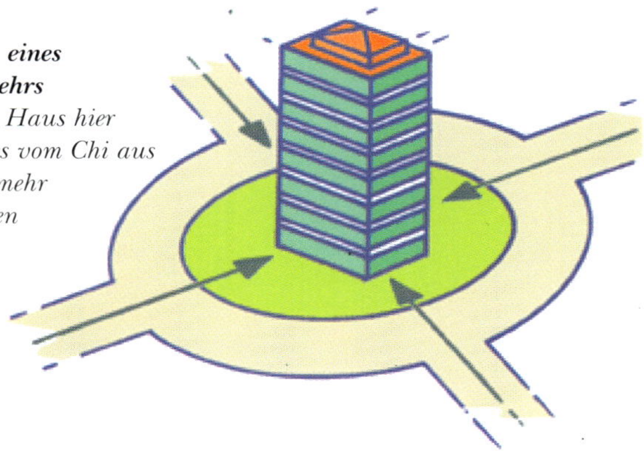

Die Mitte eines Kreisverkehrs
Wenn Ihr Haus hier steht, ist es vom Chi aus vier oder mehr Richtungen betroffen.

Yang-Wasser
Die sturmgepeitschte See ist in zweierlei Hinsicht mehr Yang: wegen des Salzgehalts und der gewaltigen Bewegung in Wellen.

WASSER

Wasser enthält Bestandteile, die für unseren Organismus lebensnotwendig sind, und es ist wesentlich für den Anbau von Nahrungsmitteln. Wir stammen von Wesen aus dem Meer ab, und der größte Teil unseres Körpers besteht aus Wasser. Gleichzeitig kann Wasser jedoch auch in Gestalt von Überschwemmungen zur Bedrohung für uns werden.

Wasser hat eine große Anziehungskraft. In den Ferien, für Picknicks und sportliche Aktivitäten suchen wir oft Plätze auf, die am Wasser liegen. Im Feng Shui ist Wasser ein Symbol für Geld, weil Geld auf ähnliche Weise fließt, wie sich Wasser durch eine Landschaft bewegt.

Wasser in der Nähe Ihres Hauses wirkt sich auf seine Chi-Energie aus, was wiederum Ihre eigene Chi-Energie beeinflußt. Unter günstigen Bedingungen kann ein nahe gelegenes Gewässer die Chi-Energie Ihres Hauses verbessern und so Ihren Wohlstand und Ihre Vitalität erhöhen. Wichtig ist dabei die Qualität des Wassers, die Fließrichtung und die Richtung, in der sich das Wasser vom Zentrum Ihres Hauses aus befindet.

Das Wasser selbst muß sauber, frisch und von Giftstoffen unbelastet sein, denn schmutziges Wasser kann Ihre Vitalität nicht erhöhen. Das Salzwasser des Meeres ist stärker Yang, während das Süßwasser von Seen, Flüssen und Bächen mehr Yin ist. In der Nähe des Meeres zu wohnen ist deshalb belebender, an einem See zu wohnen dagegen friedlicher.

FLIESSENDES WASSER

Die Chi-Energie des fließenden Wassers ist stärker Yang als die ruhender Gewässer, so daß von einem Wasserfall mehr aktive Yang-Einflüsse ausgehen als von einem Mühlteich. Gleichzeitig erdet die Abwärtsbewegung des Wassers Sie stärker, während eine sprudelnde Quelle Ihnen mehr Auftrieb gibt. Ein schnell geradeaus fließender Fluß hat mehr Yang-Energie als ein langsamer Strom, der in sanften Biegungen durch das Gelände mäandert. Das stärkere Yang beschleunigt den Fluß der Chi-Energie in Ihrem Haus, so daß es sich frischer, sauberer und lebendiger anfühlt.

Langsam fließendes Yin-Wasser führt zu einem sanfteren, friedlicheren Fluß der Chi-Energie. Teiche und Sümpfe haben den stärksten Yin-Effekt, stauen sich jedoch auch am ehesten und lassen das Chi dann stagnieren. Das läßt sich vermeiden, wenn das Wasser ein Biotop mit lebenden Organismen ist. Langsam fließendes Wasser neigt auch eher zur Verschmutzung, weil die Schadstoffe nicht so rasch abtransportiert werden.

Wasser, das auf Ihre Eingangstür zufließt, bringt mehr Vitalität ins Haus. Wasser, das vom Eingang wegfließt, kann auch die Vitalität mitnehmen. Dadurch kommt mitunter sogar das Gefühl auf, daß Ihr Wohlstand dahinschwindet. Wenn das Wasser zu schnell auf Ihr Haus zufließt, kann sich das ähnlich wie schneidendes Chi auswirken (S. 62).

Wasser aus verschiedenen Richtungen

Der Effekt des Wassers hängt davon ab, in welcher Richtung es von der Mitte des Hauses aus liegt. Legen Sie den Raster der Acht Richtungen auf Ihren Grundriß, um das herauszufinden (S. 44f.). Bei einer ungünstigen Lage hilft es, wenn Sie die Energien der Fünf Elemente harmonisieren.

Süden – ungünstig
Wasser paßt nicht gut zu der Feuer-Energie. Das könnte zu Gerichtsverfahren, Rufschädigung und schlechter Gesundheit führen.
Lösung Stärken Sie die Holz-Energie, indem Sie hohe Bäume zwischen Ihr Haus und das Wasser pflanzen.

Südosten – günstig
Wasser unterstützt hier die Holz-Energie des Südostens. Das fördert Kommunikation, Kreativität und eine harmonische Entwicklung. Die Wirkung ist ähnlich, aber sanfter als bei Wasser im Osten.

Südwesten – ungünstig
Hier wird das Wasser durch die Erd-Energie zerstört. In der orientalischen Medizin hat die Wasser-Energie einen Bezug zu den Nieren, die als Quelle aller körperlichen Energien gelten. Wenn sie geschädigt werden, kann deshalb eine ernste Krankheit auftreten.

Lösung Stärken Sie die Metall-Energie so wie im Nordosten.

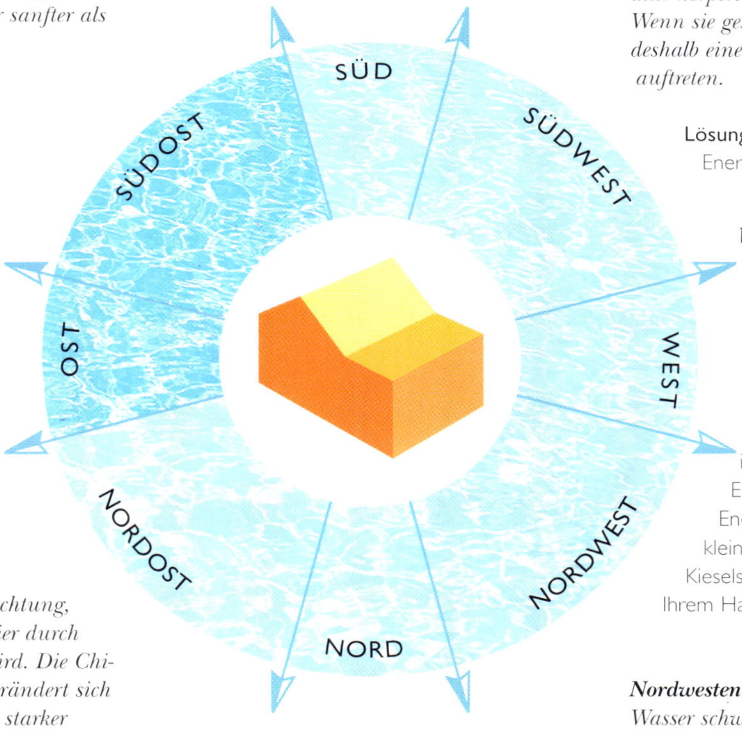

Osten – günstig
Im Osten herrscht die Holz-Energie, die vom Wasser unterstützt wird. Das fördert Karriere, Aktivität und die Verwirklichung von Träumen.

Westen – ungünstig
Wasser schwächt hier die Metall-Energie, was zu finanziellen Problemen führen und die Partnersuche erschweren kann.

Lösung Stärken Sie wie im Nordosten die Metall-Energie oder die Erd-Energie. Ideal wäre ein kleiner Erdhügel mit schwarzen Kieselsteinen darauf zwischen Ihrem Haus und dem Wasser.

Nordosten – ungünstig
Dies ist die schlechteste Richtung, weil die Wasser-Energie hier durch die Erd-Energie zerstört wird. Die Chi-Energie des Nordostens verändert sich schnell, und ein Fluß mit starker Strömung kann hier zu Instabilität und unerwarteten Veränderungen im Leben führen. Ihre Gesundheit könnte dadurch ebenfalls bedroht sein.

Lösung Stärken Sie die Metall-Energie, indem Sie einen runden Gegenstand aus Eisen oder einem anderen Metall zwischen Wasser und Haus plazieren. Ein roter wäre ebenfalls gut.

Norden – ungünstig
Obwohl das Wasser hier neutral wirkt, ist diese Konstellation nicht empfehlenswert, weil die Chi-Energie des Nordens kalt und still ist, wodurch es schwierig wird, die Feuchtigkeit zu vertreiben. Ständige Feuchtigkeit kann aber zu Krankheiten führen.

Lösung Pflanzen Sie hohe Bäume zwischen Haus und Wasser. Die Bäume saugen das Wasser mitsamt seiner Chi-Energie auf.

Nordwesten – ungünstig
Wasser schwächt hier die Metall-Energie, was das Gefühl auslösen kann, für das eigene Leben nicht verantwortlich zu sein.

Lösung Stärken Sie die Metall-Energie wie im Nordosten. Plazieren Sie etwas Silbernes oder Weißes zwischen dem Wasser und Ihrem Haus.

HÜGEL

Wenn Sie ein Haus oder ein Grundstück auf dem Land suchen, ist das Verhältnis zu den Hügeln der Umgebung im Sinne des Feng Shui wichtig.

Liegt das Gebäude auf einem Hügel, sollten Sie prüfen, ob es sich um die eher sonnige Yang- oder die eher schattige Yin-Seite handelt. Ein Haus auf der Sonnenseite eines Berges oder Hügels sorgt dafür, daß Sie mehr Sonnenenergie bekommen, und ist gewöhnlich vorzuziehen. Auf der Schattenseite besteht die Gefahr, daß die Chi-Energie in Ihrem Haus stagniert. Idealerweise sollte die Vorderseite des Hauses vom Abhang wegzeigen, so daß sich der Berg hinter dem Haus erhebt. Wenn Ihr Haus auf der Sonnenseite liegt, zeigt die Vorderseite in der nördlichen Hemisphäre nach Südosten, Süden oder Südwesten. Von diesen Richtungen wäre Südosten günstiger und Südwesten weniger günstig. In der südlichen Hemisphäre zeigt die Vorderseite nach Nordosten, Norden und Nordwesten. Hier ist der Nordosten die günstigste und der Nordwesten die ungünstigste Richtung. Je höher Ihr Haus liegt, desto stärker werden Sie von der schnelleren Yang-Energie beeinflußt, und desto wahrscheinlicher führen Sie ein aktives Yang-Leben. Je niedriger Ihr Haus liegt, desto stärker wirkt die langsame Yin-Energie. Ein Platz auf halber Höhe des Berges wäre für das Gleichgewicht am vorteilhaftesten.

Die Form des Hügels oder Berges ist ebenfalls wichtig. Steile, felsige Berge sind mehr Yang und repräsentieren die Feuer-Energie. Sanft gerundete Hügel sind mehr Yin und haben einen Bezug zur Metall-Energie. Niedrige, flache Hügel repräsentieren die Erd-Energie.

BÄUME

Bäume bringen mehr Holz-Energie in eine Gegend, aber da sie mit ihren Wurzeln das Wasser aufnehmen, schwächen sie auch die Wasser-Energie. Sowohl die Form als auch die Lage der Bäume ist wichtig.

Wenn hohe Bäume zu nah an Ihrem Haus stehen, können sie es auf dieselbe Weise überschatten, wie hohe Gebäude das tun (S. 60 f.). In der nördlichen Hemisphäre sind Bäume im Norden günstig, weil sie Ihr Haus nicht überschatten und sich in Harmonie mit der Wasser-Energie befinden. In der südlichen Hemisphäre gilt dasselbe für Bäume im Süden.

Die Formen der Bäume und ihrer Blätter sind bedeutsam. Hohe Bäume mit spitzen Nadeln wie Kiefern oder mit langen spitzen Blättern wie Palmen repräsentieren Feuer-Energie und fördern einen schnelleren Yang-Fluß des Chi als ausladendere Laubbäume mit eher runden Blättern.

Bäume haben auch eine symbolische Bedeutung. Immergrüne Bäume symbolisieren z. B. ein langes Leben. Bäume oder Sträucher mit scharfen Dornen verursachen möglicherweise Probleme, wenn sie zu nah am Haus stehen, denn sie können schneidendes Chi hervorbringen.

3

Die RÄUME in Ihrem HAUS

Wenn Sie Ihre Räume günstig aufteilen und Möbel und Dekor nach den Prinzipien des Feng Shui wählen, können Sie sich zu Hause wohler und glücklicher fühlen und Ihr Leben allgemein positiv beeinflussen.

Die Raumaufteilung

Die Richtung, in der ein Raum vom Zentrum des Hauses gesehen liegt, entscheidet über seine Chi-Energie. Verschiedene Aktivitäten profitieren von jeweils unterschiedlichen Energieformen, so daß Sie sich bei einer günstigen Raumaufteilung nicht nur wohler fühlen, sondern auch Ihre Lebensziele besser erreichen.

Bevor Sie die Räume in Ihrem Haus aufteilen, sollten Sie darüber nachdenken, wer welchen Raum die meiste Zeit nutzt. In der Küche werden z. B. überwiegend die Mahlzeiten zubereitet, im Wohnzimmer etwa entspannen Sie sich und unterhalten sich mit Gästen, im Eßzimmer hält man sich während der Mahlzeiten auf, im Schlafzimmer fast die ganze Nacht. Nun sollten Sie entscheiden, welche Art von Energie welche Aktivitäten am besten fördert. Idealerweise sollte jedes Zimmer in einer Richtung liegen, in der die günstigste Energieform für die jeweilige Hauptaktivität herrscht. Natürlich sind die idealen Lösungen nicht immer realisierbar. Selbst wenn Sie ein völlig neues Haus bauen, spielen finanzielle Überlegungen oder Einschränkungen eine Rolle, so daß Sie Ihre Pläne für eine ideale Feng-Shui-Umgebung entsprechend modifizieren müssen. Wenn Ihr Haus schon fertig ist oder wenn Sie zur Miete wohnen, sind Ihre Möglichkeiten vielleicht noch stärker eingeschränkt. Es gehört jedoch zur Kunst des Feng Shui, Sie in die Lage zu versetzen, daß Sie mit möglichst geringem Aufwand unter allen erdenklichen Rahmenbedingungen den für Sie vorteilhaftesten Chi-Fluß erreichen.

IHRE PERSÖNLICHEN BEDÜRFNISSE

Verschiedene Menschen suchen in einem Raum nach unterschiedlichen Qualitäten, abhängig vom individuellen Geschmack oder von der jeweiligen Aktivität. Wenn Sie von der Energie eines Raumes profitieren wollen, dann ist es wichtig, daß Sie Ihre ganz persönlichen Bedürfnisse bei der Raumaufteilung berücksichtigen. Ein Wohnzimmer im Norden Ihres Hauses wird beispielsweise eine ganz andere Atmosphäre haben als im Süden. Ersteres wird ruhig und still sein, letzteres warm und feurig. Wenn Sie ein stressiges Arbeitsleben bis spät in den Abend hinein haben, wünschen Sie sich vielleicht ein besonders ruhiges Wohnzimmer, und in diesem Fall wäre die Lage im Norden günstiger. Haben Sie oft Besuch, wünschen Sie sich vielleicht mehr Energie für soziale Aktivitäten, und die würden Sie von einem Wohnzimmer im Süden bekommen.

Anderes Beispiel: Wenn Sie allgemein gut schlafen, aber tagsüber zu wenig Energie haben, könnte das Chi in Ihrem Schlafzimmer zu ruhig für Sie sein, und dann wäre eine aktivere Umgebung vorzuziehen. In diesem Fall sollten Sie Ihr Schlafzimmer in den Osten oder Südosten Ihres Hauses verlegen. Wenn Sie tagsüber jedoch reichlich Energie haben und nachts keine Ruhe finden, könnte es zweckmäßig sein, in einem ruhigen Raum zu schlafen, und ein Schlafzimmer im Norden wäre passender.

WELCHER RAUM FÜR WELCHE FUNKTION?

Um die Zimmer im Sinne Ihrer persönlichen Bedürfnisse am besten aufzuteilen, muß man den natürlichen Fluß des Chi im Haus kennen und wissen, wie man ihn am besten harmonisiert.

Bei der Entscheidung, welches Zimmer den günstigsten Chi-Fluß für eine bestimmte Funktion hat, müssen Sie die Prinzipien des Yin und Yang (S. 70 f.), der fünf Elemente (S. 72 f.) und der Acht Richtungen (S. 74 f.) berücksichtigen. Wenn Sie diese Vorstellungen auf Ihr Haus anwenden, sollten Sie in der Lage sein, die jeweiligen Funktionen so den entsprechenden Räumen zuzuordnen, daß das Ergebnis Ihnen nützt und Schaden abwendet.

Beschäftigen Sie sich zunächst mit jedem einzelnen Feng-Shui-Konzept und den Konsequenzen, die sich daraus für die Raumaufteilung ergeben: Beginnen Sie mit dem einfachsten Prinzip, dem des Yin und Yang, und gehen Sie anschließend weiter zu den Fünf Elementen und schließlich zu den Acht Richtungen. Mit zunehmender Erfahrung können Sie dann alle drei Prinzipien gleichzeitig anwenden.

DEN GRUNDRISS BEWERTEN

Zeichnen Sie zunächst den genauen Grundriß Ihres Hauses auf, und beachten Sie dabei die Hinweise auf S. 42 f. Wenn Ihr Haus mehrere Stockwerke hat, zeichnen Sie für jedes einen gesonderten Grundriß. Legen Sie den Raster der Acht Richtungen auf, und passen Sie ihn an (S. 44 f.). Das zeigt Ihnen genau, welche Richtung jeder Raum von der Mitte aus hat.

In manchen Fällen erstreckt sich ein Zimmer über mehrere Richtungen; es könnte beispielsweise zum Teil im Süden und zum Teil im Südosten liegen. Dann herrscht im Südosten des Raumes die für die Richtung typische Holz-Energie und im Süden die für diese Richtung typische Feuer-Energie.

DIE ZUORDNUNG DER RÄUME

Sie können die Energiemuster noch genauer verstehen, wenn Sie jeden einzelnen Raum betrachten. Unabhängig davon, in welcher Richtung das Zimmer von der Mitte Ihres Hauses liegt, gibt es in jedem Raum verschiedene Bereiche, die bisweilen von Bedeutung sein können. Der nördliche Teil eines Zimmers ist beispielsweise mehr Yin als der südliche, und die Richtungen innerhalb eines Raumes weisen einige Charakteristika der Chi-Energie der Fünf Elemente und der Acht Richtungen auf. Das kann besonders nützlich sein, wenn – wie so oft – ein Zimmer mehr als eine Funktion erfüllt, wie beispielsweise Küche/Eßzimmer oder Wohn-Eß-Zimmer. In solchen Fällen können Sie die verschiedenen Aktivitäten entsprechend aufteilen und den Raum passend möblieren und gestalten.

Räume mit zwei Funktionen
Wenn ein Raum mehr als eine Funktion hat, beispielsweise als Küche/Eßzimmer, dann müssen Sie die Chi-Energie in jedem Teil bewerten, um die Funktionen innerhalb des Zimmers harmonisch aufzuteilen.

DER EINSATZ VON YIN UND YANG

Wenn Sie in der nördlichen Hemisphäre leben, liegt die sonnige Yang-Seite Ihres Hauses im Südosten, Süden und Südwesten und die schattige Yin-Seite im Nordwesten, Norden und Nordosten (s. a. S. 18 f.) Für die südliche Hemisphäre gilt das entsprechend entgegengesetzt.

Im Süden und Norden herrschen jeweils die Extreme von Yin und Yang. Der Osten, wo die Sonne aufgeht, reflektiert die aktive Seite aller Dinge und ist deshalb mehr Yang; der Westen, wo die Sonne untergeht, ist eher passiv und Yin. Das stärkste Yin herrscht im Norden (der einen Bezug zur Mitternacht und zum tiefen Winter hat) und bewegt sich dann im Uhrzeigersinn nach Nordosten, Osten und Südosten, wobei mit jedem Schritt das Yang weiter zunimmt, bis der Süden erreicht ist, wo das stärkste Yang herrscht. Im weiteren Verlauf nach Südwesten, Westen und Nordwesten wird das Yin dann wieder stärker, bis erneut der Norden erreicht ist. Obwohl im Norden und Süden die jeweiligen Extreme herrschen, ist keine Richtung vollständig Yin oder vollständig Yang. Überall gibt es auch entgegengesetzte Elemente.

Nehmen Sie den Grundriß Ihres Hauses, legen Sie den Raster der Acht Richtungen darüber, und ordnen Sie die Prinzipien von Yin und Yang den jeweiligen Räumen zu. Das zeigt Ihnen, welche Zimmer mehr oder weniger Yin oder Yang sind, und gibt Ihnen die Grundlage für eine harmonische Raumaufteilung.

NATÜRLICHES GLEICHGEWICHT

Wenn Sie zu Hause sind, fühlen Sie sich oft in eine Richtung gezogen, die in diesem speziellen Augenblick für Sie günstig ist. Wenn Sie am Arbeitsplatz einen stressigen Yang-Tag hatten, stellen Sie vielleicht fest, daß etwas mehr Yin im nördlichen Teil Ihres Hauses Ihnen hilft, sich zu entspannen. Wenn Sie zu Hause lernen oder arbeiten und eine Pause brauchen, gehen Sie vielleicht auf der Suche nach zusätzlicher Anregung in einen Teil des Hauses, wo das Yang aktiver ist. Indem Sie sich die Eigenschaften von Yin und Yang in verschiedenen Bereichen des Hauses vergegenwärtigen, können Sie bewußter zu diesem natürlichen Gleichgewicht finden.

YIN- UND YANG-AKTIVITÄTEN

Listen Sie zunächst alles auf, was Sie in Ihrem Haus tun. Dazu gehören Kochen, Essen, Baden, Schlafen, Sex, Arbeiten, Musikhören, Fernsehen, Entspannung usw. Entscheiden Sie dann, ob diese Aktivitäten von einer Umgebung, die stärker Yin oder Yang ist, profitieren würden, und stellen Sie danach eine Hierarchie vom höchsten Yang bis zum höchsten Yin auf. Gehen Sie bei der Einordnung der Aktivitäten eher von Ihren persönlichen Bedürfnissen als von objektiven Kriterien aus. Wenn Sie beispielsweise bei der Arbeit gern entspannter wären, dann sollte sie ziemlich unten auf der Liste stehen. Möchten Sie bei der Arbeit jedoch lieber hellwach sein, dann wählen Sie einen Platz etwas höher in der Hierarchie. Ein Beispiel für eine solche Liste finden sie auf S. 70 außen.

YIN- UND YANG-RÄUME

Der nächste Schritt besteht darin, die Zimmertypen unter Berücksichtigung der dort jeweils vorherrschenden Aktivitäten von Yang nach Yin aufzulisten. Wahrscheinlich müssen Sie einige Tätigkeiten, die mehr oder weniger gut zusammenpassen, demselben Raum zuordnen – Schlafen und Sex dem Schlafzimmer oder Musikhören und Unterhaltung dem Wohnzimmer. Das Beispiel einer solchen Liste sehen Sie rechts. Um das Prinzip der Raumaufteilung zu demonstrieren, enthält es mehr Zimmer als ein durchschnittliches Haus.

Schließlich können Sie jede Zimmerart soweit wie möglich der passenden Richtung zuordnen. Eine wichtige Rolle spielt dabei noch die Sonneneinstrahlung. Um Yang-Zimmer besonders effektiv zu machen, muß die Yang-Energie der Sonne direkt in den Raum fließen können. Das kann sie zwar auch ohne Fenster, aber nicht in derselben Stärke.

Praktische Überlegungen, daß beispielsweise Küche, Bad und Wirtschaftsraum nahe beieinanderliegen sollten, weil sie alle einen Wasser- und Abwasseranschluß brauchen, können Sie ebenfalls dazu führen, daß Sie Ihre Pläne ändern müssen. Wie die Zimmer aus der Liste oben aufgeteilt werden können, sehen Sie in der folgenden Grafik.

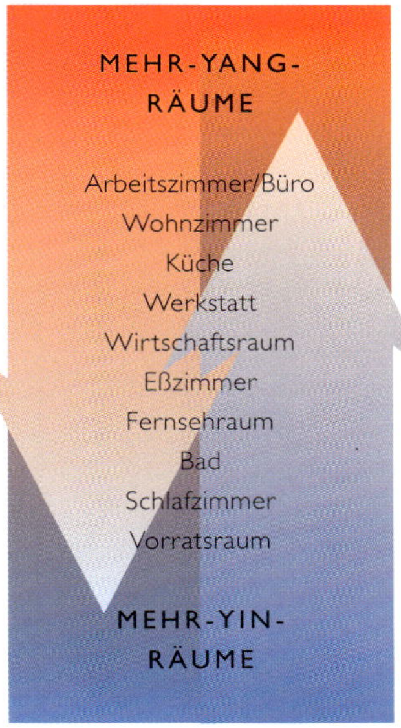

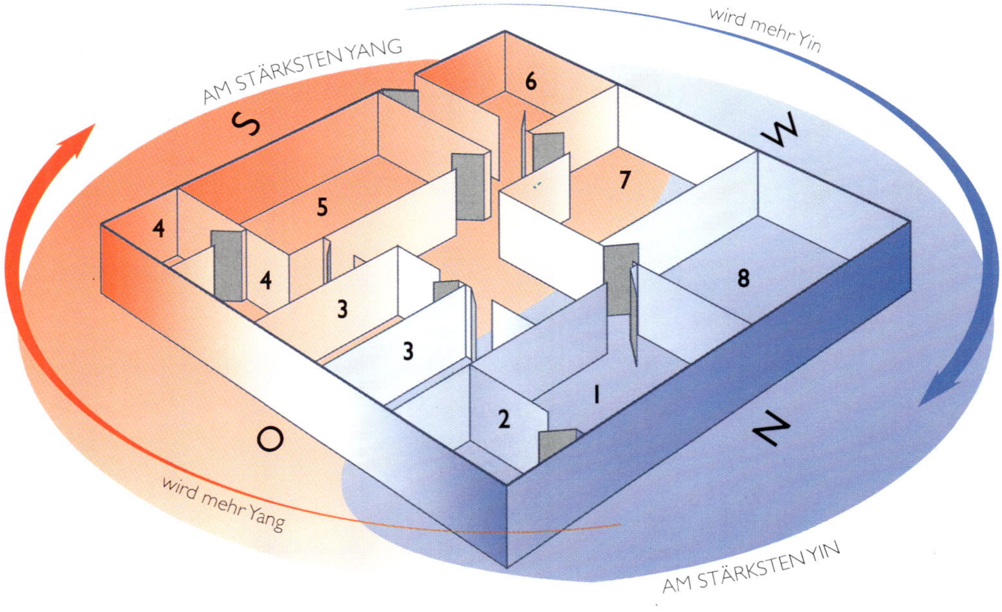

Ein Yin-Yang-Grundriß
1 Norden *Schlafzimmer, Fernsehraum*
2 Nordosten *Vorratsraum*
3 Osten *Bad, Arbeitszimmer/Büro*
4 Südosten *Küche, Wirtschaftsraum*
5 Süden *Wohnzimmer*
6 Südwesten *Arbeitszimmer*
7 Westen *Eßzimmer*
8 Nordwesten *Schlafzimmer*

DER EINSATZ DER FÜNF ELEMENTE

Wie Yin und Yang haben auch die Fünf Elemente (S. 24–29) einen Bezug zum Sonnenstand. Gleichzeitig sind sie mit den Acht Richtungen verbunden. Die Chi-Energie eines jeden Elementes fördert bestimmte Eigenschaften und wirkt anderen entgegen. Abhängig von Ihren Bedürfnissen und denen Ihrer Familie können diese Eigenschaften bestimmte Aktivitäten begünstigen oder stören. Die Tabelle auf der gegenüberliegenden Seite gibt Ihnen einen Überblick über Pro und Kontra. Sie können diese Zusammenhänge für eine harmonische Raumaufteilung nutzen.

DIE RAUMAUFTEILUNG

Stellen Sie zunächst die Richtung jedes Zimmers fest, indem Sie den Raster der Acht Richtungen auf den Grundriß legen, und prüfen Sie, welches Element in dieser Richtung aktiv ist (s. gegenüber). Verwenden Sie die Tabelle, um zu entscheiden, ob die Energie eines jeden Raumes für die dort vorgesehenen Aktivitäten günstig oder ungünstig ist. Teilen Sie die Räume so auf, daß Sie die meiste Zeit in einem Zimmer verbringen, dessen Chi-Energie für Sie besonders vorteilhaft ist.

Nehmen wir beispielsweise an, Sie wollen beruflich vorwärtskommen. Die aufstrebende Holz-Energie wäre dann für Sie besonders vorteilhaft. Diese ist im Osten und Südosten aktiv. Wenn Sie zu Hause arbeiten, sollten Sie Ihr Büro oder Ihre Werkstatt im Osten oder Südosten einrichten, damit Sie während der Arbeit von der Holz-Energie profitieren. Wenn Sie nicht zu Hause arbeiten, sollten Sie Ihr Schlafzimmer hier einrichten, damit Sie während des Schlafs von der Holz-Energie profitieren.

HARMONISIERUNG VON WASSER UND FEUER

Bevor Sie die Raumaufteilung abschließen, prüfen Sie, ob Wasser und Feuer in Harmonie mit den Energien der Fünf Elemente sind. Besonders in Küchen und Bädern, wo Wasser und Feuer in ihrer reinen Form vorhanden sind, sollte die Harmonie gewährleistet sein, um einen günstigen Einfluß sicherzustellen. Wenn es Unverträglichkeiten gibt, wird der Energiefluß gestört, und die Disharmonie verbreitet sich auch in anderen Teilen des Hauses (s. a. S. 103 und 107).

Wasser paßt besonders gut zur Holz-Energie des Ostens und Südostens. Deshalb sind dies die günstigsten Richtungen für ein Badezimmer. Feuer paßt besonders gut zur Holz-Energie des Ostens und Südostens und zur Erd-Energie des Nordostens und Südwestens. Osten und Südosten sind deshalb die besten Richtungen für eine Küche, weil es hier sowohl Wasser als auch Feuer gibt. Wo immer ein Raum nicht in der idealen Richtung liegt, können Sie die Fünf-Elemente-Lösungen einsetzen, um ein ungünstiges Chi anzupassen. (Einzelheiten dazu finden Sie auf S. 106 u. 110).

ELEMENT	FÖRDERT	GÜNSTIG BEI	BEHINDERT	RISIKEN
WASSER Norden 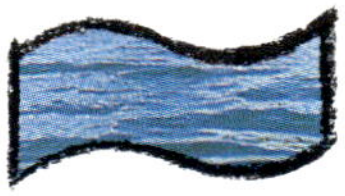	innere Entwicklung Ruhe Spiritualität sexuelle Aktivität Schlaf Unabhängigkeit objektives Denken Herzlichkeit Empfängnis	älteren Menschen Streß Schlaflosigkeit Rekonvaleszenz sexuellen Problemen	Aktivität Ausdruck Leidenschaft Geschäft	zu ruhig Isolation Einsamkeit
HOLZ Osten/Südosten 	neue Projekte Karriere Schnellstarts Aktivität Geschäftigkeit Ehrgeiz Konzentration Initiative	jungen Menschen neuer Karriere Mangel an Selbstvertrauen Antriebsmangel Neubeginn Lethargie	Romantik Entspannung Geduld Stabilität Sicherheit Zufriedenheit Verlangsamung	zu ehrgeizig Arbeitswut Unfähigkeit, sich zu entspannen Überaktivität
FEUER Süden 	Leidenschaft Ausdruck Ruhm Partys geistige Anregung neue Ideen Geselligkeit Spontaneität	Erwachsenen Kontaktscheu Gefühl, das Leben geht an einem vorbei Mangel an Inspiration Isolation Schüchternheit	Entspannung Konzentration Aufmerksamkeit fürs Detail objektives Denken emotionale Stabilität ruhige Beziehungen	Streß Streit Trennung Über-emotionalität
ERDE Südwesten/Mitte/ Nordosten 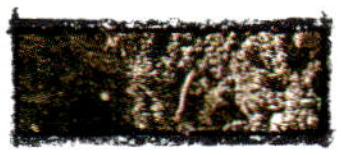	Stabilität stetigen Fortschritt Sicherheit Sorgfalt Familienharmonie Fürsorglichkeit Mutterschaft Heim Vorsicht methodisches Denken	früher Lebensmitte Familiengründung Familienstreitigkeiten zuviel Impulsivität zuviel Risikofreude	schnelles Denken Ehrgeiz Dynamik Spontaneität neue Karriere Geschäftsgründung	man wird langsamer in einen Trott verfallen Langeweile
METALL Westen/Nordwesten 	Vorausplanung Finanzen Führungsqualitäten Organisation Beenden von Dingen Geschäfte Finanzplanung	später Lebensmitte Mangel an Organisation Unfähigkeit vorauszuplanen Mangel an Kontrolle Mangel an Selbstdisziplin Unfähigkeit, etwas zu Ende zu bringen	Dynamik Ausdruck Gefühlezeigen Aus-sich-Herausgehen Projektebeginn	ungesellig sein introvertiert sein Selbstunter-drückung

GUTES FENG-SHUI

Es gibt zahlreiche Möglichkeiten für eine günstige Raumaufteilung. Vieles hängt von Ihren persönlichen Bedürfnissen, Wünschen und Lebensumständen ab. Die folgenden Richtungen sind für die genannten Räume im allgemeinen gut geeignet:

NORDEN Schlafzimmer, Meditationsraum, Entspannungsraum, Fernsehzimmer, Vorratsschränke, Speisekammer.
NORDOSTEN Spielzimmer, Vorratsschränke, Speisekammer.
OSTEN Küche, Arbeitszimmer/Büro, Eßzimmer/Frühstückszimmer, Kinderzimmer, Bad, Eingangsdiele
SÜDOSTEN Küche, Arbeitszimmer/Büro, Wohnzimmer, Eßzimmer, Schlafzimmer, Bad, Eingangsdiele.
SÜDEN Wohnzimmer, Arbeitszimmer/Büro, Eingangsdiele.
SÜDWESTEN Wohnzimmer, Hobbyraum, Mehrzweckraum.
WESTEN Schlafzimmer, Eßzimmer, Wohnzimmer.
NORDWESTEN Arbeitszimmer/Büro, Eßzimmer, Elternschlafzimmer, Eingangsdiele.

EINSATZ DER ACHT RICHTUNGEN

Die Acht Richtungen geben uns die Möglichkeit, acht verschiedene Arten von Chi-Energie zu berücksichtigen. Außerdem gibt es die Mitte, die ihre eigenen Charakteristika hat und die man im Hinblick auf die Raumaufteilung im allgemeinen so leer wie möglich hält. Wie die Energien der Fünf Elemente kann sich auch das Chi der Acht Richtungen günstig oder ungünstig auswirken. Diese Effekte sind vollständig auf S. 30–33 beschrieben, aber die Tabelle auf der gegenüberliegenden Seite dient der schnellen Orientierung bei der Raumaufteilung.

WIE DIE RÄUME AUFGETEILT WERDEN KÖNNEN

Verwenden Sie den Raster der Acht Richtungen, um die Plazierung jedes Raums auf Ihrem Grundriß festzustellen. Anschließend verwenden Sie die Tabelle auf der gegenüberliegenden Seite, um die Chi-Energie in jedem Zimmer zu bewerten. Sie können die für bestimmte Aktivitäten vorgesehenen Räume in Bereiche des Hauses legen, in denen die Energie förderlich ist, oder Sie können sich bestimmte Aspekte Ihres Lebens aussuchen, die Sie gern verbessern möchten, feststellen, welche Chi-Energie dafür nützlich ist, und die Räume so aufteilen, daß Sie in dem für Sie günstig gelegenen Zimmer die meiste Zeit verbringen. Oder Sie können mit Hilfe der Acht Richtungen ein spezielles Problem lösen.

Nehmen wir beispielsweise an, daß Sie sich oft einsam fühlen. Vielleicht liegt das Schlafzimmer im Norden Ihres Hauses. Wenn Sie dann auch noch mit dem Kopf in Richtung Norden schlafen, wirkt das entsprechende Chi, das mit den Risiken von Isolation und Einsamkeit behaftet ist, noch stärker. Eine günstigere Richtung für Ihr Schlafzimmer wäre der Südosten, weil dort die Chi-Energie Kommunikation und die Fähigkeit, Freundschaften zu schließen, fördert. Je mehr Zeit Sie hier verbringen, desto besser. Mindestens drei Monate lang sollten Sie hier nachts schlafen und dann prüfen, ob sich etwas geändert hat.

WIE SIE IHRE LEBENSUMSTÄNDE VERBESSERN

Auf ähnliche Weise können Sie in Ihrem eigenen Leben oder im Leben Ihrer Familie eindeutige Verbesserungen herbeiführen. Vielleicht sind Sie oft nervös, gereizt und angespannt. Das stellt inzwischen für Sie und Ihre Familie ein Problem dar, und Sie wären gerne entspannter und gelassener.

Die Tabelle auf der gegenüberliegenden Seite zeigt Ihnen, daß Nordosten und Süden problematische Richtungen für Sie sind – mit Rastlosigkeit und viel Aktivität. In einem solchen Fall wäre es klug, nicht zuviel Zeit in diesem Teil Ihres Hauses zu verbringen. Legen Sie Ihr Schlafzimmer möglichst in den Westen, wo eine ruhigere Chi-Energie herrscht, die mehr Zufriedenheit vermittelt.

RICHTUNG	FÖRDERT	RISIKEN
NORDEN	Ruhe flexiblere Haltung größere Unabhängigkeit Kreativität Inneres Wachstum spirituelles Bewußtsein	Isolation Einsamkeit unnötige Sorgen größere Unsicherheit Geschäft oder Karriere wird ruhiger kein Verlangen auszugehen
NORDOSTEN	Selbstmotivation Konkurrenzdenken genauere Ausrichtung im Leben Erbschaften Verlangen nach harter Arbeit	übereilte Schritte gierig werden selbstsüchtiger werden Schlaflosigkeit und Alpträume Nervosität
OSTEN	Schnellstart in Karriere oder Geschäft Aufmerksamkeit fürs Detail Aktiverwerden Selbstvertrauen und Optimismus Umsetzen von Ideen in die Praxis Verwirklichen von Träumen im Leben Ehrgeiz	übermäßiger Ehrgeiz zu viele Dinge gleichzeitig tun Arbeiten nicht zu Ende führen zu starkes Karrierebewußtsein Erschöpfung durch Überaktivität Rücksichtslosigkeit Ungeduld
SÜDOSTEN	Kreativität Kommunikation mehr harmonischen Fortschritt Reisemöglichkeiten	zu hartnäckig werden schlechter Kritik annehmen können Müdigkeit durch Mangel an Ruhe
SÜDEN	Leidenschaft aktives Gesellschaftsleben Bemerktwerden öffentliche Anerkennung	stressiger Lebensstil große emotionale Labilität Trennung Streitsucht
SÜDWESTEN	familiäre Harmonie und Mutterschaft langsamen, stetigen Fortschritt Sparsamkeit/Geiz tiefe Freundschaften	langsame Fortschritte in Karriere und Geschäft Abhängigkeit von anderen Vorsicht
WESTEN	Geldverdienen romantische Gefühle Zufriedenheit Vergnügen und Unterhaltung	zu hohe Ausgaben Verlust der Motivation Vergnügungssucht
NORDWESTEN	Führungsqualitäten Organisationsfähigkeit Verantwortungsbewußtsein Weisheit Respekt und Vertrauen von anderen	Selbstgerechtigkeit autoritäres Verhalten überkontrollierend gegenüber anderen Arroganz

Problemzonen

Unabhängig von der Lage Ihres Hauses haben bestimmte Problemzonen immer einen negativen Effekt. Einige sind strukturell bedingt, was Veränderungen schwierig, teuer oder ganz unmöglich machen kann, besonders wenn Sie in einer Mietwohnung leben. Aber sogar wenn Ihr Haus mehrere solcher Mängel aufweist, können die negativen Wirkungen glücklicherweise durch einfache Feng-Shui-Lösungen abgemildert werden. Große Pflanzen, Spotleuchten und Spiegel sind in solchen Fällen besonders zweckmäßig.

Vorstehende Kanten
Kanten, die in den Raum hineinragen, verursachen schneidendes Chi (S. 14) und können die Orientierung eines Menschen stören, der in der Nähe sitzt oder schläft. Der schnelle Wirbel des schneidenden Chi muß beruhigt werden.

Lösung Stellen Sie eine große Pflanze vor die Kante, oder hängen Sie einen Korb mit Hängepflanzen dort auf. Pflanzen mildern die Schärfe und haben ihr eigenes Energiefeld, das den Fluß des schneidenden Chi von der Kante verlangsamt. Am besten ist eine Yin-Pflanze mit runden, weichen Blättern. Sie können die Kante statt dessen aber auch mit einem Vorhang verkleiden.

Zimmerecken
In Zimmerecken neigt die Chi-Energie zur Stagnation. Hier sammelt sich auch Staub, was ein weiterer Hinweis auf eine mögliche Stagnation ist.

Lösung Beschleunigen Sie den Fluß des Chi durch Pflanzen, harte, glänzende Oberflächen oder Spotleuchten. Pflanzen mit spitzen Blättern sind am wirkungsvollsten. Sie können statt dessen aber auch einen großen Spiegel oder eine Kristallkugel in die Ecke hängen, wodurch das Licht aus dem Raum in die Ecke reflektiert wird. Auch Klänge können die Energie in Bewegung halten, beispielsweise Musik oder sogar eine Glocke. In unserem Wohnzimmer haben wir eine Ecke, die dazu noch unter einer Dachschräge liegt. Wir haben dort viele Pflanzen hingestellt und zusätzlich ein altmodisches Telefon mit einer Klingel.

Unrat: *Unsauberkeit verlangsamt den Fluß der Chi-Energie und erhöht das Risiko der Stagnation enorm.*

Lösung Achten Sie in Ihrem Haus auf Ordnung und Sauberkeit. Räumen Sie soviel wie möglich weg, und halten Sie Ordnung in den Schränken und Regalen. Ein gelegentliches Großreinemachen und Aufräumen kann den Fluß des Chi beleben. Halten Sie im Frühjahr und Sommer einen gründlichen Hausputz.

Kein Tageslicht: *Jeder Raum ohne Tageslicht ist im Sinne des Feng Shui problematisch, weil Tageslicht zu den wichtigsten Faktoren gehört, die das Chi in Bewegung halten. Badezimmer ohne Fenster und Kellerräume haben am häufigsten dieses Problem.*

Lösung Verwenden Sie Tageslicht-Glühbirnen und Kerzen. Außerdem können Sie Pflanzen wie Efeu züchten, die mit einem Minimum an Licht auskommen.

Balken
Strukturbalken können einen negativen Einfluß auf die Chi-Energie haben. Wenn die Kanten scharf sind, können freiliegende Balken auch schneidendes Chi in einen Raum bringen. Betonbalken haben oft scharfe Kanten, während Holzbalken, vor allem alte, meist etwas gerundet sind, was die Probleme verringert. Vor allem Stahlbalken zerstreuen den Fluß des Chi und sind schädlicher als Holzbalken. Den schädlichsten Einfluß haben Stahlbalken, die das Gewicht mehrerer Stockwerke tragen. Dadurch entsteht bei den darunter lebenden Menschen ein Gefühl von Druck. Die Höhe der Balken ist ebenfalls von Bedeutung: Je höher die Decke, desto geringer ist ein Einfluß der Balken. Es ist immer besser, nicht unter Balken zu schlafen, besonders unter freigelegten, scharfkantigen Stahlbalken, weil der gestörte Fluß der Chi-Energie nicht gesundheitsfördernd ist.

Lösung Man kann ähnlich vorgehen wie bei Dachschrägen. Verwenden Sie Deckenleuchten und große Blattpflanzen mit runden buschigen Blättern, um die Störung abzumildern.

Dachschrägen
Sie drücken die darunterliegende Chi-Energie zusammen und schaffen eine intensivere Atmosphäre. Dieser Effekt wird bei niedrigen Decken verstärkt.

Lösung Sorgen Sie dafür, daß sich die Chi-Energie nach oben und aus dem Bereich der Schräge herausbewegt. Alles, was die Illusion von mehr Höhe schafft, ist zweckmäßig. Bringen Sie Lampen an, die die Decke ausleuchten, oder stellen Sie hohe Pflanzen unter die Schräge.

L-förmige Räume
In L-förmigen Räumen herrscht nicht nur das schneidende Chi von vorstehenden Kanten, sondern sie sind im Sinne des Feng Shui auch unausgewogen.

Lösung Sie können in dem schmalen Teil einen Spiegel anbringen, damit der Raum dort doppelt so groß wirkt (S. 149).

Einfache Feng-Shui-Heilmittel

Wenn die Chi-Energie in einem Raum unbefriedigend ist, sind grundlegende Lösungen im Augenblick vielleicht nicht realisierbar. In solchen Fällen kann man einige sehr einfache, aber wirksame »Heilmittel« einsetzen. Prüfen Sie zunächst, in welcher Richtung der Raum liegt. Ist sie ungünstig, dann müssen Sie entscheiden, ob es erforderlich ist, die Chi-Energie zu stärken oder zu beruhigen. Wenn die vorherrschende Energie günstig ist, können Sie das vorteilhafte Gleichgewicht einfach erhalten. Suchen Sie sich die entsprechende Richtung in der folgenden Tabelle, und wenden Sie das empfohlene Heilmittel an.

RICHTUNG	VERBESSERT CHI	ERHÄLT CHI	BERUHIGT CHI
NORDEN	runder Silber- oder Eisentopf mit roten Blumen oder rot blühenden Pflanzen	Efeu oder Wasserlilien mit weißen Blüten, Glasfigur in Wellenform oder Kristall	hohe Pflanzen
NORDOSTEN	Kerzen	Weiße Blumen in einem niedrigen Tontopf	Meersalz in einer weißen Porzellanschale
OSTEN	Wasser-Merkmale	hohe Pflanzen	Kerzen
SÜDOSTEN	Wasser-Merkmale	hohe Pflanzen	Kerzen
SÜDEN	hohe Pflanzen	Kerzen	Holzkohle in einem niedrigen Tontopf
SÜDWESTEN	Kerzen	Holzkohle in einem niedrigen Tontopf	Meersalz in einer kleinen runden, weißen Schale
WESTEN	Holzkohle in einem niedrigen Tontopf	rote Blumen in einem Metalltopf, Windspiel aus Metall oder Uhr	Efeu oder Wasserlilien, Glasfigur in Wellenform oder Kristall
NORDWESTEN	Holzkohle in einem niedrigen Tontopf	rote Blumen in einem Metalltopf, Windspiel aus Metall oder Uhr	Efeu oder Wasserlilien, Glasfigur in Wellenform oder Kristall
MITTE	soll leer bleiben	soll leer bleiben	soll leer bleiben

Das Wohnzimmer

Das Wohnzimmer ist der Mittelpunkt des Familienlebens, und hier geschieht wahrscheinlich mehr als in jedem anderen Raum: Sie unterhalten sich mit Gästen, veranstalten Partys und feiern wichtige Familienfeste. Oft ist dies auch der Raum, in dem Sie sich nach der Arbeit entspannen, vielleicht ein Buch lesen, fernsehen oder Musik hören.

Meist ist das Wohnzimmer der größte Raum, und viel Platz ist hier auch notwendig, denn in einem überfüllten, engen Zimmer kann die Chi-Energie stagnieren. Ist Ihr Wohnzimmer zu klein, sollten Sie, wenn möglich, die Wände zu einem oder mehreren Nebenzimmern entfernen. Es ist einfacher, das Chi sanft durch einen großen Raum fließen zu lassen statt durch mehrere kleine Zimmer. Verwenden Sie bei Bedarf Spiegel, um die Proportionen des Zimmers zu korrigieren und den Anschein von mehr Raum zu schaffen (S. 149). Zimmer, die lang und schmal sind oder eine L-Form haben, können auf diese Weise günstiger gestaltet werden.

Ein Kamin ist oft das Herzstück eines Wohnzimmers. Weil er einen Bezug zur Feuer-Energie hat, repräsentiert er deren Vorzüge und Nachteile, die berücksichtigt werden müssen (S. 83). Die Anordnung der Sitzgelegenheiten wirkt sich auf den gesamten Raum aus (S. 84 f.).

WOHN-ESS-ZIMMER

Vor allem in kleinen Wohnungen ist es oft praktisch, Wohn- und Eßzimmer miteinander zu kombinieren. Im allgemeinen passen Unterhaltung und Essen zusammen, und man kann eine Atmosphäre schaffen, die für beides geeignet ist. Manchmal ist in diesem Bereich auch noch die Küche angesiedelt. Der hauptsächliche Nachteil besteht darin, daß die Küche immer besonders sauber und aufgeräumt sein muß, sonst hat das einen negativen Einfluß auf die Chi-Energie, der sich auf die anderen Zimmer ausbreiten kann (vgl. S. 87–92 u. 103–106 im Hinblick auf Eßzimmer und Küchen).

GÜNSTIGE RICHTUNGEN

Ein heller, sonniger Raum sorgt für eine angenehme Atmosphäre, in der Sie sich gern aufhalten. Das Sonnenlicht verbessert die Chi-Energie und hilft mit, den Energiefluß im Zimmer anzuregen. Ideale Richtungen sind Südosten, Süden, Südwesten und Westen. Der Südosten ist hell und lebendig. Der Süden ist am günstigsten für Partys und große Gesellschaften. Der Südwesten trägt dazu bei, eine ruhige, gemütliche Atmosphäre zu schaffen. Der Westen eignet sich gut für Unterhaltungen und Vergnügen; er hat gleichzeitig einen romantischen Einfluß.

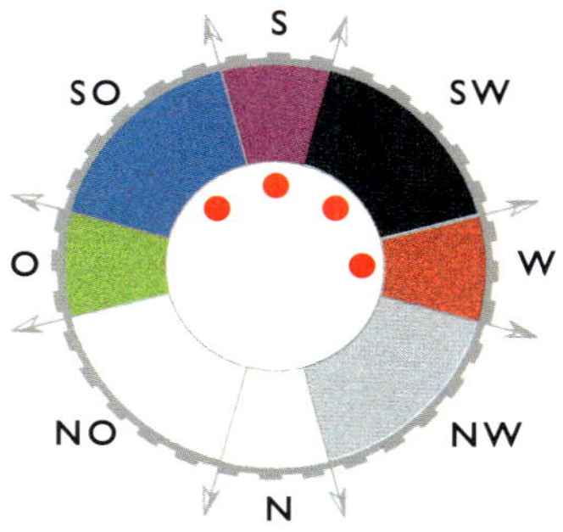

Empfohlene Richtungen für ein Wohnzimmer
Südosten, Süden, Südwesten und Westen, jeweils von der Mitte Ihres Hauses aus gesehen.

Ein ideales Wohnzimmer

Der Südosten ist eine der günstigen Richtungen für ein Wohnzimmer, charakterisiert durch eine lebhafte, aufwärtsgerichtete Holz-Energie. Sorgen Sie dafür, daß Möbel und Dekor den Eindruck von Geräumigkeit verstärken und dem Zimmer eine entspannende und gemütliche Atmosphäre geben. Versuchen Sie gleichzeitig, Geselligkeit und familiäre Harmonie zu fördern. Damit das Chi frei fließen kann, sollten Sie keine großen Möbel aufstellen und auf übermäßig viel schwere Stoffe und Polstermöbel verzichten. Finden Sie ein Gleichgewicht zwischen dem Bedürfnis nach Behaglichkeit und dem Risiko eines stagnierenden Chi.

❶ BELEUCHTUNG *Die vertikale Richtung von nach oben gerichteten Leuchten unterstützt die Holz-Energie und hebt die Atmosphäre.*

❷ FERNSEHGERÄT *Elektrische Geräte haben eine negative Wirkung auf die Chi-Energie. Stellen Sie den Fernseher nicht in der Nähe der Sitzgelegenheiten auf, und sorgen Sie dafür, daß die Menschen, die fernsehen wollen, in einer günstigen Richtung des Raumes sitzen (S. 86).*

❸ PFLANZEN *Die negativen Wirkungen des Fernsehers werden durch lebende Pflanzen in der Nähe minimiert. Eine hohe Palme unterstützt die Holz-Energie, obwohl spitze Blätter normalerweise für das Wohnzimmer nicht empfohlen werden (s. u.). In kleineren Zimmern wären buschige Pflanzen mit runden Blättern besser geeigent.*

❹ SOFAS UND SESSEL *Stellen Sie die Sitzgelegenheiten so auf, daß sie Geselligkeit und familiäre Harmonie fördern (S. 84f.). Sofas und Sessel im Nordwesten mit Blick nach Südosten oder im Westen mit Blick nach Osten sind in diesem Zimmer am günstigsten (S. 86). Um die Entspannung zu fördern, sollten Sie Sitzgelegenheiten wählen, die mehr Yin sind – weich und gerundet. Die Farben Grün und Creme harmonieren mit dem Südosten – Blaßgrün ist mehr Yin und hilft, ein Gefühl luftiger Geräumigkeit zu schaffen.*

❺ BODENBELÄGE *Die langen, schmalen Holzdielen unterstützen die Holz-Energie und gewährleisten generell einen harmonischen Chi-Strom durch das Zimmer. Der Teppich aus reiner Wolle vermittelt Gemütlichkeit und verringert gleichzeitig die Risiken der Stagnation seines Teppichbodens.*

❻ FENSTERDEKORATION *Stoffe verlangsamen den Fluß des Chi, was entspannend wirkt. Aber die Vorhänge sollten hier nicht zu üppig sein, weil dadurch das Risiko der Stagnation wächst.*

❼ TAPETEN *Längsstreifen unterstützen die Holz-Energie und helfen, den Eindruck von Höhe und Geräumigkeit zu vermitteln. Gemusterte Tapeten sind mehr Yin als einfarbige, also ideal für ein Wohnzimmer.*

❽ BILDER *Angenehme Motive wie ein strahlender Sonnenaufgang haben positive psychologische Wirkungen.*

❾ ACCESSOIRES *Wählen Sie für Accessoires wie Kissen Farben zur Feinabstimmung der Chi-Energie. Purpur beruhigt die Holz-Energie in einem südöstlichen Raum.*

Heilmittel der Fünf Elemente
Wenn die Energie in einem Zimmer stagniert, kann man günstiges Chi durch ein Wasser-Merkmal anregen, besonders in der südöstlichen Ecke.

WAS MAN IN EINEM WOHNZIMMER VERMEIDEN SOLLTE

STACHELIGE PFLANZEN Spitze Blätter bringen schneidendes Chi hervor, so daß Pflanzen wie Palmen und Yuccas nicht im Wohnzimmer stehen sollten, es sei denn in angemessener Entfernung von den Sitzgelegenheiten (S. 84f.).

UNORDNUNG Um ein Stagnieren der Chi-Energie zu vermeiden, sollten Sie das Wohnzimmer immer ordentlich aufräumen und nicht zuviel Nippes aufstellen. Die Mitte des Zimmers sollte relativ leer bleiben.

GESCHLOSSENE VORHÄNGE Damit die Energie des Sonnenlichtes frei in den Raum gelangen kann, öffnen Sie die Vorhänge tagsüber weit.

ZU VIELE MÖBEL Das Chi braucht Platz, deshalb sollten Sie die Möblierung auf ein Minimum beschränken.

VORSTEHENDE KANTEN Sie können schneidendes Chi verursachen und sollten etwa durch hohe, buschige Pflanzen abgeschirmt werden.

Ein Wohnzimmer im Südosten
Viele Merkmale der Raumdekoration unterstützen hier die aufwärtsstrebende Holzenergie.

DIE AUSWAHL DES DEKORS

In einem südöstlich gelegenen Wohnzimmer sollten die Farben und Muster der Raumdekoration mit zu einer günstigen, lebhaften Chi-Energie beitragen. Dunkelgrün ist eine Farbe, die gut paßt, aber blassere Schattierungen sind mehr Yin und werden ebenfalls eingesetzt, um die Entspannung zu fördern und dem Zimmer ein leichtes, geräumiges Flair zu geben. Zur Beruhigung der Chi-Energie sollten Sie hier mehr blasses Purpur verwenden; um sie zu stärken, mehr Creme und gebrochenes Weiß. Blautöne können ebenfalls statt Grün oder ergänzend zum Einsatz kommen.

SÜDEN *Blasses Purpur bewahrt hier das Chi, und Gelb beruhigt es.*

SÜDWESTEN *Karomuster in Gelb- und Brauntönen unterstützen die Erd-Energie.*

WESTEN *Warmes Kastanienbraun und weiche Pinktöne bewahren hier ebenso wie gebogene Muster und Motive oder Metall selbst die Metall-Energie. Weiche Metalle wie Messing und Kupfer sind mehr Yin als harte Metalle wie Eisen oder Bronze.*

DEKORS FÜR ANDERE GÜNSTIGE RICHTUNGEN

DER SÜDEN Die Feuer-Energie ist hier warm und fördert Geselligkeit – ideal für Partys, aber vielleicht etwas zu stark für die alltägliche Entspannung. Hier würde ich Ihnen empfehlen, die Energie zu bewahren, aber beruhigende Elemente hinzuzufügen. Pastelltöne von Purpur mit blaßgelben Akzenten haben diesen Effekt. Geometrische Muster, Sterne oder Zickzacklinien auf Kissen oder Vorhängen oder an der Wand unterstützen die Feuer-Energie in diese Richtung.

DER SÜDWESTEN Hier wird vor allem ein Gefühl von Gelassenheit und Häuslichkeit vermittelt, was ideal für ein behagliches, entspannendes Familienwohnzimmer ist, für gesellige Anlässe jedoch etwas mehr Pep vertragen könnte. Sie brauchen das vorherrschende Chi nicht zu verändern, können aber verstärkende Elemente hinzufügen. Erdfarben wie Braun und Gelb passen gut, und Sie können hier und da etwas Purpur verwenden. Karomuster bewahren hier die Erd-Energie. Spitze Muster oder Formen, die die Feuer-Energie repräsentieren, verstärken sie.

DER WESTEN Dies ist eine fröhliche, angenehme Richtung, die die meisten Aktivitäten begünstigt, die sich in einem Wohnzimmer abspielen. Deshalb wäre es durchaus angemessen, die vorherrschende Energie einfach zu bewahren. Benutzen Sie rostrote oder pinkfarbene Töne mit einem gelegentlichen Hauch von Grau oder Weiß. Runde Muster – Kreise, Ovale, stilisierte Blumen, Wellen oder Kammuscheln – ergänzen die günstige Metall-Energie im Westen. Runde Kissen in den passenden Farben oder runde silber- oder goldfarbene Wandteller hätten denselben Effekt.

HEILMITTEL FÜR UNGÜNSTIGE RICHTUNGEN

Norden und Nordosten sind die ungünstigsten Richtungen für ein Wohnzimmer, denn sie sind zu still bzw. zu unruhig. Osten und Nordwesten sind besser, aber nicht ideal, die eine zu anregend, die andere zu förmlich. Diese Nachteile können aber abgemildert werden.

DER NORDEN Beleben Sie die Chi-Energie hier durch hellere Rottöne und Kastanienbraun und indem Sie Metall-Energie hinzufügen.

DER NORDOSTEN Beruhigen Sie hier die unbeständige Chi-Energie durch gedeckte Rottöne und Oberflächen, die mehr Yin sind – matte Stoffe, Teppiche und Gobelins.

DER NORDWESTEN Beleben Sie hier die übermäßig strenge Chi-Energie durch Gelb- und Brauntöne und indem Sie Erd-Energie und weiche Metalle wie Kupfer oder Messing hinzufügen.

DER OSTEN Beruhigen Sie hier die überaktive Chi-Energie durch Pastellfarben in Grün, die mehr Yin sind, und Materialien, die mehr Yin sind, wie Binsenmatten und Möbel aus Weide oder Bambus.

DER KAMIN

Wie die Sonne ist echtes Feuer – wobei Kohle, Holz oder Gas verbrannt werden – eine Wärmequelle, die sowohl die vorbeiströmende Luft erwärmt als auch selbst Hitze abgibt, was für eine Zentralheizung nicht gilt. Ein Kaminfeuer kann deshalb im Winter die gemütliche Atmosphäre eines Hauses noch verstärken, erst recht, wenn man so weit vom Äquator entfernt lebt. Elektrisch betriebene künstliche Kaminfeuer sind jedoch nicht zu empfehlen, weil sie die elektrische Strahlung erhöhen (S. 132).

Ein echtes Feuer stellt auch Feuer-Energie in reiner Form zur Verfügung, was Leidenschaft, Aufregung, Spontaneität und Helligkeit verstärkt. Deshalb ist es wichtig, den Kamin nach Möglichkeit dort anzulegen, wo er die Feuer-Energie in dieser Beziehung harmonisiert. Die Feuer-Energie ist mehr Yang und paßt deshalb am besten in den nördlichen Teil des Hauses, wo die Energie gewöhnlich kühler und mehr Yin ist. Hier paßt die Erd-Energie des Nordostens am besten zur Feuer-Energie. Deshalb ist die günstigste Stelle für einen Kamin nordöstlich von der Mitte des Hauses.

Von den anderen Richtungen passen Osten, Südosten und Südwesten ebenfalls zum Feuer-Element. Da sie jedoch auf der Sonnenseite des Hauses liegen, die mehr Yang ist, sind sie in anderer Hinsicht weniger günstig. Vermeiden Sie ein echtes Feuer im Süden des Hauses, denn dadurch könnte sich an dieser Stelle zuviel Feuer-Energie konzentrieren, wodurch das Risiko steigt, daß das Haus in Brand gerät.

Wenn der Kamin günstig liegt, können Sie mehr Feuer-Energie in den Raum lenken, indem Sie einen Spiegel darüberhängen.

ERSATZ FÜR EIN ECHTES FEUER

In vielen modernen Häusern kann man kein echtes Feuer anzünden, aber die Feuer-Energie kann in anderer Form repräsentiert werden – z. B. durch brennende Kerzen, Laternen, Öllampen und helles Licht. Auch kann man bei der Innendekoration Formen, Farben und Muster verwenden, die einen Bezug zur Feuer-Energie haben. Scharfe, spitze oder gezackte Formen – Sterne, Zickzacklinien, Dreiecke, Pyramiden – und warme Yang-Farben wie Gelb, Orange, Rot und Purpur in Stoffbezügen oder Tapeten können die gewünschte Wärme der Feuer-Energie in einen Raum bringen. Da die Feuer-Energie durch die Holz-Energie unterstützt wird, können hohe Pflanzen mit spitzen Blättern ebenfalls helfen – besonders wenn sie purpurfarbene oder rote Blüten haben –, aber achten Sie darauf, daß diese Pflanzen nicht zu nahe an der Sitzecke stehen.

Hüten Sie sich bei solchen Lösungen vor Übertreibung; fügen Sie ein oder zwei Merkmale hinzu, und bewerten Sie die Wirkung, bevor Sie den nächsten Schritt machen.

Zusätzliche Feuer-Energie
Eine Stehlampe mit spitz zulaufendem Schirm, purpurfarben und mit scharfen Falten, sowie purpurfarbene oder rote Blumen verstärken die Feuer-Energie in einem Raum ohne Kamin.

FENG SHUI IM ALLTAG

Partnersuche
Eine meiner Klientinnen hatte in der Liebe kein Glück. Wenn sie jemanden nach Hause einlud, saß sie mit dem Gesicht nach Osten, und ihr Gast blickte nach Norden, so daß sie erdrückend wirkte. Ich schlug vor, sie solle sich mit dem Gesicht nach Norden setzen, während der Gast mit dem Gesicht nach Westen sitzen sollte – eine gute Richtung für romantische Gefühle. Bald darauf entwickelten sich ihre Verabredungen günstiger.

DIE ANORDNUNG VON SITZECKEN

Wenn eine ungemütliche Atmosphäre im Raum herrscht, ist das oft auf eine ungünstige Anordnung der Sessel und Sofas zurückzuführen. Eine generelle Richtlinie besagt, daß man mehrere Sitzgelegenheiten (und nicht nur beispielsweise ein einziges Sofa) haben und so aufstellen sollte, daß man von jedem Platz aus die Mitte des Raumes sehen kann. Dadurch gibt es auch verschiedene Sitzrichtungen für unterschiedliche Bedürfnisse und Wünsche, und es sollte auf diese Weise für die meisten Menschen möglich sein, eine für sie angenehme Richtung zu finden (S. 86). Idealerweise liegt von jedem Sitzplatz aus die Mitte des Zimmers vor Ihnen. Das ist vor allem für den Haushaltsvorstand wichtig.

Die Positionen und Richtungen sind besonders günstig, wenn Sie mit dem Rücken zur Wand sitzen und in die Richtung sehen, von der Sie profitieren wollen. Wenn der Norden beispielsweise eine gute Richtung für Sie ist, sollten Sie im Süden sitzen und nach Norden schauen. Die stärksten Effekte erreichen Sie, wenn Sie in einer günstigen Richtung in einem Raum sitzen, der seinerseits von der Mitte des Hauses aus in derselben

Anordnung von Sofas und Sesseln

Durch die Art, wie Sie Sofas und Sessel anordnen, können Sie die Harmonie Ihres Hauses fördern oder stören. Wenn Sie z. B. ein Sofa im Süden aufstellen und zwei Sessel gegenüber im Norden, dann stehen sich die Chi-Energien des Nordens und Südens antagonistisch gegenüber, was zu Spannungen und Streit führt.

Für familiäre Harmonie
Stellen Sie ein Sofa in den Nordwesten mit Blick nach Südosten, rechts und links davon zwei Sessel, die sich gegenüberstehen, mit Blick nach Südwesten und Nordosten, und einen Sessel dem Sofa gegenüber mit Blick nach Nordwesten. Ein solcher geschlossener Kreis von Sitzgelegenheiten ist besonders harmonisch.

Richtung liegt. Wenn Sie im Westen eines Zimmers sitzen, das selbst im Westen Ihres Hauses liegt, werden Sie alle Effekte der Chi-Energie des Westens verstärken.

Idealerweise sind die Sitzgelegenheiten so angeordnet, daß sie eine harmonische Form bilden, beispielsweise einen Kreis, ein Viereck oder ein Achteck. Sie können Beistelltische und Pflanzen verwenden, um die Form zu vervollständigen. Sofas und Sessel sollten nicht mit dem Rücken zu Fenstern oder Türen stehen. Die Position vor einer Tür ist die am wenigsten sichere, vor allem wenn ständig Menschen herein- oder herausgehen. Sofas sollten mit dem Rücken zur Wand stehen.

Stellen Sie auch sicher, daß man in den Sesseln keinem schneidenden Chi ausgesetzt ist. Plazieren Sie Sessel deshalb nicht vor scharfen Kanten oder in der Nähe von Möbeln mit scharfen Ecken wie Eßtischen oder Sideboards – ein massiver Gegenstand wie ein Sideboard hätte eine stärkere Wirkung als eine schmale Tischkante. Außerdem sollten Sie stachelige Pflanzen von Sitzecken fernhalten. Verwenden Sie buschige Pflanzen, die schneidendes Chi, das auf die Sitzecke gerichtet ist, absorbieren.

Schneidendes Chi vermeiden
Stellen Sie eine buschige Pflanze mit runden Blättern vor die scharfen Kanten eines Regals oder Beistelltisches, oder legen Sie ein Tischtuch darüber.

Für Produktivität
Stellen Sie zwei Sofas im Osten und Westen gegenüber und einen Sessel im Norden mit Blick nach Süden. Das ist eine dynamische Konstellation, die sich gut für Treffen eignet, bei denen bestimmte Themen geklärt werden müssen.

Für lebhafte Gespräche
Stellen Sie zwei Sofas wie links beschrieben gegenüber, aber den Sessel in den Nordwesten mit Blick nach Südosten. Das ist eine harmonischere Anordnung, wobei der Sessel im Gleichgewicht zwischen den Chi-Energien der Sofas steht, aber gleichzeitig für gesellige Zusammenkünfte eignet.

Die Sitzrichtungen in einem Raum

Die Sitzrichtung kann Ihre Stimmung, Ihr allgemeines Wohlbefinden und Ihre Beziehungen zu anderen Menschen beeinflussen. Je länger Sie an einem Platz sitzen, desto stärker wird der Einfluß sein. Ihre Blickrichtung ist dabei etwas wichtiger als die Position, die der Sessel von der Zimmermitte aus hat. Entscheiden Sie zunächst, was Sie erreichen oder welches Problem Sie lösen wollen. Anschließend können Sie den folgenden Raster nutzen, um zu entscheiden, welche Richtung am besten zu Ihren Bedürfnissen paßt.

Sitzplatz im Süden mit Blick nach Norden
Im Süden sind Sie einem feurigen, strahlenden Chi ausgesetzt. Der Norden ist die friedlichste Richtung; er wird Ihnen helfen, sich ruhiger und meditativer zu fühlen.

Sitzplatz im Südosten mit Blick nach Nordwesten
Der Südosten fördert die Kommunikation. Wenn Sie nach Südwesten blicken, ist das die Richtung für Verantwortlichkeit und Sorge für die Bedürfnisse der Familie.

Sitzplatz im Südwesten mit Blick nach Nordosten
Die Chi-Energie des Südwestens ist gelassen und ideal für die Familienharmonie. Der Blick nach Nordosten begünstigt Motivation, Leistungsstreben und einen Sinn für das Zweckmäßige. Sitzen Sie hier, wenn Sie eine neue Richtung im Leben suchen.

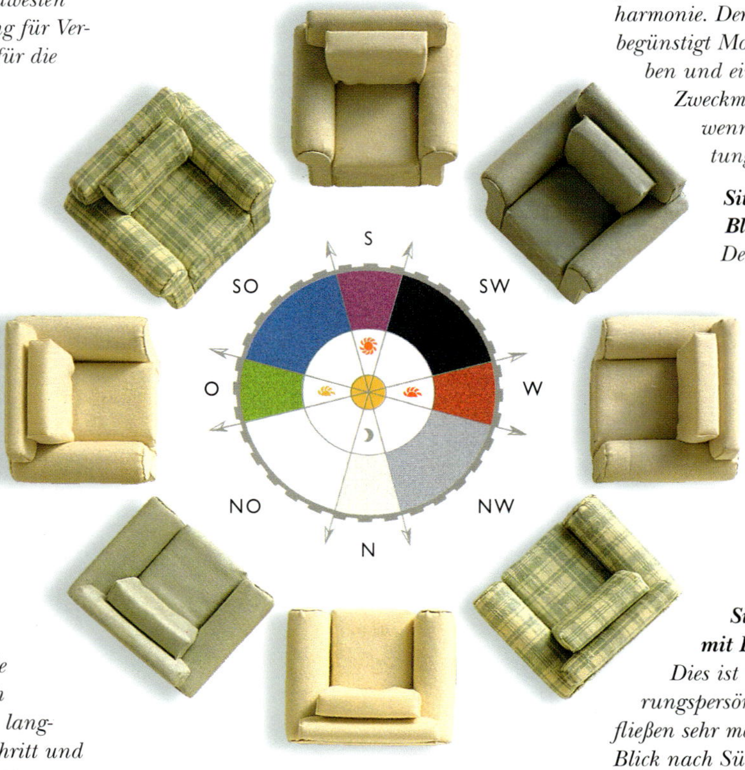

Sitzplatz im Osten mit Blick nach Westen
Die Chi-Energie im Osten ist dynamisch und aktiv. Der Blick nach Westen ist ideal für romantische Gefühle, Vergnügen und Zufriedenheit. Es ist ein guter Platz, um am Ende des Tages zu entspannen oder wenn Sie jemandem nahekommen möchten.

Sitzplatz im Westen mit Blick nach Osten
Der Westen hat einen Bezug zum Vergnügen und zu romantischen Gefühlen. Der Blick nach Osten steht für mehr Aktivität und Ehrgeiz. Er kann Ihnen helfen, gute Ideen in die Praxis umzusetzen.

Sitzplatz im Nordosten mit Blick nach Südwesten
Der Nordosten verbessert die Motivation. Der Blick nach Südwesten fördert Vorsicht, langsamen methodischen Fortschritt und Praxisbezogenheit. Er ist hilfreich, wenn Sie wieder »auf den Teppich« kommen müssen sowie für gute familiäre Harmonie und tiefere Beziehungen.

Sitzplatz im Nordwesten mit Blick nach Südosten
Dies ist die Position für Führungspersönlichkeiten, denn hier fließen sehr mächtige Energien. Der Blick nach Südosten fördert einen harmonischeren Fortschritt. Er ist günstig für Kommunikation und Kreativität – ein idealer Platz für Sie, wenn Sie ein gutes Gespräch mit jemandem führen wollen.

Sitzplatz im Norden mit Blick nach Süden
Die Energie des Nordens ist friedlich und ruhig. Der Blick nach Süden läßt Sie geselliger werden. Wenn Sie Freunde eingeladen haben oder im Mittelpunkt der Aufmerksamkeit stehen möchten, sollten Sie hier sitzen. Der Platz ist auch gut für Inspiration und neue Ideen.

Das Eßzimmer

Wenn das Eßzimmer oder der Eßbereich günstig liegt, herrscht dort eine angenehme Atmosphäre, in der jeder seine Mahlzeit genießt und sich genügend Zeit läßt, das Essen zu verdauen. Es ist auch vorteilhaft, wenn der Raum Gespräche und familiäre Harmonie fördert. Das Essen steht im Mittelpunkt; die Umgebung hat eine unterstützende Funktion.

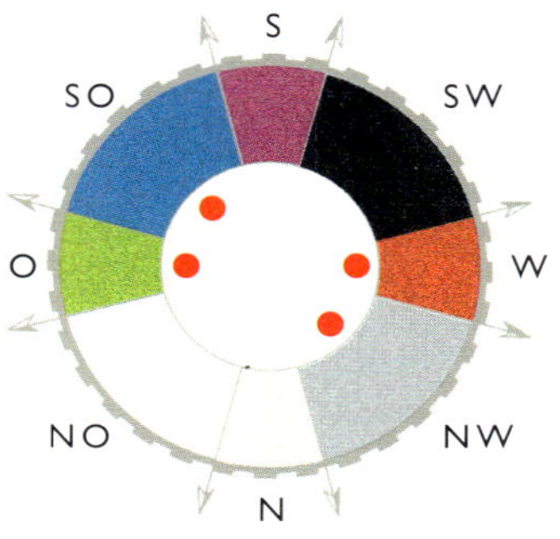

Empfohlene Richtungen für ein Eßzimmer
Östlich, südöstlich, westlich und nordwestlich von der Mitte Ihres Hauses.

ESSEN UND CHI-ENERGIE

Das Essen, das wir zu uns nehmen, hat einen erheblichen Einfluß auf unsere Gesundheit. In der orientalischen Medizin ist die Ernährung oft ein wesentlicher Bestandteil der Therapie. Beim Essen nehmen Sie nicht nur materielle Nährstoffe auf, sondern auch das Chi der Nahrungsmittel, das ein lebenswichtiger Bestandteil des Heilungsprozesses ist.

Das Chi der Nahrungsmittel wird leicht durch die Chi-Energie der Umgebung beeinflußt; deshalb ist es wichtig, daß im Eßzimmer eine gesundheitsfördernde Energie herrscht. Heutzutage erkennen wir alle, wie wichtig eine gesunde Ernährung ist, aber wir haben nicht immer den maximalen Nutzen von unserer Nahrung, denn dieser hängt nicht nur davon ab, was wir essen, sondern auch davon, wie wir essen. Es ist beispielsweise wesentlich gesünder, sich zum Essen hinzusetzen, als währenddessen herumzulaufen. Das hilft dem Magen, eine Form anzunehmen, die eine gute Verdauung fördert. Entspannen Sie sich, und nehmen Sie sich beim Essen Zeit. Wenn Sie angespannt und in Eile sind, produziert Ihr Magen mehr Säure, was zu Verdauungsstörungen führen kann. Eine entspannte Atmosphäre bei Tisch verhilft auch zu positiven und angenehmen Gesprächen.

GÜNSTIGE RICHTUNGEN

Die ideale Lage für ein Eßzimmer finden Sie im Osten, Südosten, Westen und Nordwesten Ihres Hauses. Der Osten hat eine lebhaftere Atmosphäre und eignet sich besonders gut als Frühstücksraum, weil hier morgens die Sonne scheint. Die Energie im Südosten begünstigt Gespräche, und im Westen herrscht die Chi-Energie, die den stärksten Bezug zu Vergnügen, Romantik und Unterhaltung hat. Dies ist ein besonders guter Platz für die Abendmahlzeit, weil die untergehende Sonne diesen Teil des Hauses natürlicherweise mit Energie versorgt. Der Nordwesten eignet sich am besten für eher formale und ernste Gelegenheiten. Im nordöstlichen Teil Ihres Hauses sollten Sie nicht essen, weil die scharfe, durchdringende Energie hier sehr wechselhaft und direkt ist. Hier herrscht nicht die richtige Atmosphäre für eine entspannte Mahlzeit.

OSTEN *Ein Stoff mit weiß-grünem Blattmuster bewahrt hier die Holz-Energie. Helle Grün- und Blautöne passen ebenfalls.*

SÜDOSTEN *Dunkle Blau- und Grüntöne bewahren hier die Energie. Unregelmäßig gemusterte Tapeten verstärken das Chi.*

WESTEN *Kräftige dunkle Rottöne passen gut zu einem Eßzimmer, das in dieser Richtung liegt.*

NORDWESTEN *Die hier vorherrschende würdige Chi-Energie wird durch Grau und Weiß erhalten. Silberne Accessoires auf dem Tisch erhöhen die Metall-Energie.*

DIE AUSWAHL DER MÖBEL

MÖBEL Die Oberflächen müssen leicht zu reinigen sein. Holz ist ideal, weil es das Chi nicht beschleunigt. Verschiedene Holzarten haben einen unterschiedlichen Einfluß auf das Chi. Um eine schlechte Verdauung und Gesundheitsstörungen zu vermeiden, sollten keine scharfen Möbelkanten auf Ihre Gäste gerichtet sein.

BELEUCHTUNG Sie sollte flexibel sein. Gedämpftes Licht während des Abendessens ist romantisch, aber zu anderen Zeiten braucht man helles Licht. Dimmer ermöglichen beides. Kerzen erhöhen die Feuer-Energie und schaffen am Eßtisch eine warme, lebendige Atmosphäre.

FENSTERDEKORATION Stoffrollos sind besser als Vorhänge, weil sie eine Stagnation der Energie vermeiden.

BODENBELAG Naturbelassene Holzböden haben einen neutralen Effekt auf die Chi-Energie und sind leicht sauberzuhalten. Vermeiden Sie Teppiche und Teppichböden.

BILDER Wählen Sie Motive, die einen angenehmen Hintergrund für eine entspannte Mahlzeit abgeben. Stilleben von Nahrungsmitteln, fröhliche Tischszenen oder ruhige Landschaftsbilder sind passend.

ACCESSOIRES Ein Spiegel an der Wand oder am Sideboard, der den Tisch reflektiert, verstärkt die gesunde Chi-Energie der Nahrungsmittel.

DER GEBRAUCH VON FARBEN UND MUSTERN

Prüfen Sie, in welcher Richtung das Eßzimmer von der Mitte des Hauses aus liegt. Verwenden Sie Hintergrundfarben und Muster, die die Chi-Energie der günstigen Richtungen bewahren, und fügen Sie für die Feinabstimmung beruhigende oder verstärkende Merkmale hinzu, je nachdem, welches Umfeld Sie schaffen wollen. Nehmen Sie hellere Farben, wenn der Raum während des Tages benutzt wird. Dunklere Töne eignen sich besser für ein Eßzimmer, in dem man sich überwiegend abends aufhält.

Im Osten ist die Energie schon vibrierend und hell, und grasgrüne Farbtöne würden diese Eigenschaften erhalten. Blattmuster auf Tapeten oder Stoffen mit einem Hauch von beruhigendem Purpur wären ideal. Im gemäßigteren Südosten können Sie gedämpftere Grün- und Blautöne einsetzen. Eine unregelmäßige Oberfläche mit verdünnter Farbe würde verstärkend wirken.

Warme Pinktöne oder sogar ein dramatisches Rostrot könnte auf den Wänden eines im Westen gelegenen Eßzimmers verwendet werden, das sich ideal für abendliche Mahlzeiten eignet. Um das Chi zu beruhigen, sollten Sie die Farben mit Wasser verdünnen und mit einer Rolle oder einem Schwamm auftragen. Durch einen seidenmatten Anstrich des Holzes mildern Sie es noch weiter ab. Der Nordwesten hat eine gewisse Würde. Einfach grau und weiß gestrichene Wände mit einem Hauch von Rot und Silber in den Accessoires und einem gestärkten weißen Tischtuch fördern diese Atmosphäre in einem förmlichen Eßzimmer.

DER ESSTISCH

Die Form des Eßtisches hat Einfluß auf die Bewegung des Chi in seiner Nähe und deshalb auch auf die Atmosphäre während der Mahlzeiten. Sie kann stärker Yin oder Yang sein (s. rechts), was für sich schon eine Bedeutung hat. An runden oder ovalen Tischen gibt es viele Möglichkeiten, die Stühle zu stellen, so daß Sie bessere Chancen haben, Ihren Familienmitgliedern oder Gästen vorteilhafte Plätze anzubieten (S. 92). Quadratische und rechteckige Tische beschränken die Sitzmöglichkeiten auf vier Richtungen. Wenn der Tisch so lang ist, daß mehr als zwei Personen nebeneinander sitzen können, wird es vielleicht schwierig, sich noch angenehm miteinander zu unterhalten.

OBERFLÄCHEN

Die Tischplatte muß leicht zu reinigen sein. Naturbelassene Holzoberflächen sind dafür relativ günstig. Leichte Weichhölzer wie Kiefer oder Ulme sind mehr Yin und eignen sich am besten für alltägliche entspannte Mahlzeiten in der Familie. Polierte dunkle Harthölzer wie Eiche, Mahagoni oder Teak sind mehr Yang und eignen sich eher für förmliche Gelegenheiten wie die Bewirtung von Gästen. Harte Oberflächen wie Marmor und Glas beschleunigen den Fluß des Chi über den Tisch, so daß die Atmosphäre anregender und dynamischer wird.

Die Kombination von Oberfläche und Form gibt Ihnen die Möglichkeit, das passende Umfeld für Ihren Eßbereich zu schaffen. Sie können Formen, die mehr Yin sind (rechteckig und oval), mit Materialien und Oberflächen (Marmor, Granit und Glas) kombinieren, die mehr Yang sind, aber auch Formen, die mehr Yang sind (quadratisch und rund), mit Materialien, die mehr Yin (leichte Hölzer) sind. Oder Sie kombinieren jeweils Yin-Materialien und -Formen bzw. Yang-Materialien und -Formen (s. rechts). In jedem Fall ergeben sich subtile Unterschiede in der Wirkung.

Sie können die Atmosphäre bei bestimmten Mahlzeiten auch durch Tischdecken beeinflussen. Wenn eine Oberfläche mehr Yang ist, legen Sie ein großes Tischtuch darüber, um die Energie zu verlangsamen. Ein Holztisch, der mehr Yin ist, braucht vielleicht nur ein kleines Tischtuch oder Platzdeckchen. Mit der Farbe des Tischtuchs können Sie ebenfalls erhebliche Veränderungen bewirken (S. 90 f.).

VORTEILHAFTE TISCHE

Verschiedene Materialien und Formen sorgen dafür, daß manche Tische besser zu bestimmten Gelegenheiten passen als andere.

Förmliche Einladungen
Ein rechteckiger Tisch streckt die Energie und wirkt entspannender als eine quadratische Oberfläche. Mahagoni wirkt förmlicher.

Mahlzeiten in der Familie
Ein ovaler Tisch verteilt das Chi. Eine Kiefernoberfläche ist ebenfalls mehr Yin und wirkt deshalb besonders entspannend.

Geschäftsessen
Ein quadratischer Tisch ist anregender als ein rechteckiger. Eine harte Oberfläche ist ebenfalls dynamisch.

Romantisches Essen zu zweit
Ein runder Tisch wirkt anregend, was von der Glasoberfläche verstärkt wird.

Der gedeckte Tisch

Die Auswahl von Tischdecken, Tellern und Accessoires beeinflußt das Umfeld des Eßtisches stark. Wenn Sie das System von Yin und Yang (S. 22) einsetzen, können Sie den Tisch sehr unterschiedlich decken, was die Bewegung des Chi auf vielfältige Weise beeinflußt. Wichtig ist zunächst der Tisch selbst – seine Form und das Material, aus dem er besteht (S. 89). Selbst kleinere Details wie eine bestimmte Pflanze, ein kräftiger Farbtupfer in einer Serviette oder die Form eines Platzdeckchens haben subtile Effekte, die zur Gesamtatmosphäre des Raumes beitragen.

Wenn Sie den Tisch für eine bestimmte Gelegenheit passend decken, kann das den Verlauf einer Mahlzeit nachhaltig beeinflussen, sei es nun eine förmliche Bewirtung von Gästen oder eine alltägliche Familienangelegenheit.

EIN GEDECKTER YIN-TISCH

Weiche Yin-Oberflächen und sanfte Farben schaffen einen eher passiven Energiefluß, wodurch ein ruhigeres, entspannteres Umfeld entsteht, das für zwanglose Einladungen oder eine lockere Mahlzeit in der Familie passend ist.

TISCHOBERFLÄCHE *Das verlängerte Oval ist mehr Yin als kompakte runde oder quadratische Formen. Die leichte Holzoberfläche wirkt neutral auf die Bewegung des Chi.*

STÜHLE *Helle, unbearbeitete Weichhölzer wie Kiefer oder Ulme und Stoffbezüge oder Sitzkissen aus Naturstoffen wie Leinen oder Baumwolle sind mehr Yin.*

PLATZDECKCHEN *aus Kork, Leinen, Weide, Bambus oder Binsen haben eine beruhigende Wirkung.*

BESTECK UND STÄBCHEN *Besteck mit Holzgriffen und hölzerne Stäbchen schaffen eine leichtere, entspanntere Yin-Atmosphäre.*

SERVIETTEN *Grün ist ein Symbol für lebende Pflanzen. Dunkle oder gedämpfte Grüntöne verbessern die Kommunikation.*

PFLANZEN *Buschige Pflanzen mit runden Blättern wirken beruhigend. Helle Grüntöne fördern die Vitalität.*

TISCHDECKEN *Neutrale Farben und Naturstoffe sind mehr Yin. Die Tischdecke selbst verlangsamt die Bewegung des Chi.*

TELLER *Schalen und Brettchen aus Holz sowie Keramikgeschirr mit rauher Oberfläche und Steingutgeschirr sind mehr Yin.*

SPEISEN *Wäßrige, kühlende Nahrungsmittel wie Salate und Obst sind mehr Yin.*

FARBEN ALS STIMMUNGSVERSTÄRKER

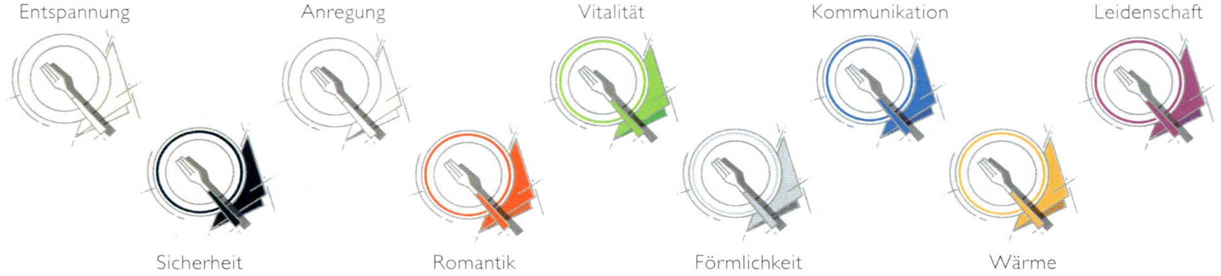

EIN GEDECKTER YANG-TISCH

Diese Variante ist dynamisch, anregend und eignet sich besser für förmliche Gelegenheiten. Yang-Tische werden sparsam gedeckt, mit klaren Linien, kräftigen Farben und harten Materialien.

TISCHOBERFLÄCHE *Harte, glänzende Materialien wie Marmor begünstigen einen schnelleren Fluß des Chi. Die kompakte quadratische Form ist ebenfalls mehr Yang. Quadratische Platzdeckchen haben einen ähnlichen Effekt.*

STÜHLE *Möbel aus glänzendem Metall sind generell mehr Yang und beschleunigen den dynamischen Fluß der Chi-Energie. Ein Sitzkissen in Rot oder Orange würde diesen Effekt intensivieren.*

BESTECK UND GLÄSER *Die spiegelnden Oberflächen des polierten Metallbestecks und die funkelnden Gläser beschleunigen die Chi-Energie um den Tisch herum und schaffen eine anregende Yang-Atmosphäre.*

KERZEN *Sie sorgen für mehr Feuer-Energie und Leidenschaft.*

ROSEN *Rote Rosen symbolisieren leidenschaftliche Liebe und geben dem gedeckten Tisch eine romantische Note.*

SPEISEN *Vollkornbrot ist mehr Yang als Brot aus weißem Mehl. Lachs ist ein starker Yang-Fisch, der stromaufwärts schwimmt. Durch den Prozeß des Räucherns wird er noch mehr Yang.*

TISCHDECKEN *Das Rot der Servietten und der Kerzen verleiht dem gedeckten Tisch ein zusätzliches dynamisches Element.*

Der Sitzplatz am Eßtisch

Eine vorteilhafte Sitzordnung schafft eine harmonische Atmosphäre am Eßtisch. Jede Richtung hat ihren typischen Bezug zu einem Familienmitglied, das die hier vorherrschende Energie repräsentiert. Die Chi-Energie ist vielleicht nicht buchstäblich die der betreffenden Person, aber der jeweilige Mensch wird sich hier wahrscheinlich wohler fühlen.

Der folgende Plan vermittelt einen Einblick in die Art des Chi, das in verschiedenen Richtungen herrscht. Ein rechteckiger oder quadratischer Tisch muß vielleicht über Eck gestellt werden, damit jeder in der passenden Richtung sitzen kann. Auf keinen Fall sollte jemand in der entgegengesetzten Richtung sitzen.

Sitzplatz im Süden mit Blick nach Norden
Dieser Platz bringt die ausdrucksstarke, leidenschaftliche Seite von Menschen hervor. Er hat einen Bezug zur mittleren Tochter oder zu einer Frau in mittleren Jahren. Der Blick nach Norden ist ruhig und mysteriös.

Sitzplatz im Südosten mit Blick nach Nordwesten
Weil er die Kommunikation fördert, ist dieser Platz gut für jeden, der gesprächiger werden will. Generell begünstigt er junge Frauen, die durch die älteste Tochter repräsentiert werden. Der Blick nach Nordwesten stärkt Würde und Respekt.

Sitzplatz im Südwesten mit Blick nach Nordosten
Dieser Platz hat einen Bezug zur Mutter und fördert die familiäre Harmonie. Der Blick nach Nordosten ist motivierend und stärkt die Bereitschaft zu harter Arbeit.

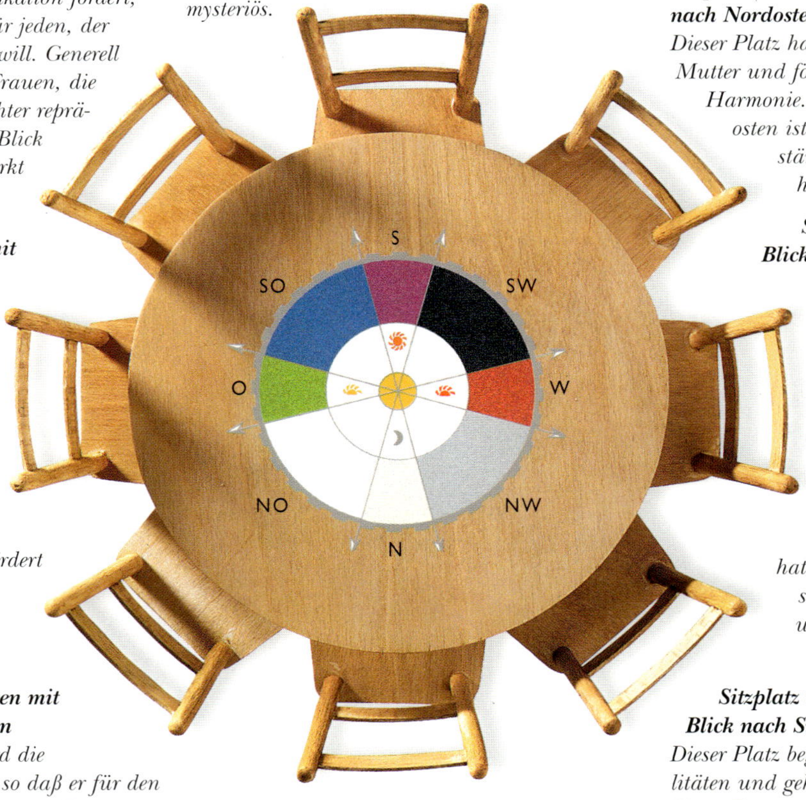

Sitzplatz im Osten mit Blick nach Westen
Dies ist ein guter Platz, um mehr Aktivität und Ehrgeiz zu entwickeln – ideal für einen jungen Mann. Traditionell sitzt hier der älteste Sohn. Der Blick nach Westen fördert romantische Gefühle und Zufriedenheit.

Sitzplatz im Westen mit Blick nach Osten
Dieser Platz fördert Romantik und Vergnügen. Die Chi-Energie ist hier neckisch und verspielt, was gut für ein junges Mädchen ist, so daß dieser Platz einen Bezug zur jüngsten Tochter hat. Der Blick nach Osten stärkt Geschäftigkeit und Selbstvertrauen.

Sitzplatz im Nordosten mit Blick nach Südwesten
Auf diesem Platz wird die Motivation gestärkt, so daß er für den jüngsten Sohn geeignet ist. Für andere Familienmitglieder ist er nicht besonders gut, vor allem, wenn sie regelmäßig dort sitzen.

Sitzplatz im Norden mit Blick nach Süden
Hier ist es still und ruhig, aber der Blick nach Süden ist voller Leidenschaft und Erregung – passend für den mittleren Sohn oder einen Mann in mittleren Jahren.

Sitzplatz im Nordwesten mit Blick nach Südosten
Dieser Platz begünstigt Führungsqualitäten und gehört traditionell dem Vater. Er vermittelt Autorität und fördert Respekt. Der Blick nach Südosten stärkt die Kommunikation und Harmonie.

Das Schlafzimmer

Von 24 Stunden halten wir uns durchschnittlich sechs bis neun im Bett auf. Für die meisten von uns ist das die längste Zeit am Tag, die sie an einem Platz verbringen. Deshalb bieten die Lage und Ausstattung des Schlafzimmers und die Stelle, an der das Bett steht, eine hervorragende Gelegenheit, sich so an den natürlichen Fluß des Chi anzupassen, daß man daraus auch Vorteile für andere Lebensbereiche ziehen kann.

Das Schlafzimmer hat einen bedeutenden Einfluß auf partnerschaftliche Beziehungen, weil hier Sex und körperliche Intimitäten stattfinden. Wenn Sie in einer großen Familie leben, ist das Schlafzimmer oft der einzige Rückzugsort, und das ist ebenfalls eine wichtige Überlegung. Sie sollten Ihr Schlafzimmer möglichst nicht für Aktivitäten benutzen, die – wie beispielsweise die Arbeit – eine andere Atmosphäre brauchen, denn darunter wird am Ende beides leiden.

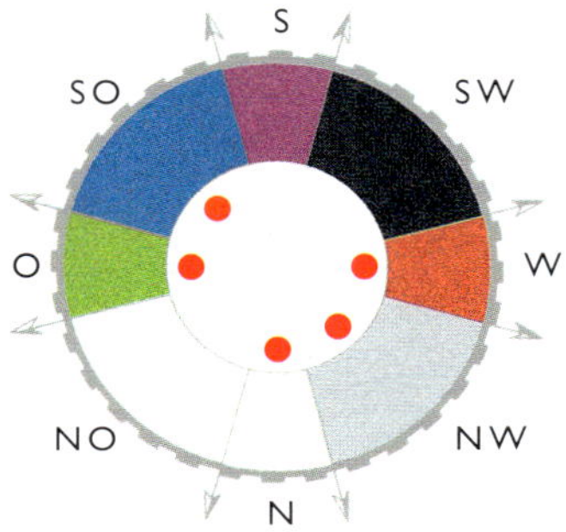

Empfohlene Richtungen für ein Schlafzimmer
Im Norden, Osten, Südosten, Westen und Nordwesten Ihres Hauses.

GÜNSTIGE RICHTUNGEN

Manchmal stellen die Menschen ihr Bett an eine Stelle oder in eine Richtung, die sich nicht nur auf Schlaf und Sex, sondern auf ihr gesamtes Leben negativ auswirkt. Normalerweise sollte am frühen Morgen die Sonne in Ihr Schlafzimmer scheinen, denn dadurch steigt Ihre Energie in der Frühe. Wenn Sie wählen können, nehmen Sie den Raum, der die ruhigste Atmosphäre hat. Die ideale Richtung für Ihr Bett wird durch das festgelegt, was Sie erreichen wollen (S. 102 f.).

Das Schlafzimmer von Erwachsenen oder älteren Menschen liegt am günstigsten nordwestlich, nördlich oder westlich von der Mitte des Hauses. Der Nordwesten ist ideal für ein Elternschlafzimmer. Die Chi-Energie ist hier reifer und kann zu größerer Verantwortlichkeit, mehr Respekt vor anderen und einer besseren Organisationsfähigkeit führen. Das Chi im Norden ist ruhiger und friedlicher. Das ist besonders vorteilhaft, wenn jemand unter Schlafstörungen leidet. Junge Leute sollten jedoch möglichst nicht mit dem Kopf nach Norden schlafen, denn dadurch könnte ihr Leben zu ruhig werden. Der Westen ist besonders günstig für romantische Gefühle, Vergnügen und Zufriedenheit – erstrebenswerte Eigenschaften für das Schlafzimmer eines Paares. Wenn Ihre Beziehung sexuell nicht mehr befriedigend ist, könnte es vorteilhaft sein, das Schlafzimmer in den Norden oder Westen des Hauses zu verlegen.

Im allgemeinen profitieren jüngere Menschen von einem Schlafzimmer im Osten oder Südosten des Hauses, weil sie ihr Leben gerade aufbauen und die Chi-Energien dieser Richtungen einen guten Start begünstigen.

Ein ideales Schlafzimmer

Die Chi-Energie des Westens begünstigt romantische Gefühle und Zufriedenheit, so daß diese Richtung ideal für ein Elternschlafzimmer ist. Diese Lage erfüllt die wichtigsten Anforderungen im Hinblick auf Entspannung, erholsamen Schlaf und eine ruhige Privatsphäre. Gleichzeitig sollte der Raum jedoch lebhafte und fröhliche Elemente enthalten, damit man hier gern aufwacht und den Tag beginnt. Der spielerische Aspekt, den das Chi des Westens ebenfalls hat, bringt diese Wirkung hervor.

❶ BELEUCHTUNG *Eine weiche Yin-Beleuchtung vermittelt Ruhe und Intimität. Lampenschirme zerstreuen das harte elektrische Licht. Kerzen sorgen für einen natürlichen romantischen Schimmer, im Nordwesten unterstützen sie die Erd-Energie.*

❷ PFLANZEN *Pflanzen mit runden Blättern wirken beruhigend, und im Westen oder Nordwesten helfen sie, die Metall-Energie zu bewahren.*

❸ SCHRÄNKE *Sorgen Sie dafür, daß reichlich Schränke vorhanden sind, und lassen Sie nichts herumliegen. Schränke, die in Nischen stehen oder sich über eine ganze Wand erstrecken, sorgen dafür, daß kein schneidendes Chi entsteht.*

❹ DAS BETT *Ein Bett mit Holzrahmen wirkt neutral auf die Chi-Energie. Ein Kopfteil schützt Ihren Kopf vor schnell fließender Energie. Wenn Ihr Bett jedoch an der Wand steht, ist das weniger wichtig. Stellen Sie das Bett in eine günstige Richtung (S. 98). Mit dem Kopf nach Nordwesten zu schlafen stärkt die Chi-Energie, die einen Bezug zu Führerschaft, Organisation und Verantwortlichkeit hat – gut für Eltern. Sie sollten vom Bett aus immer Tür und Fenster sehen können.*

❺ BETTWÄSCHE *Um in der Nähe Ihrer Haut einen harmonischen Chi-Fluß zu gewährleisten, sollte Ihre Bettwäsche aus Baumwolle, Seide oder Leinen sein. Pinktöne und runde Muster fördern das Chi des Westens. Lassen Sie Betten während des Tages nicht ungemacht.*

❻ MÖBEL *Schlafzimmermöbel sollten abgerundete Ecken haben. Es dürfen keine scharfen Kanten auf das Bett gerichtet sein. Wenn während des Schlafes schneidendes Chi auf Sie gerichtet ist, stört das den Energiefluß in Ihrem Körper, was zu gesundheitlichen Problemen führen kann.*

❼ BODENBELAG *Weiche Yin-Materialien verlangsamen den Fluß des Chi und schaffen eine entspannte Atmosphäre. Deshalb ist ein Teppichboden ideal fürs Schlafzimmer.*

❽ FENSTERDEKORATION *In Falten gelegte oder gerüschte Vorhänge verlangsamen bei Nacht den Fluß des Chi durch die Fenster und fördern so einen erholsamen Schlaf. Halten Sie die Vorhänge fest geschlossen, während Sie schlafen.*

❾ TAPETEN *Pastellfarben sind mehr Yin und beruhigen. Pinktöne passen gut in den Westen.*

❿ BILDER *Vermeiden Sie im Schlafzimmer reflektierende Yang-Oberflächen; hier passen Wandteppiche oder Bilder ohne Glasrahmen oder hinter entspiegeltem Glas. Paarweise aufgestellte oder aufgehängte Gegenstände wie Bilder, Kerzen und Nachttischlampen symbolisieren Intimität.*

Heilmittel der Fünf Elemente
Um die Metall-Energie im Westen zu stärken und das Umfeld romantischer zu gestalten, können Sie eine Vase mit roten Blumen im Westen des Raumes aufstellen.

WAS SIE IN EINEM SCHLAFZIMMER VERMEIDEN SOLLTEN

SCHARFE KANTEN Weil Sie im Schlafzimmer soviel Zeit verbringen, ist es besonders wichtig, hier schneidendes Chi zu vermeiden, vor allem Kanten, die auf Ihr Bett gerichtet sind. In der Nähe des Bettes sollten auch keine stacheligen Pflanzen oder eckige Möbel stehen.

SPIEGEL Diese reflektieren Ihr eigenes Chi im Schlaf auf Sie zurück und verhindern, daß Sie alte Emotionen loslassen. Halten Sie Spiegel aus dem Schlafzimmer fern, oder bedecken Sie sie bei Nacht.

YANG-MATERIALIEN: Harte, glänzende Oberflächen wie Glas, Metall und Marmor beschleunigen das Chi und könnten Sie im Schlaf stören.

UNMITTELBAR ANGESCHLOSSENES BADEZIMMER Dies ist ungünstig, weil dadurch die Atmosphäre im Raum schwerer und feuchter wird und gesundes Chi verlorengehen kann. Halten Sie die Tür zum Badezimmer geschlossen, oder bringen Sie einen Vorhang davor an.

Ein Schlafzimmer im Westen
Im Westen ist die Metall-Energie vorherrschend, die hier durch beruhigend wirkende Yin-Elemente erhalten wird.

DIE AUSWAHL DES DEKORS

In einem westlichen Raum sollte das Dekor die Metall-Energie unterstützen. Dazu können Sie Pinktöne sowie Weiß und Grau verwenden und die Energie mit einem gelegentlichen Hauch von Rot, Silber und Gold verstärken. Mehr Rot erhöht das romantische Flair, während das Yin etwa von Pastellfarben eher die Ruhe fördert. Runde Muster auf Stoffen und Tapeten erhalten ebenfalls die Metall-Energie. Unregelmäßige Muster, die man durch den Auftrag der Farben mit einem Schwamm oder durch Auswaschen erzielt, wirken beruhigend.

NORDEN *Warmes Pink, Burgunder oder Rot erhöht die Vitalität in einem ansonsten ruhigen und reflektiven nördlichen Schlafzimmer.*

NORDWESTEN *Grau, Weiß und Pink bewahren die von Natur aus düstere Energie in dieser Richtung.*

OSTEN UND SÜDOSTEN *Blau- und Grüntöne helfen, die aktive Holz-Energie zu bewahren, die hier vorherrscht.*

DEKORS FÜR ANDERE GÜNSTIGE RICHTUNGEN

DER NORDEN Hier ist die Chi-Energie besonders still und ruhig. Das fördert die Innenschau und Spiritualität, was vorteilhaft ist, wenn Sie schon älter sind oder unter Schlaflosigkeit leiden, aber weniger günstig für junge Leute. Entsprechend Ihrer Situation werden Sie entweder das natürliche Chi durch Cremetöne und gebrochenes Weiß erhalten oder es durch wärmere Pink- und Rottöne beleben wollen.

DER NORDWESTEN Das natürliche Umfeld hat hier einen Bezug zu Verantwortlichkeit und Ernsthaftigkeit, ist jedoch wiederum für junge Leute zu düster. Um es zu erhalten, sollten Sie Grau, Weiß und Pink verwenden. Karomuster mit etwas Gelb, Braun oder Schwarz würden Erd-Energie hinzufügen, die hier die Metall-Energie unterstützt.

OSTEN UND SÜDOSTEN Beide Richtungen eignen sich besser für junge Leute, weil sie generell anregend und lebhaft sind, besonders am Morgen, wenn hier die aufgehende Sonne scheint. Benutzen Sie gedämpfte Yin-Farben oder Pastelltöne von Grün oder Blau sowie unregelmäßige Muster, um die Atmosphäre zum Schlafen zu beruhigen.

HEILMITTEL FÜR UNGÜNSTIGE RICHTUNGEN

Süden und Nordosten sind die am wenigsten günstigen Richtungen für ein Schlafzimmer. Der Süden ist zu heiß und feurig, um einen gesunden Schlaf zu fördern; der Nordosten ist zu unberechenbar und heftig, was zu Alpträumen führen könnte. Beide Richtungen brauchen beruhigende Elemente. Der Südwesten ist ebenfalls unvorteilhaft, aber in diesem Fall würde der Einfluß der Chi-Energie Sie tagsüber zu träge machen, wobei das Chi zugleich unbeständig ist. Hier ist sowohl Stabilisierung als auch Stimulation erforderlich.

DER NORDOSTEN Beruhigen Sie hier das heftige, durchdringende Chi, indem Sie Blaßgelb oder Rosttöne statt eines hellen Rots oder Pinks verwenden. Bringen Sie zusätzlich hilfreiche Metall-Energie mit mehr gerundeten Yin-Formen statt kreisförmiger Yang-Muster in den Raum.

DER SÜDEN Beruhigen Sie hier die allzu leidenschaftliche Energie, indem Sie blasse Yin-Töne von Purpur sowie die Erdfarben Gelb und Schwarz verwenden. Weiche, matte Oberflächen, wie Teppiche, Wandbehänge und Polstermöbel sie haben, helfen ebenfalls. Fügen Sie Erd-Energie hinzu – mit Karomustern, niedrigen Pflanzen in unbearbeiteten Terracottatöpfen oder unglasierten Tonfiguren.

DER SÜDWESTEN Stimulieren Sie hier die Chi-Energie durch helle Gelb- und Brauntöne mit einem Hauch von kräftigem Purpur. Metall-Energie in Form von Bronze und Kupfer (Yin) sorgt für zusätzliche Stabilität.

DAS BETT

Holz ist das günstigste Material für den Bettrahmen. Anders als Metall verändert es nicht das Magnetfeld des Standortes, und es hat einen subtileren Einfluß auf den Strom des Chi. Bettgestelle aus Metall beschleunigen die Chi-Energie, was für einen tiefen und erholsamen Schlaf meist nicht förderlich ist. Auch Wasserbetten sind nicht empfehlenswert, weil sie eine feuchte Atmosphäre schaffen, die zur Stagnation führt.

Ein Kopfteil schützt Ihren Kopf während des Schlafes vor schnell fließendem Chi, ist jedoch weniger wichtig, wenn das Bett an der Wand steht.

Halten Sie den Raum unter Ihrem Bett frei, damit die Chi-Energie dort nicht stagniert. Wenn Sie Gegenstände unter dem Bett aufbewahren, sollten Sie dort regelmäßig aufräumen und saubermachen.

DIE MATRATZE

Wählen Sie eine Matratze, die aus natürlichem Material besteht. Baumwolle, Wolle, Stroh und Roßhaar sind besser als Kunststoffe, die statisch aufgeladen sind, was dazu führen kann, daß Sie sich körperlich oder emotional erschöpft fühlen. Federkernmatratzen enthalten Metallfedern, die das Magnetfeld am Standort beeinflussen und den Chi-Strom chaotisch werden lassen. Dadurch können Menschen, die darauf schlafen, sich verwirrt und desorientiert fühlen. Futons sind im Sinne des Feng Shui die idealen Betten. Sie bestehen aus vier bis acht Lagen einer dicken Baumwollfüllung, die durch einen kräftigen Baumwollbezug zusammengehalten werden. In Japan werden sie über Bambusmatten auf den Boden gelegt, aber im Westen verwenden die meisten Menschen Holzrahmen, damit die Matten höher liegen und gut durchlüften können.

BETTWÄSCHE

Da die Bettwäsche Ihrer Haut am nächsten kommt, ist es wichtig, daß Bettücher, Kissenbezüge, Decken und Bettbezüge aus reiner Baumwolle, Leinen, Seide oder Wolle bestehen. Baumwolle und Leinen sind vorzuziehen, weil sie besser »atmen« als Seide.

Vermeiden Sie Kunstfasern. Die Füllung von Decken und Oberbetten sollte ebenfalls nur aus natürlichen Daunen oder aus Baumwolle bestehen. Achten Sie darauf, daß Bettwäsche und Bettdecken nicht bis auf die Erde herunterhängen, damit die Luft unter dem Bett frei zirkulieren kann. Das gesamte Bettzeug sollte regelmäßig gewaschen und auch – möglichst im Freien – gut gelüftet werden.

Wählen Sie für die Bettwäsche Farben, die mit den Acht Richtungen harmonieren (S. 123). Sie können aber auch Farben nehmen, die zu Ihrer persönlichen Neun-Ki-Zahl passen (S. 37).

MEHR ROMANTIK

FARBEN Der vorsichtige Einsatz von Rot und Purpur kann zweckmäßig sein. Versuchen Sie es mit einer Vase roter Blumen oder einem Wandbehang mit purpurnen Tupfern. Um die beste Wirkung zu erzielen, können Sie einen Gegenstand mit Purpur in den Süden und etwas Rotes in den Westen stellen.

DEKORATIVE GEGENSTÄNDE Bei dem, was Sie ins Schlafzimmer stellen, sollten Sie an die psychologischen Effekte denken. Wenn Sie Bilder finden, die leidenschaftliche liebevolle Gefühle in Ihnen wecken, könnte Ihr Partner vielleicht ähnlich reagieren.

PAARE Wenn Sie die Gegenstände paarweise anordnen, stärkt das eine enge Beziehung. Dabei könnte es sich um zwei Bilder, Skulpturen oder um zwei Kerzenständer handeln.

KERZEN Sie erhöhen die Feuer-Energie, die einen Bezug zur Leidenschaft hat, aber vergessen Sie nicht, die Kerzen vor dem Einschlafen zu löschen.

Richtungen für das Bett

Die Richtung, in der Sie beim Schlafen liegen, beeinflußt Ihr gesamtes Leben und auch die Qualität Ihres Schlafes. Stellen Sie das Bett entlang einer Achse, die durch die Mitte des Hauses führt, und stellen Sie es so, daß Ihr Kopf in einer günstigen Richtung liegt.

	Kopf nach NORDEN	Diese stille Richtung kann bei Schlaflosigkeit helfen, aber Sie kann auch Ihr gesamtes Leben zu ruhig machen. Einige Feng-Shui-Meister bezeichnen sie als Todesposition, weil sie sich gut für alte Menschen eignet. Sie fördert Gefühle von Frieden, Ruhe und Spiritualität.
	Kopf nach NORDOSTEN	Diese Richtung ist zu heftig und durchdringend für einen guten Schlaf. Sie kann zu Nervosität führen und Alpträume von Gewalttätigkeit verschlimmern. Sie könnte zwar Ihre Motivation verbessern, aber es ist nicht ratsam, lange Zeit in dieser Richtung zu schlafen.
	Kopf nach OSTEN	Das ist ideal für junge Menschen. Man hat das Gefühl, daß noch alles vor einem liegt. Die Richtung ist gut für den Aufbau einer Karriere, Ehrgeiz und die Bewältigung von Aufgaben sowie ideal für Wachstum und mehr Geschäftigkeit im Leben.
	Kopf nach SÜDOSTEN	Von dieser Richtung können Sie gute Kommunikation und eine erhöhte Kreativität erwarten. Wachstum und mehr Aktivität im Leben werden auf eine subtilere Weise als im Osten angeregt.
	Kopf nach SÜDEN	Das hohe Maß an Energie und das feurige Wesen dieser Richtung sind nicht förderlich für einen tiefen Schlaf. Es kann zu hitzigen Auseinandersetzungen mit dem Risiko der Trennung führen, obwohl die Richtung mehr Leidenschaft in Ihr Leben bringt.
	Kopf nach SÜDWESTEN	Diese Richtung repräsentiert Gelassenheit und macht Ihre Beziehungen friedlicher, aber Sie können dadurch zu vorsichtig werden. Außerdem kann die Nordost-Südwest-Achse Ihr Leben weniger stabil machen.
	Kopf nach WESTEN	Diese Richtung fördert einen guten Schlaf und die Zufriedenheit, sie kann sogar Ihr Einkommen und Ihre romantische Beziehung verbessern. Das Gefühl der Zufriedenheit kann jedoch auch zu Faulheit und Motivationsmangel führen.
	Kopf nach NORDWESTEN	Diese Richtung hat einen Bezug zu Führungsqualitäten sowie dem Gefühl, die Dinge unter Kontrolle zu haben, und sie fördert einen längeren, tieferen Schlaf. Sie eignet sich am besten für einen älteren Menschen, und sie wird für Eltern empfohlen.

Das Kinderzimmer

Dies ist oft ein kombiniertes Schlaf- und Spielzimmer, so daß die Herausforderung darin besteht, es so zu gestalten, daß die Kinder tagsüber Spaß darin haben und nachts friedlich schlafen. Für viele Eltern ist das ideale Kinderzimmer ein Raum, in dem die Kinder während der ganzen Nacht fest durchschlafen, aber die Chi-Energie des Zimmers muß auch geeignet sein, den Heranwachsenden Anregungen zu geben und sie bei ihren Aktivitäten zu unterstützen.

Manchmal müssen sich zwei oder mehrere Kinder ein Zimmer teilen, und das führt mitunter zu Spannungen. Wenn alle Betten in derselben Richtung stehen, kann das die Beziehung zwischen den Kindern harmonischer machen. Wenn Sie selbst ein gespanntes Verhältnis zu einem bestimmten Kind haben, sollten Sie Ihr Bett zumindest für eine kurze Zeit oder bis die Probleme abgebaut sind, in dieselbe Richtung wie das Bett des Kindes stellen.

Wenn mehrere Kinder sich ein Zimmer teilen, sollten Sie dafür sorgen, daß jedes zumindest eine kleine Ecke hat, die ihm allein gehört. Erlauben Sie den Kindern, diesen Bereich selbst einzurichten, und widerstehen Sie der Versuchung, sich einzumischen.

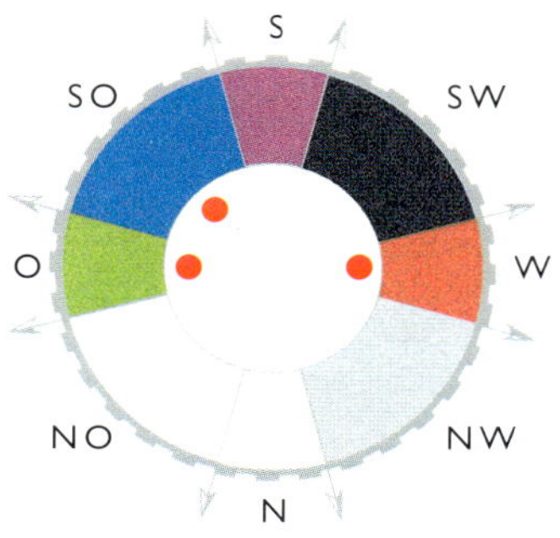

Empfohlene Richtungen für ein Kinderzimmer
Östlich, südöstlich und westlich von der Mitte Ihres Hauses.

GÜNSTIGE RICHTUNGEN

Idealerweise sollten Kinderzimmer so liegen, daß morgens die Sonne hereinscheint. Das wäre im Osten und Südosten Ihres Hauses der Fall. Aber auch der Westen, wo nachmittags die Sonne scheint, ist vorteilhaft, besonders für tendenziell hyperaktive Kinder.

Im Osten herrscht die junge, aufstrebende Energie, die einen Bezug zu Wachstum und Entwicklung hat. Das Chi ist hier anregend und aktiv und repräsentiert die aufgehende Sonne, die ein Symbol für die Zukunft ist. Es könnte jedoch schwierig sein, hier zu einem geruhsamen Schlaf zu finden, weil die Chi-Energie im Osten vielleicht zu aktiv ist, so daß Sie möglicherweise etwas tun müssen, um sie zu beruhigen (S. 100 f.).

Ein Zimmer im Südosten kann ebenfalls Wachstum und lebhafte Aktivität fördern. Aber die Chi-Energie ist hier sanfter als im Osten und könnte eine harmonischere Entwicklung im Leben anregen. Ein solches Zimmer wäre auch beruhigender im Hinblick auf einen guten Schlaf.

Im Westen herrscht eine ruhigere Energie, so daß hier die beste Richtung für einen friedlichen Nachtschlaf wäre. Das Chi ist hier verspielt, bietet aber nicht dieselben Vorzüge für ein harmonisches Wachstum und eine gute Entwicklung der Kinder wie die anderen Richtungen.

Ein ideales Kinderzimmer

Das Chi des Ostens ist ideal für ein Kind, denn es ist hell, positiv, nach vorn gerichtet und aktiv. Es unterstützt eine der Hauptfunktionen eines Kinderzimmers, denn es fördert phantasievolle Spiele und eine gesunde geistige Entwicklung.

Gleichzeitig braucht das Kind jedoch auch seine Ruhe, so daß man die Lebhaftigkeit des Ostens vielleicht abmildern muß. Schaffen Sie ein ausgewogenes Verhältnis zwischen den verschiedenen Bedürfnissen, damit Ihre Kinder auch gut schlafen können.

❶ BELEUCHTUNG *Indirekte Beleuchtung, die von der Decke reflektiert wird, unterstützt die Holz-Energie. Um Kabel im Zimmer zu vermeiden, sollten Sie Wandlampen statt Tisch- oder Stehlampen anbringen.*
❷ STAURAUM *Viel Stauraum schafft im Zimmer freien Platz für Spiele. Kisten und Kästen sind ideal.*
❸ BETTEN *Etagenbetten sparen Platz und schaffen die Möglichkeit, daß zwei Kinder in derselben Richtung liegen können. Wenn Ihr Baby schlecht schläft, stellen Sie die Wiege so, daß sein Kopf nach Norden zeigt. Die Betten sollten kuschelig sein. Nehmen Sie dicke Kissen und plustrige Oberbetten in Bezügen aus Naturfasern. Blau ist hier eine vorteilhafte Farbe.*
❹ MÖBEL *Abgerundete Kanten verringern die Gefahr von schneidendem Chi. Die Kinder sehen nach Osten, wenn sie an einem Tisch im Osten des Zimmers sitzen, und das intensiviert die aktive Chi-Energie hier. Helle Farben wirken anregend.*
❺ BODENBELAG *Naturbelassenes Holz unterstützt die Holz-Energie, verringert die Stagnation und ist leicht sauberzuhalten.*
❻ FENSTERDEKORATION *Stoffrollos verlangsamen bei Nacht den Chi-Fluß durch das Fenster ohne das Risiko der Stagnation. Wenn sie tagsüber hochgezogen sind, geben sie das Fenster vollständig frei, so daß ein Maximum an vorteilhafter Chi-Energie in den Raum gelangen kann.*
❼ TAPETEN *Weichere Blautöne sind harmonisch und beruhigend. Sterne bringen zusätzlich Feuer-Energie in den Raum.*
❽ BILDER *Wandbehänge aus Stoff verlangsamen die Chi-Energie und sind nicht reflektierend (s.u.). Wählen Sie positive Motive, die zu den Bedürfnissen Ihrer Kinder passen. Helle Farben, besonders Rot, Gelb und Orange, sind mehr Yang und deshalb anregend. Zarte Farben, besonders Blau- und Grüntöne, sind mehr Yin und beruhigend.*
❾ MOBILES *Die sanfte Bewegung von Mobiles kann auf ein kleines Kind belebend oder entspannend wirken. Hängen Sie ein Mobile aus glänzendem Metall, das mehr Yang ist, in den Westen des Raumes. Ein Mobile aus weichem Stoff in Pastellfarben wäre mehr Yin und friedlich. Hängen Sie keine Mobiles direkt über ein Kinderbett.*
❿ SPIELZEUG *Holzspielzeug ist ideal, weil das natürliche Material stark und haltbar ist, sich aber gleichzeitig warm und angenehm anfühlt. Räumen Sie Spielzeug abends weg.*

Heilmittel der Fünf Elemente *Wenn Kinder sich vor der Dunkelheit fürchten, sollten Sie ein Kerzenlicht in einem sicheren Halter im Zimmer aufstellen. Die Feuer-Energie wirkt in einem östlichen Raum beruhigend. Das feurige Chi eines purpurfarbenen Windlichtes mit Sternen hilft ebenfalls.*

WAS SIE IN EINEM KINDERZIMMER VERMEIDEN SOLLTEN

OFFENE TÜREN Halten Sie die Zimmertüren bei Nacht geschlossen, und ziehen Sie das Rollo herunter. Das beruhigt den Energiefluß.
KOPFTEIL VOM BETT UNTER DEM FENSTER Stellen Sie die Kopfteile von Betten nicht unter das Fenster, weil die Chi-Energie hier den Schlaf stören kann.
SCHWERE MÖBEL Sperrige Möbelstücke können dazu führen, daß die Kinder sich behindert fühlen.
UNORDNUNG Durch das viele Spielzeug herrscht im Kinderzimmer schnell Unordnung, und es wirkt schließlich verwirrend und frustrierend. Sorgen Sie dafür, daß Ihre Kinder aufräumen und Dinge aussortieren.
ELEKTRISCHE GERÄTE Damit keine unnötige elektrische Strahlung entsteht, sollten im Kinderzimmer keine Fernseher, Videogeräte und Computer stehen.

Ein Kinderzimmer im Osten
Hier unterstützt das Dekor die Holz-Energie des Ostens, enthält aber auch beruhigende Elemente.

DIE AUSWAHL DES DEKORS

Bewahren Sie hier die günstige aktive Holz-Energie, indem Sie Blau als Hintergrundfarbe wählen, aber in einem helleren Farbton. An anderen Stellen des Zimmers passen auch kleine Farbtupfer in hellen Grün-, Gelb- und Blautönen, die anregend wirken. Einfarbige Wände und Bettbezüge sind mehr Yang und mildern den Eindruck von Unordnung. Gelb ist in jeder Richtung harmonisch. Sternmotive bringen Feuer-Energie ins Zimmer und beruhigen so die Holz-Energie des Ostens. Um sie noch weiter zu beruhigen, können Sie sehr weiche Yin-Pastellfarben oder ein blasses Purpur benutzen.

LIEGERICHTUNGEN

Für das Aufstellen von Kinderbetten gelten ähnliche Erwägungen wie für die Betten von Erwachsenen (S. 98). Die angegebenen Richtungen beziehen sich auf den Kopfteil des Bettes.

Osten oder Südosten sind im allgemeinen die günstigsten Richtungen, obwohl der Osten für Kinder mit Schlafstörungen vielleicht zu aktiv ist.

Westen und Norden sind vorteilhaft für Kinder, die nicht schlafen können, und der Norden eignet sich besonders für Neugeborene.

Folgende Richtungen sind unvorteilhaft: Der Nordosten ist zu hart und könnte Wutanfälle auslösen; der Süden ist zu feurig und könnte dadurch stören; der Südwesten ist zu reif und könnte zu Furchtsamkeit führen; der Nordwesten ist zu ernsthaft – das Kind würde vielleicht versuchen, die Eltern zu kontrollieren.

DEKORS FÜR ANDERE GÜNSTIGE RICHTUNGEN

DER SÜDOSTEN Diese Richtung teilt viele Eigenschaften mit dem Osten (S. 100 f.), ist jedoch gedämpfter, so daß man hier in einem Kinderzimmer nicht so viele beruhigende Elemente braucht. Es sollte ausreichen, das natürliche Umfeld zu erhalten. Wählen Sie kräftigere Töne der passenden Farben – Grün und Blau –, und gestalten Sie den Raum eher hell und freundlich als gedeckt. Längsmuster würden hier ebenfalls passen.

DER WESTEN Hier herrscht gelassene, zufriedene Stimmung, die besonders für ein ängstliches oder überaktives Kind geeignet ist oder wenn Ihr Kind gerade eine Trotzphase durchmacht. Falls Sie in diesem Zimmer jedoch eine anregende Atmosphäre herstellen wollen, können Sie Pink- und Rottöne verwenden, die mehr Yang sind, und zusätzlich einen Hauch von hellem Gelb. Karomuster sind ebenfalls zweckmäßig.

HEILMITTEL FÜR UNGÜNSTIGE RICHTUNGEN

Was den Nordosten, Süden, Südwesten und Nordwesten zu ungünstigen Richtungen für ein Kinderbett macht (s. links), ist auch für die betreffenden Räume im allgemeinen nachteilig.

NORDEN Beleben Sie das ruhige Chi durch Yang-Metall-Energie: helle Rottöne; glänzende Metall-Mobiles und Windspiele aus Metall.

NORDOSTEN Beruhigen Sie die durchdringende Chi-Energie durch Erd- und Metall-Energien, die mehr Yin sind: rostige Pinktöne, Blaßgelb und reichlich Stoffe und andere weiche, matte Oberflächen. Hängen Sie ein Stoff-Mobile in einer passenden Farbe in den Nordosten.

SÜDEN Beruhigen Sie das überaktive Chi wie im Nordosten durch mehr Yin-Erd-Energie, aber verwenden Sie eher Blaßgelb und fleischfarbene Töne statt Pink, und stellen Sie eine Terracottaschale mit Holzkohle unter das Bett.

SÜDWESTEN Beleben Sie das überreife Chi durch mehr Yang-Feuer- und Metall-Energien: Purpur, Rot und Pink in Zickzack- oder Kreismustern.

NORDWESTEN Dämpfen Sie das übermäßig schläfrige Chi durch mehr Wasser-Energie: cremefarbene und unregelmäßige Wandmuster.

SÜDOSTEN *Vertikal gestreifte Muster in passenden Grün- und Blautönen bewahren die schwungvolle Energie dieser Richtung.*

WESTEN *Yang-Töne von Rot, Pink und Hellgelb in Karomustern verstärken die Metall-Energie in dieser Richtung.*

Die Küche

Nahrungsmittel haben im Fernen Osten eine besondere Bedeutung, weil sie vielfach auch zur Gesundheitsvorsorge und als Heilmittel eingesetzt werden. Yin und Yang und die Fünf Elemente lassen sich auf Nahrungsmittel genauso wie auf Gebäude anwenden, und ein wichtiger Teil der Aufgaben eines orientalischen Arztes besteht darin, dem Patienten Ernährungsratschläge zu geben, die mit diesen Prinzipien übereinstimmen.

Luft, Wasser und Nahrung versorgen uns nicht nur mit den lebenserhaltenden Nährstoffen, sondern in ihnen fließt auch Chi-Energie. An der Luft, die wir atmen, können wir nicht viel verändern, aber bei dem Wasser, das wir trinken, haben wir schon mehr Auswahl, und das gilt erst recht für unseren täglichen Speiseplan und die Zubereitung der Nahrungsmittel.

Die Zubereitung der Nahrungsmittel wird durch Chi-Energie der Umgebung beeinflußt, so daß eine günstige Lage der Küche von lebenswichtiger Bedeutung ist. Da Küchen die unverträglichen Elemente Feuer und Wasser vereinen, muß man eine Richtung wählen, in der diese Elemente harmonisiert werden können, und man muß besonders darauf achten, wo Herd und Spüle installiert werden (S. 106). Wenn Sie beim Kochen in eine vorteilhafte Richtung blicken, hilft das auch, interessantere und gesündere Mahlzeiten zuzubereiten (S. 105).

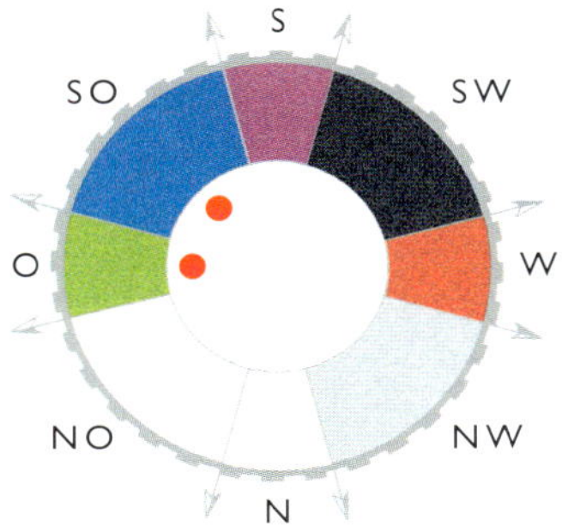

Empfohlene Richtungen für eine Küche
Östlich und südöstlich von der Mitte Ihres Hauses

GÜNSTIGE RICHTUNGEN

Die Küche liegt am besten im Osten und Südosten Ihres Hauses, wo die Energie hell und aufbauend ist und Wachstum, Aktivität und Entwicklung fördert. Außerdem verträgt sich die Holz-Energie des Ostens und Südostens sowohl mit dem Wasser als auch mit dem Feuer. Der daraus resultierende harmonische Strom der Energie durch die Küche wirkt sich auch günstig auf die Bewegung der Energie im gesamten Haus aus. Die frühe Morgensonne wärmt und energetisiert den Osten und Südosten des Hauses, was diese Richtungen für eine Kombination aus Küche und Frühstückszimmer besonders geeignet macht.

Bestimmte Richtungen sollten für eine Küche nach Möglichkeit ganz gemieden werden. Der Nordosten mit seiner kalten, durchdringenden und veränderlichen Energie ist nicht die beste Atmosphäre für die Zubereitung gesunder, ausgewogener Mahlzeiten. Der ruhige und stille Norden hat nicht genügend Vitalität. Besonders unvorteilhaft ist auch eine Küche im Süden, denn hier herrscht die Feuer-Energie, und es würde sich zuviel davon an einer Stelle konzentrieren, was die Mahlzeiten unausgewogen machen und das Risiko eines Hausbrandes erhöhen könnte.

MATERIALEN *Glänzende Keramikkacheln halten das Chi in Bewegung und verhindern Stagnation. Korkböden sind mehr Yin, so daß Sie sich lange Zeit in der Küche wohl fühlen.*

FARBEN *Blau- und Grüntöne bewahren die Holz-Energie im Osten und Südosten. Ein Hauch von Purpur fördert sie, und Gelb ist eine passende Farbe für alle Richtungen.*

MOTIVE *Obst- und Gemüsemotive in harmonischen Farben passen gut in eine Küche.*

DIE AUSWAHL DER MÖBEL

PFLANZEN Stellen Sie gesunde Blattpflanzen zwischen Herd und Spüle, um Feuer und Wasser zu harmonisieren.

BELEUCHTUNG Dunkle Ecken sind schwerer sauberzuhalten und bergen das Risiko der Stagnation. Natürliches Licht ist ideal; ergänzen Sie es mit Spotleuchten, die in die Ecken gerichtet sind. Lassen Sie möglichst viel Sonnenlicht herein, um eine positive Atmosphäre zu schaffen. Sonnenlicht hilft außerdem, die Küche trocken und damit die Energie frisch und sauber zu halten.

NAHRUNGSMITTEL UND BLUMEN Gefüllte Obstschalen oder andere frische Nahrungsmittel und Blumen fördern einen gesunden Chi-Strom.

MÖBEL Holz ist die ideale Oberfläche für die Zubereitung von Speisen. Edelstahl und glänzende Kacheln schaffen eine Atmosphäre, die mehr Yang ist und die Energie beschleunigt, aber wenn Sie viel Zeit in der Küche verbringen, kann das problematisch sein. Laminat und Vinylfliesen blockieren eher die Energie.

BÖDEN Empfehlenswert sind naturbelassene Holzböden, denn sie sind praktisch, warm und leicht zu reinigen. Korkfliesen sind die Variante des Holzbodens, die am stärksten Yin ist. Vermeiden Sie Teppiche und Teppichböden.

STAURAUM In der Küche sollten nicht alle möglichen Gegenstände herumstehen, denn das verursacht eine Chi-Stagnation, die sich ungünstig auf die Zubereitung der Speisen auswirkt. Sorgen Sie für ausreichend Stauraum, und halten Sie die Arbeitsplatten frei und sauber. Waschen Sie offene Regale aus, und räumen Sie die Schränke regelmäßig auf.

FRISCHE LUFT Um das Chi in Bewegung zu halten und Feuchtigkeit zu beseitigen, sollten Sie die Fenster jeden Tag öffnen. Das ist besser als eine Abzugshaube, die das Chi aufwirbelt.

INSTALLATIONEN Achten Sie darauf, daß die Wasserhähne nicht tropfen und die Abflüsse nicht verstopft sind.

FARBEN UND MUSTER

Verstärken Sie die günstige Chi-Energie in einer östlich oder südöstlich gelegenen Küche durch gebrochenes Weiß oder Cremeweiß als Grundfarbe mit hellen Grüntönen im Osten und dunklen Grün- und Blautönen als Farbtupfer im Südosten. Die Chi-Energie dieser Richtungen wird durch unregelmäßige Muster angeregt. Ein durchgängiges Blattmuster würde die Holz-Energie hier bewahren; Sie können sich aber auch für ein kulinarisches Thema wie Gemüse oder Früchte entscheiden. Wassersymbole in harmonischen Blautönen wären ebenfalls passend, weil die Wasser-Energie die Holz-Energie unterstützt.

DER HERD

Im Feng Shui repräsentiert der Herd das lebenspendende Element, weil die darauf zubereitete Nahrung mit dazu beiträgt, in Ihrem Körper Leben zu schaffen. Er ist der wichtigste Teil der Küche und sollte so groß wie möglich sein. Wenn Ihr Herd an einer Wand steht, sollten Sie einen Spiegel darüber hängen. Dadurch wird er optisch doppelt so groß, und das stärkt seine lebenspendende Funktion. Außerdem können Sie dann beim Kochen sehen, was sich hinter Ihnen abspielt.

Herde mit einem natürlichen Feuer sind vorzuziehen. Gas ist ideal, aber Holz- oder Kohleöfen sind ebenfalls gute Alternativen. Vermeiden Sie Elektroherde, denn sie bilden elektromagnetische Felder, die die Chi-Energie Ihrer Speisen und folglich auch Ihre Gesundheit negativ beeinflussen können. Mikrowellen sind ebenfalls nicht empfehlenswert (S. 132). Die Oberflächen müssen leicht zu reinigen sein; deshalb ist Edelstahl die beste Oberfläche für einen Herd.

Besonders günstig steht der Herd auf einer Insel in der Küche, denn auf diese Weise überblicken Sie den Raum beim Kochen und sehen die Fenster und Türen. Sie können dann auch Ihren eigenen Standort besser wählen, so daß Sie in die für Sie günstigste Richtung sehen können (s. u.). Wenn Sie den Raum im Blick haben, fühlen Sie sich außerdem weniger isoliert und können sich beim Kochen mit Ihren Gästen unterhalten.

DER STANDORT BEIM KOCHEN

Die Richtung, in die Sie beim Kochen sehen, hat einen Einfluß auf die Mahlzeit, die Sie zubereiten. Nach Norden zu blicken ist am ungünstigsten, weil die stille Chi-Energie dort nicht zu der geschäftigen Atmosphäre beiträgt, die für die Zubereitung einer Mahlzeit erforderlich ist. Der Blick nach Westen gibt Gelassenheit und könnte für jemanden, der beim Kochen zu perfektionistisch und zwanghaft ist, günstig sein, bei anderen Menschen führt er jedoch zu Faulheit.

Wer gern nach komplizierten Rezepten kocht, wird feststellen, daß der Blick nach Nordwesten hilft, methodischer und praktischer vorzugehen. Wenn Sie jedoch übermäßig leistungsorientiert sind, sollten Sie nicht nach Nordosten blicken, weil diese Tendenz sonst verstärkt wird. Die Richtung ist außerdem explosiv, so daß Sie möglicherweise in Eile geraten und die Mahlzeit dadurch verderben. Der Blick nach Süden erhöht Ihre Begeisterung fürs Kochen, was ideal für schnelle, aufregende Mahlzeiten ist, aber weniger günstig, wenn Sie lange Zeit am Herd zubringen.

Der Blick nach Osten oder Südosten ist im allgemeinen vorteilhaft. Der Osten eignet sich, wenn man geschäftig, aktiv und praktisch ist, und der Südosten kann zu mehr Kreativität beim Kochen verhelfen und einem auch das Gefühl vermitteln, daß alles gut organisiert ist.

Metall- und Erd-Energie
Wenn eine Küche ungünstig liegt (S. 106), können die Auswirkungen abgemildert werden, indem man Erd- oder Metall-Energie hinzufügt. Geeignete Mittel sind Töpfe aus Ton oder Edelstahl.

Standorte für Herd und Spüle

Herd und Spüle repräsentieren die Energien von Feuer und Wasser, und man sollte ihren Standort sorgfältig auswählen, um Disharmonien zu vermeiden. Idealerweise stehen sie nicht nebeneinander. Auch andere Wasser-Symbole wie Kühlschränke, Spülmaschinen und Waschmaschinen sollten möglichst nicht neben dem Herd stehen, obwohl diese Geräte weniger wichtig sind. Sorgen Sie dafür, daß die jeweiligen Chi-Energien harmonieren (s. u.). Legen Sie den Raster der Acht Richtungen auf Ihrem Grundriß über die Küche, um die richtigen Plätze für Herd und Spüle festzulegen.

Wenn die vorhandenen Installationen ungünstig liegen und nicht verlegt werden können, setzen Sie die Heilmittel der Fünf Elemente ein, um die Standortnachteile auf ein Minimum zu beschränken.

RICHTUNG	EFFEKTE	LÖSUNGEN
NORDEN ungünstig	Die Chi-Energie ist hier zu ruhig, um Gesundheit und Vitalität zu fördern.	Fügen Sie Metall-Energie hinzu. Oberflächen, Töpfe und andere runde Gegenstände aus Edelstahl oder sonstigen Metallen sind zweckmäßig. Rot, Weiß und Silber sind günstige Farben.
NORDOSTEN ungünstig	Diese Richtung liegt auf einer instabilen Achse, wodurch sie unberechenbar wird und die Orientierung stört.	Um die Chi-Energie zu stabilisieren, können Sie kleine Porzellanschalen mit Meersalz in die südwestliche und nordöstliche Ecke stellen.
OSTEN günstig	Feuer und Wasser verbinden sich harmonisch mit der Holz-Energie des Ostens, so daß diese Richtung sowohl für den Herd als auch für die Spüle günstig ist.	
SÜDOSTEN günstig	Die Holz-Energie steht hier im Einklang mit den Chi-Energien von Feuer und Wasser. Auch wenn sie weniger aktiv ist als im Osten, reicht das doch, um Stagnation zu vermeiden.	
SÜDEN ungünstig	Durch die Feuer-Energie ist es hier ungünstig, einen Herd aufzustellen, weil sich dadurch zuviel Feuer-Energie an einer Stelle konzentrieren würde, womit das Risiko eines Brandes steigt.	Fügen Sie mehr Erd-Energie hinzu: niedrige, flache Gegenstände aus Ton oder Holzkohle in einem Tontopf. Schwarz und Gelb sind vorteilhafte Farben.
SÜDWESTEN ungünstig	Diese Richtung liegt auf einer instabilen Achse, was sie unberechenbar macht und die Orientierung stört.	Um die Chi-Energie zu stabilisieren, sollten Sie kleine Porzellanschalen mit Meersalz in die südwestliche und nordöstliche Ecke stellen.
WESTEN ungünstig	In dieser Richtung stößt die Metall-Energie mit der Feuer-Energie des Herdes zusammen und wird durch die Wasser-Energie der Spüle geschwächt.	Stellen Sie Holzkohle im niedrigen Tontopf neben den Herd und weiße Blumen in einem Metalltopf neben die Spüle.
NORDWESTEN ungünstig	In dieser Richtung stößt die Metall-Energie mit der Feuer-Energie des Herdes zusammen und wird durch die Wasser-Energie der Spüle geschwächt.	Verstärken Sie die Erd-Energie (Holzkohle in einem niedrigen Tontopf) in der Nähe des Herdes und die Metall-Energie (weiße Blumen in einem Metalltopf) in der Nähe der Spüle.

Das Bad

Wasser ist das wichtigste Element im Badezimmer. Räume mit viel Wasser haben oft feuchte Oberflächen und eine feuchtere Atmosphäre als andere Zimmer. Das kann dazu führen, daß die Energie schwerer fließt und eher stagniert. Das Risiko ist besonders groß, wenn wenig Sonnenlicht und frische Luft in den Raum gelangen, so daß Badezimmer, die nach innen liegen und keine Fenster haben, zu den unvorteilhaftesten gehören. Viele Badezimmer sind sehr klein, aber es ist günstiger, einen großen Raum als Bad einzurichten, weil man bei entsprechendem Platz leichter verhindern kann, daß sich die schädliche, feuchte stagnierende Chi-Energie aufbaut.

Obwohl es zunehmend als schick gilt, das Badezimmer direkt an das Schlafzimmer anzuschließen, ist das nach Feng-Shui-Kriterien nicht wünschenswert und sollte vermieden werden (S. 94).

Die Toilette befindet sich oft im Bad, was die raumspezifischen Probleme noch erhöht, weil das nach unten fließende Spülwasser der Toilette besonders schädlich ist (S. 109).

GÜNSTIGE RICHTUNGEN

Alle Aktivitäten im Badezimmer haben mit der Wasser-Energie in reiner Form zu tun, weswegen es wichtig ist, den Standort sorgfältig zu wählen. Ein anderer Aspekt sind die Abflüsse von Bad, Dusche und Toilette, durch die Energie weggespült wird, so daß es schwierig ist, Badezimmer an Stellen einzurichten, die für den allgemeinen Fluß der Chi-Energie im Haus günstig sind. Ein Bad an unvorteilhafter Stelle kann die Chi-Energie im gesamten Haus schwächen. Unabhängig von der Richtung sollte man das Bad nicht gegenüber der Haupteingangstür, in der Nähe von Treppen, des Eßzimmers oder der Küche einrichten.

Die günstigsten Richtungen für Bad und Toilette liegen östlich und südöstlich von der Mitte Ihres Hauses. Wasser unterstützt die Holz-Energie im Osten und Südosten, und wenn es genügend Fenster gibt, ist dieser Teil des Hauses oft auch sonnig, was hilft, den Raum trocken zu halten. Trokkenheit und Sonnenlicht tragen dazu bei, Stagnation zu vermeiden.

Die ungünstigste Richtung ist der Nordosten. Hier sollte man nach Möglichkeit kein Bad einrichten. Alle anderen Richtungen bergen mehr oder weniger gravierende Gesundheitsrisiken. In vielen Häusern läßt sich das Bad jedoch nicht verlegen. Dann müssen Sie die Heilmittel der Fünf Elemente einsetzen, um die negativen Wirkungen abzumildern (s. S. 110).

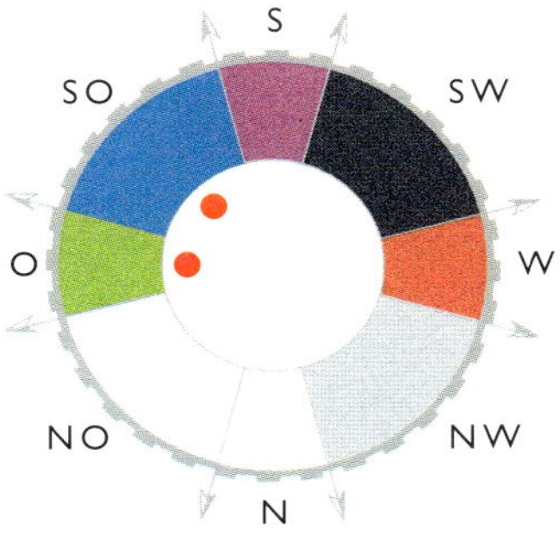

Empfohlene Richtungen für ein Badezimmer
Östlich und südöstlich von der Mitte Ihres Hauses.

FARBEN *Grüne und blaue Accessoires im Badezimmer unterstützen die Holz-Energie im Osten und Südosten.*

MATERIALIEN *Harte, glatte und vorzugsweise reflektierende Materialien auf dem Boden, an den Wänden und anderen Oberflächen beschleunigen den Fluß des Chi, wodurch sich das Risiko der Stagnation in feuchten Badezimmern verringert.*

DIE AUSSTATTUNG DES BADEZIMMERS

Das Badezimmer muß man vor allem hell, trocken und frisch halten und der Tendenz des Chi, bei Feuchtigkeit zu stagnieren, entgegenwirken.

BELEUCHTUNG Natürliches Licht ist am besten. Ein heller Raum schafft eine lebhafte, trockene Atmosphäre, und Sonnenlicht lädt die Chi-Energie des Raumes auf und fördert ihren Fluß. Wenn das natürliche Licht begrenzt ist, sollten Sie vor allem die Ecken gut beleuchten.

FRISCHE LUFT Eine gute Belüftung vertreibt Feuchtigkeit und hilft, Stagnation zu vermeiden. Öffnen Sie möglichst oft das Fenster.

FENSTERDEKORATION Jalousien sind ein guter Kompromiß zwischen dem Wunsch nach Privatheit und dem Bedürfnis nach Licht. Vermeiden Sie schwere Vorhänge. Öffnen Sie Jalousien oder Vorhänge oft.

PFLANZEN Viel Blattpflanzen lassen den Raum frisch und lebendig wirken und minimieren das Risiko der Energiestagnation in den Ecken. Sie helfen auch, übermäßige Feuchtigkeit zu absorbieren, und gedeihen dort aus diesem Gund im allgemeinen gut.

MÖBEL Zu viele Gegenstände im Bad schaffen eine feuchtere Atmosphäre, in der das Chi stärker stagniert. Vermeiden Sie vor allem zuviel Stoff. Die Oberflächen sollten leicht zu reinigen und zu trocknen sein. Harte, glänzende Oberflächen wie Chrom, glasierte Keramikkacheln, polierter Marmor und Glas sind stärker Yang, fördern den Fluß des Chi und wirken so der Stagnation entgegen.

SPIEGEL Spiegel beschleunigen den Fluß des Chi, was zur Vermeidung von Stagnation günstig ist. Da Badezimmer oft klein sind, können Spiegel auch das Gefühl von mehr Raum vermitteln. Achten Sie jedoch darauf, daß die Spiegel sich nicht gegenüberliegen.

FARBEN UND MUSTER

Fördern Sie die lebhafte Chi-Energie in den günstigen Richtungen Osten und Nordosten, indem Sie den Raum überwiegend in Cremeweiß und gebrochenem Weiß halten. Wählen Sie im Osten helles Grün und im Südosten dunkle Grün- und Blautöne für Handtücher, Bademattten und Jalousien. Einfarbige Wände sind mehr Yang, was im Bad günstig ist, aber unregelmäßige Muster unterstützen die Wasser-Energie und sind deshalb ebenfalls vorteilhaft. Streichen Sie die Wände mit einer wasserabstoßenden Farbe, statt Tapeten oder Stoff zu verwenden. Zweckmäßig sind auch Materialien, die mehr Yang sind (s. o.). Man kann Farben und Muster einsetzen, um die Auswirkungen ungünstiger Richtungen abzumildern. Entsprechende Lösungen finden Sie auf S. 110.

DIE TOILETTE

Idealerweise sollte die Toilette so unauffällig sein, wie es geht. Damit sie möglichst wenig von der Chi-Energie des Hauses wegspült, sollte sie sich nicht in der Nähe der Badezimmertür befinden. Wenn das Badezimmer groß genug ist, bringen Sie die Toilette so an, daß sie von der Tür aus nicht zu sehen ist, und achten Sie darauf, daß sie nicht von einem Spiegel reflektiert wird. Idealerweise sollte die Toilette im Osten oder Südosten des Raumes liegen und hinter einer halbhohen Wand, einem Paravent oder einem Vorhang verborgen sein. Halten Sie den Toilettendeckel soviel wie möglich geschlossen, vor allem beim Abziehen. Halten Sie die Badezimmertür ebenfalls geschlossen, besonders wenn es sich um ein direkt an das Schlafzimmer anschließendes Bad handelt.

Undichte Rohre und tropfende Wasserhähne verstärken die entleerenden Wirkungen eines Badezimmers und führen zu Feuchtigkeit und stagnierendem Chi. Verstopfte Toiletten schaden ebenfalls dem Chi-Fluß, weshalb Sie darauf achten sollten, daß sich alle Installationen in gutem Zustand befinden. Die das Chi schwächende Wirkung wird minimiert, wenn man das Zimmer stets aufgeräumt, sauber und trocken hält.

DER BADEZIMMERBODEN

Naturbelassene Holzböden sind in ihrer Wirkung neutral und stärken die Holz-Energie, was bei einem Badezimmer im Osten, Südosten oder Süden besonders günstig ist.

Marmor, Granit, Glas und andere harte, glatte Oberflächen, die mehr Yang sind, beschleunigen den Fluß des Chi, besonders wenn sie glänzen und reflektieren, wodurch die Umgebung anregender und Stagnation vermieden wird. Fliesen aus Stein und Keramik haben ähnliche Eigenschaften wie Marmor, aber wenn der Boden uneben ist, zerstreuen sie leicht die Energie. Das kann sich im Norden vorteilhaft auswirken, weil dort im ganzen Raum ein besonders hohes Risiko der Stagnation herrscht, und solche Böden sind sehr günstig, wenn nur wenig natürliches Licht ins Badezimmer gelangt. Synthetische Bodenbeläge wie auch Teppichböden, Teppiche und Linoleum oder Duschvorhänge aus Synthetik haben ihre eigene Ladung statischer Elektrizität, die sich negativ auf den Energiefluß auswirkt und soweit wie möglich vermieden werden sollte.

Vorhänge, Jalousien, Teppichböden, Teppiche oder Matten aus Naturfasern wie Wolle, Seegras, Kokos, Binsen, Leinen oder Baumwolle verlangsamen meist den Chi-Fluß und machen den Raum behaglicher und entspannender. Zuviel davon kann jedoch zur Stagnation führen und sollte vor allem in kleinen, dunklen Badezimmern vermieden werden. So sind Teppichböden beispielsweise grundsätzlich nicht für ein Badezimmer geeignet.

FENG SHUI IM ALLTAG

Ein Bad im Nordwesten
In meiner Wohnung liegt das Bad im Nordwesten – keine günstige Richtung. Das wird zum Teil kompensiert durch ein großes Oberlicht, das es uns erlaubt, das Fenster leicht geöffnet zu halten, und durch das die Morgensonne hereinscheint. Außerdem ist die Decke hoch, das Badezimmer recht geräumig, und die Oberflächen sind hart und glänzend. Wir haben drei große Pflanzen mit spitzen Blättern aufgestellt, dazu eine rote Vase und Blumen. Als Ergebnis haben wir selbst in einem extrem nassen Winter keine Feuchtigkeit im Raum. Noch wichtiger ist, daß ich keine Stagnation festgestellt habe, wie sie sonst in ungünstig gelegenen Badezimmern üblich ist.

Lösungen für Badezimmer

Die negativen Effekte ungünstig gelegener Badezimmer können ausgeglichen werden, indem man die Wasser-Energie des Badezimmers mit der Feuer-Energie in der betreffenden Richtung harmonisiert. Die Farben der Acht Richtungen (S. 124) sind ebenfalls hilfreich.

RICHTUNG	EFFEKTE	LÖSUNG
NORDEN ungünstig	Wenn die Wasser-Energie des Badezimmers der Wasser-Energie des Nordens hinzugefügt wird, ist das überwältigend. Die Chi-Energie ist hier sehr ruhig, was zu einer Stagnation führen kann.	Große Pflanzen symbolisieren Holz-Energie und schwächen die Wasser-Energie. Sie verfügen über eigene Energie und Vitalität, nehmen Feuchtigkeit auf und spenden Sauerstoff.
NORDOSTEN ungünstig	Die Erd-Energie zerstört hier die Wasser-Energie und wirbelt damit die Energie an einer Stelle auf, die ohnehin schon raschen Veränderungen ausgesetzt ist. Das kann zu unvorhersehbaren Veränderungen und möglicherweise zu Krankheiten führen.	Ergänzen Sie Metall-Energie, um die Erd-Energie mit der Wasser-Energie zu harmonisieren. Stellen Sie eine Porzellanschale mit Meersalz in den Nordosten, oder stellen Sie eine rote Blume in einem runden Eisentopf auf.
OSTEN günstig	Diese Richtung ist generell günstig, weil die Wasser-Energie sich harmonisch zu der hier vorherrschenden Holz-Energie verhält. Gleichwohl stehen die Toilettenspülung und die Wasserabflüsse im Gegensatz zur Aufwärtsbewegung der Holz-Energie.	Stärken Sie die aufwärtsstrebende Holz-Energie durch hohe Pflanzen im Badezimmer. Böden und Schränke aus Holz helfen ebenfalls. Dasselbe gilt für grüne Handtücher und Badematten, die die Holz-Energie des Ostens betonen.
SÜDOSTEN günstig	Generell günstig, wobei die Effekte ähnlich wie im Osten sind, wo das abfließende Wasser die Aufwärtsbewegung der Holz-Energie einschränkt.	Stärken Sie die aufwärtsstrebende Holz-Energie durch hohe Pflanzen im Badezimmer. Böden und Schränke aus Holz helfen ebenfalls.
SÜDEN ungünstig	Die Wasser-Energie zerstört die hier vorherrschende Feuer-Energie. Das kann Sie beispielsweise bei Gerichtsverfahren verwundbarer machen.	Harmonisieren Sie Wasser und Feuer, indem Sie die Holz-Energie durch hohe Pflanzen sowie Böden und Schränke aus Holz stärken.
SÜDWESTEN ungünstig	Hier ist die Chi-Energie veränderlich und instabil, und die Erd-Energie des Südwestens zerstört die Wasser-Energie. Wenn man nichts dagegen tut, können sich schließlich gesundheitliche Störungen entwickeln.	Stärken Sie die Metall-Energie: eine kleine Schale Meersalz zusammen mit einem eisernen Topf oder einer Statue und einem Gegenstand in Weiß, Silber oder Gold.
WESTEN ungünstig	Hier wird die vorherrschende Metall-Energie durch die Wasser-Energie geschwächt, was für Sie zu Einkommenseinbußen führen könnte.	Stärken Sie die Metall-Energie durch Pflanzen mit roten Blüten oder frische rote Blumen, Töpfe oder Figuren aus Eisen.
NORDWESTEN ungünstig	Die Wasser-Energie schwächt die Metall-Energie, was Sie desorganisiert und desorientiert machen und zu dem Gefühl führen könnte, daß Sie Ihr Leben nicht mehr unter Kontrolle haben.	Bauen Sie die Metall-Energie mit weißblühenden Pflanzen auf, oder stellen Sie frische weiße Blumen, runde silberne Töpfe oder Metallfiguren ins Bad.

Das Arbeitszimmer

Zu Hause arbeiten hat viele Vorteile. Sie können nicht nur frei entscheiden, wie und in welchem Tempo Sie arbeiten, sondern Sie haben auch mehr Kontrolle über die Umgebung, in der Sie tätig sind. Sie können wählen, wo Sie sitzen, welche Beleuchtung Ihnen paßt, welchen Schreibtisch Sie haben wollen usw. Dadurch können Sie Ihr Arbeitszimmer so gestalten, daß sich Ihre Produktivität und Effektivität verbessern, um den gewünschten Erfolg zu erzielen. Alles im Raum sollte sich positiv auf Sie auswirken.

Viele Menschen nutzen ihr Schlafzimmer auch als Arbeitszimmer, aber nach den Prinzipien des Feng Shui ist es schwierig, eine Umgebung zu gestalten, die sowohl zum Schlafen als auch zum Arbeiten geeignet ist, weil die entsprechenden Bedürfnisse sehr gegensätzlich sind. Deshalb ist es besser, entweder einen eigenen Raum als Arbeitszimmer einzurichten oder sich einen Arbeitsplatz in einem Teil des Wohnzimmers zu schaffen.

Eine der Herausforderungen in einem modernen Arbeitszimmer besteht darin, zu einem Ausgleich zwischen der Strahlung der Bürogeräte und der natürlichen Chi-Energie zu finden. Dabei ist es von großer Bedeutung, wo Schreibtisch und Stuhl im Verhältnis zu Computern, Druckern, Telefonen, Faxgeräten und Kopierern stehen, aber auch, in welcher Richtung des Raumes sich diese Gegenstände befinden (S. 113–116).

GÜNSTIGE RICHTUNGEN

Ideale Richtungen für ein Arbeitszimmer sind der Osten, Südosten, Süden und Nordwesten Ihres Hauses. Jede Richtung hat spezielle Vorzüge – je nach der Art Ihres Geschäftes und dem Stand Ihrer Karriere.

Im Osten herrscht die Chi-Energie, die Ihnen hilft, aktiver und konzentrierter zu werden und gute Ideen in die Praxis umzusetzen. Dies ist die beste Richtung für einen beruflichen Neubeginn. Die Chi-Energie im Südosten ist ähnlich, aber sanfter und dadurch zweckmäßiger für Kommunikation und die harmonische Entwicklung und das Wachstum Ihrer Geschäfte. Die feurige Chi-Energie des Südens hilft Ihnen, Aufmerksamkeit zu erregen, und kann zu einer breiten Anerkennung für Ihre Arbeit führen. Wenn Ihr Erfolg von öffentlicher Aufmerksamkeit abhängt, ist dies der richtige Platz für Ihr Arbeitszimmer. Der Nordwesten ist ideal für Führungsaufgaben und Organisation sowie für Aktivitäten, die Ihnen den Respekt anderer eintragen – Eigenschaften, die vorteilhaft wären, wenn Sie mit anderen zusammenarbeiten oder vielleicht ein Team von Mitarbeitern leiten.

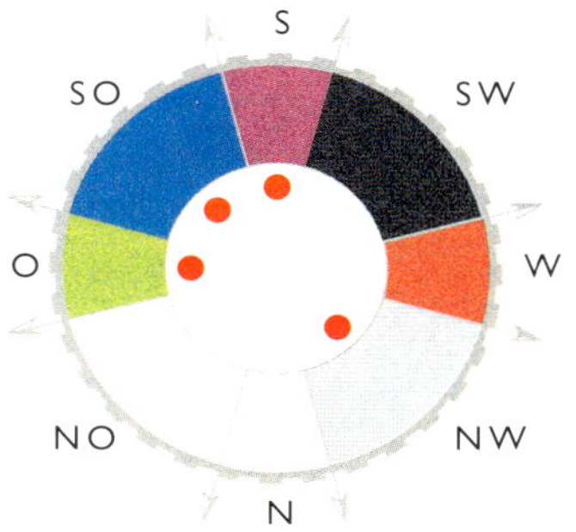

Empfohlene Richtungen für ein Arbeitszimmer
Östlich, südöstlich, südlich und nordwestlich von der Mitte Ihres Hauses.

OSTEN UND SÜDOSTEN *Längsstreifen unterstützen hier die hilfreiche, nach vorn gerichtete Chi-Energie; Blau- und Grüntöne sind dazu passende Farben.*

SÜDEN *Purpur bewahrt hier die Feuer-Energie, die Ihnen zum Erfolg verhilft und Ihrer Arbeit mehr öffentliche Anerkennung verschafft.*

NORDWESTEN *Die Metall-Energie fördert hier eine gute Organisation und wird durch Erd-Energie gestärkt, so daß Grau- und Weißtöne mit einigen gelben Farbtupfern vorteilhaft sind.*

DIE AUSWAHL DER MÖBEL

Die ideale Atmosphäre in einem Arbeitszimmer ist geschäftig und anregend, aber nicht stressig.

MÖBEL Der Schreibtisch ist der wichtigste Einrichtungsgegenstand (s. gegenüberliegende Seite). Der Schreibtischstuhl sollte Ihnen helfen, bei der Arbeit aufmerksam zu bleiben, aber keine körperlichen oder geistigen Anstrengungen verursachen. Viele Büromöbel haben scharfe Kanten, vor die Sie Pflanzen stellen sollten.

BELEUCHTUNG Natürliches Licht ist vorteilhafter als künstliches Licht; deshalb sollten Sie möglichst einen Raum mit einem oder mehreren großen Fenstern wählen. Vermeiden Sie fluoreszierendes Licht.

PFLANZEN Viele Blattpflanzen in einem Raum gleichen die elektrische Strahlung aus (S. 132).

ELEKTRISCHE GERÄTE Wählen Sie sie mit Bedacht, um die negativen Auswirkungen der elektrischen Strahlung gering zu halten. Ein LCD-Bildschirm, wie Laptops ihn haben, ist günstiger als ein Monitor.

STAURAUM Sorgen Sie für reichlich Stauraum, und vermeiden Sie das stagnierende Chi, das durch Unordnung entsteht. Schränke sind in dieser Hinsicht besser als offene Regale.

FARBEN UND MUSTER

Prüfen Sie, in welcher Richtung Ihr Arbeitszimmer liegt. Versuchen Sie, die in günstigen Richtungen vorherrschende Energie zu bewahren und durch stärkende oder beruhigende Elemente zu beeinflussen. Verwenden Sie blassere Yin-Töne und subtilere Muster, um den Streß in einem überaktiven Arbeitsbereich zu verringern. Wo die Chi-Energie zu ruhig und für eine produktive Arbeit nicht anregend genug ist, können Sie hellere, kräftigere Farben nehmen.

Im Osten herrscht ein aktives Chi; Längsstreifen in hellen und dunklen Grüntönen bewahren dieses vorteilhafte Umfeld. Im gemäßigteren Südosten können Sie Farben verwenden, die stärker anregend wirken: Wählen Sie Blau- und Grüntöne, die zu Cremeweiß oder gebrochenem Weiß auf einfarbigen Wänden passen, die mehr Yang sind. Die Chi-Energie im heißeren Süden wird durch mittlere Purpurtöne bewahrt; schwarze und weiße Tupfer wirken leicht besänftigend. Der Nordwesten ist eine ernsthaftere Umgebung und eignet sich besonders für eine mehr formale, geschäftsmäßige Arbeitsatmosphäre; versuchen Sie es mit Grau, Weiß und Kastanie sowie einigen gelben Farbtupfern. Karomuster passen hier ebenfalls gut, weil sie die Erd-Energie symbolisieren, die die Metall-Energie im Nordwesten unterstützt.

DER SCHREIBTISCH

Ein großer Schreibtisch gibt Ihnen das Gefühl von Würde und Macht. Dabei gewinnen Sie gleichzeitig den Eindruck, Sie hätten Platz, sich auszudehnen.

Ein runder oder ovaler Schreibtisch ist gewöhnlich besser als ein quadratischer oder rechteckiger, denn hier können Sie längere Zeit entspannt arbeiten und brauchen kein schneidendes Chi von scharfen Kanten zu befürchten. Ein Schreibtisch aus Holz fördert den natürlichen Fluß des Chi und sorgt dafür, daß Sie sich in Ihrem Arbeitszimmer entspannter fühlen. Weiche Hölzer wie Kiefer sind mehr Yin, so daß Sie sich lockerer fühlen; dunkle Harthölzer wie Teak oder Mahagoni wirken förmlicher. Glas ist eine anregende Oberfläche für einen Schreibtisch, eignet sich aber nicht so gut wie Holz für lange Arbeitsstunden.

SCHREIBTISCH UND STUHL POSITIONIEREN

Im Laufe der Jahre habe ich meinen Schreibtisch immer wieder umgestellt. Jetzt arbeite ich in einem Zimmer, das im Osten meines Hauses liegt; der Schreibtisch steht im Osten des Raumes, und ich sitze so daran, daß ich nach Osten blicke. Seitdem ich diese Veränderungen vorgenommen habe, ist mein Geschäft ständig gewachsen.

Idealerweise sitzt man in einem günstigen Zimmer mit Blick in eine günstige Richtung, wobei man den Raum im Auge haben sollte, damit man Türen und Fenster leicht sehen kann. Die Richtungen auf S. 116 gehören zu den vorteilhaftesten. Vermeiden Sie es, in der Nähe elektrischer Geräte zu sitzen, weil sie Konzentrationsstörungen, Müdigkeit und Krankheiten verursachen können. Außerdem sollten Sie nicht mit dem Rücken zur Eingangstür sitzen oder so, daß die Tür seitlich von Ihnen liegt.

Manchmal müssen Sie nicht nur Ihre eigenen Bedürfnisse berücksichtigen. Wenn mehrere Personen das Büro nutzen und dort zusammenarbeiten, sollten die Sitzplätze so angeordnet sein, daß sich die Harmonie zwischen ihnen verbessert. Generell stellt man die Schreibtische am besten so auf, daß man in die Mitte des Zimmers blickt.

Wenn Sie zu Hause geschäftliche Besprechungen abhalten, sollten Sie die Stühle so anordnen, daß Ihre Besucher eine positive Einstellung zur Arbeit mit Ihnen haben. Ist Ihr Arbeitszimmer groß genug, können Sie eine spezielle Besprechungsecke einrichten. Dabei gelten ähnliche Prinzipien wie für die Sitzordnung am Eßtisch oder im Wohnzimmer. Jede Richtung hat spezifische Charakteristika, die bestimmte Eigenschaften der dort sitzenden Menschen fördern. Dieses Wissen können Sie nutzen, um den Gesprächsteilnehmern entsprechende Plätze anzubieten, je nach ihren persönlichen oder beruflichen Charakteristika oder je nach dem, was Sie in der Besprechung erreichen wollen.

FENG SHUI IM ALLTAG

Einen Workaholic kurieren

Der Vorsitzende einer erfolgreichen Firma machte sich Sorgen über die gesundheitlichen Auswirkungen seiner Überarbeitung. Sein Büro lag im Osten, und er blickte vom Schreibtisch aus nach Nordosten. Dadurch wurde er zu aktiv, ehrgeizig und arbeitssüchtig.

Ich riet ihm, sein Büro in den Nordwesten des Gebäudes zu verlegen und so zu sitzen, daß er nach Südosten blickte.

Danach konnte er besser die Arbeit delegieren und sein Unternehmen leiten, statt davon beherrscht zu werden.

Stauraum
Büros und Arbeitszimmer schaffen Unordnung, die das klare Denken und ein produktives Arbeitsumfeld stört. Sorgen Sie für reichlich Stauraum, und räumen Sie alles weg, was Sie nicht aktuell benötigen.

Die Schreibtischoberfläche

Die Chi-Energie Ihres Arbeitsumfeldes wird nicht nur durch den Schreibtisch selbst beeinflußt (S. 113), sondern auch dadurch, wie Sie Ihr Handwerkszeug darauf plazieren. Eine günstige Anordnung kann eine produktive, kreative und inspirierende Atmosphäre schaffen.

Damit Ihr Schreibtisch für Sie arbeitet, sollten Sie zunächst die Richtungen auf der Schreibtischplatte festlegen. Stellen Sie den Tisch an seinen Platz. Bestimmen Sie den Mittelpunkt und den magnetischen Norden, und legen Sie den Raster der Acht Richtungen auf die Platte. Nun können Sie alle Gegenstände dort hinlegen, wo sie sich in Harmonie mit der Chi-Energie der jeweiligen Richtung befinden.

Der westliche Teil des Schreibtischs hat beispielsweise mit Geld und Einkommen zu tun, deshalb sollten Sie hier Wechselgeld, Schecks, die Sie erhalten haben, oder Gegenstände aus Gold und Silber hinlegen. Der Süden hat einen Bezug zu öffentlicher Anerkennung, so daß der südliche Teil des Schreibtischs ein idealer Platz für eventuelle Auszeichnungen wäre. Der östliche Teil Ihres Schreibtischs repräsentiert die Zukunft, und so könnten Sie hier etwas hinlegen, das an Ihre langfristigen Ziele und Ihre schönsten Träume erinnert. Der Nordosten reflektiert Ihre grundlegende Arbeitseinstellung: Geht es Ihnen um materiellen Gewinn, kreative Erfüllung oder etwas anderes? Was es auch sein mag, Sie sollten einen Gegenstand, der diese Ziele repräsentiert, in den Nordosten legen.

DER SCHREIBTISCH

Sorgen Sie dafür, daß Ihr Schreibtisch für Ihre Bedürfnisse groß genug ist. Abgerundete Kanten verringern die Gefahr von schneidendem Chi, und helles Holz hat einen neutralen Effekt auf den Fluß des Chi. Das Gesamtergebnis ist eine produktive, aber nicht stressige Arbeitsumgebung.

NORDOSTEN: MOTIVATION *Legen Sie hier Gegenstände hin, die Sie zu härterer Arbeit anspornen, beispielsweise eine Finanzplanung oder die Aussicht auf bessere Profite.*

NORDEN: RUHE *Pflanzen, vor allem Kolbenkallas, helfen, die störenden Effekte elektrischer Strahlung durch entsprechende Geräte im Büro zu vermindern. Gleichzeitig bringen sie ihre eigene Lebensenergie in die Arbeitssituation ein.*

NORDWESTEN: ORGANISATION *Hier können Sie Ihr Tagebuch oder Ihren Kalender hinlegen.*

◄N

OSTEN: ZUKUNFTSTRÄUME
Dies ist der richtige Platz für einen Gegenstand, der Sie an das erinnert, was Sie durch harte Arbeit erreichen wollen, etwa ein »Traumauto«.

BLICK NACH OSTEN: *Stellen Sie Ihren Schreibtisch so, daß Sie bei der Arbeit in eine günstige Richtung blicken. Die Chi-Energie des Ostens ist sehr aktiv und eignet sich gut, um rasch eine Karriere aufzubauen.*

SÜDOSTEN: KOMMUNIKATION
Dies ist der richtige Platz für Telefon, Fax und Ihr Postkörbchen.

SÜDEN: ÖFFENTLICHE ANERKENNUNG
Hier sind Auszeichnungen und Preise gut aufgehoben.

SÜDWESTEN: FAMILIENHARMONIE
Hier ist ein guter Platz für Fotos oder andere Erinnerungen an Ihre Familie.

WESTEN: FINANZEN
Hier sollten Sie Ihre Scheckformulare, Bargeld und alles, was mit Geld zu tun hat, aufbewahren.

SCHUBLADEN
Unordnung behindert den harmonischen Fluß des Chi. Deshalb sollten Sie Papiere und Schreibtischutensilien ordentlich in Schubladen oder Aktenschränken verstauen.

Der Platz für Schreibtisch und Stuhl

Es gibt 64 mögliche Positionen für Schreibtisch und Stuhl. Die unten beschriebenen sind einige der günstigsten. Die Stelle, an der der Schreibtisch steht, verbindet Sie mit dem darunterliegenden Chi-Fluß im Raum. Aber den größten Einfluß hat die Richtung, in die Sie blicken.

	Platz im **NORDWESTEN** mit Blick nach Südosten	Dies ist die klassische Position für einen leitenden Angestellten oder Topmanager. Der Nordwesten stärkt Führungseigenschaften und Vertrauenswürdigkeit. Der Blick nach Südosten ist günstig für Expansion, Kreativität und Kommunikation.
	Platz im **NORDOSTEN** mit Blick nach Osten	Das motivierende Chi des Nordostens verbindet sich mit dem aktiven Chi des Ostens, was nützlich ist bei Antriebsmangel oder bei einer Neuorientierung. Der Platz ist besonders passend in der Immobilienbranche.
	Platz im **OSTEN** mit Blick nach Osten	Hier wirkt das Chi des Ostens noch intensiver, um schnelle Starts und ein rasches Wachstum zu begünstigen – gut für jeden, der am Anfang einer neuen Karriere steht oder ein neues Geschäft aufbaut, besonders in der Computer- oder Elektronikindustrie.
	Platz im **OSTEN** mit Blick nach Südosten	Ähnlich wie der Platz im Osten mit Blick nach Osten, aber weniger intensiv. Förderlich für Kommunikation, Kreativität und eine harmonische Entwicklung, somit für Menschen, die für die Medien oder in der Reisebranche arbeiten.
	Platz im **OSTEN** mit Blick nach Süden	Hier ist die Atmosphäre aktiv und geschäftig und hilft bei der Umsetzung von Ideen. Sie kann auch zu öffentlicher Anerkennung und Unterstützung verhelfen. Der Platz ist jedoch ungünstig, wenn Sie sich rastlos fühlen oder Konzentrationsprobleme haben.
	Platz im **SÜDOSTEN** mit Blick nach Osten	Ähnlich wie beim Platz im Osten mit Blick nach Südosten, nur daß sich die relative Bedeutung der Richtungen umkehrt. Die Position des Schreibtischs entscheidet über die darunterliegende Energie, aber die Blickrichtung hat den größten Einfluß.
	Platz im **SÜDOSTEN** mit Blick nach Süden	Diese Kombination von Energien ist ideal für Menschen, die in der Öffentlichkeitsarbeit, im Marketing oder in der Kommunikationsbranche tätig sind. Sie eignet sich auch gut für Rechtsanwälte. Die Chi-Energie wird hier sehr aktiv.
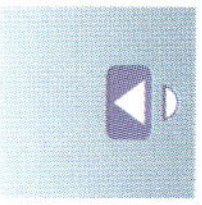	Platz im **WESTEN** mit Blick nach Osten	Im Westen herrscht die Chi-Energie, die einen Bezug zu Einkommen, Zufriedenheit und Vergnügen hat. Der Blick nach Osten hilft ehrgeiziger und erfolgreich aktiver zu werden. Der Platz ist günstig für Menschen, die im Finanzwesen arbeiten.

Sonstige Räume

Die Prinzipien des Feng Shui können auch auf jeden anderen Raum angewendet werden. Dabei kann es sich um ganze Zimmer oder Teile davon handeln. Nicht in jedem Haus gibt es genügend Räumlichkeiten, um z. B. einen eigenen Fitneßraum einzurichten. Aber die folgenden Empfehlungen helfen Ihnen, den richtigen Platz für bestimmte Aktivitäten zu finden.

WIRTSCHAFTSRAUM Große Haushaltsgeräte wie Waschmaschinen, Trockner und Gefrierschränke stehen oft in einem solchen Raum. Hier gelten die gleichen Überlegungen wie für ein Badezimmer, denn die Risiken von Feuchtigkeit und Stagnation sind dieselben. Oberflächen, die mehr Yang sind, wie glasierte Keramikkacheln, wirken Feuchtigkeit und Schimmel entgegen. Viel frische Luft und Sonnenlicht helfen, die Energie in Bewegung zu halten. Die ungünstigsten Richtungen sind Nordosten, Norden und Südwesten. Der Südosten wäre vorteilhaft, aber nicht auf Kosten der Küche, die hier Priorität hat.

FITNESSRAUM Viele Menschen machen ihre Fitneßübungen im Schlafzimmer, aber um sich stark und aktiv zu fühlen, braucht man eine Umgebung, die mehr Yang ist. Gelb, Rot, Purpur, Orange und Hellgrün wirken anregend. Möbel aus Metall helfen ebenfalls. Halten Sie den Raum so leer wie möglich. Ideale Richtungen sind Nordosten, Osten und Südosten.

SPIELZIMMER Die Wettbewerbsenergie, die für Spiele geeignet ist, findet man im Nordosten des Hauses. Diese Richtung ist ideal für sportliche Spiele wie Tischtennis, aber auch für intellektuelle Spiele wie Schach.

HOBBYRAUM/WERKSTATT Der Nordosten stärkt auch die Chi-Energie, die man für kreative Hobbys wie Töpfern und Metallarbeiten braucht. Der Südwesten eignet sich besser für praktische methodische Aktivitäten. Osten und Südosten sind ideal für praktische und kreative Tätigkeiten – der Südosten besonders für das Spielen von Musikinstrumenten und der Osten für Metallarbeiten. Der Norden begünstigt das Lernen und die innere Entwicklung; die Wasserenergie ist hier ebenfalls günstig.

STAURAUM Da der Nordosten für viele andere Aktivitäten problematisch ist, eignet er sich gut als Abstellraum. Einbauschränke oder Regale wären hier günstig. Achten Sie auf gute Ordnung.

MEDITATIONSZIMMER Es gibt verschiedene Arten von Meditation, und die Meditierenden haben dabei unterschiedliche Bedürfnisse. Generell ist es für spirituelle Aktivitäten hilfreich, wenn der Raum ruhig und mehr Yin ist wie im Norden Ihres Hauses. Eine Alternative ist der Nordwesten, wo die Chi-Energie eine Verbindung mit dem Trigramm des Himmels hat, was Ihre Intuition und Spiritualität fördert.

Die ideale Werkstatt
Für praktische kreative Tätigkeiten – Kunsthandwerk, Schreinerei oder Möbelherstellung – wäre ein Raum im Osten oder Südosten Ihres Hauses ideal. Er profitiert von der aufstrebenden Holz-Energie und hat am Morgen viel Licht und Sonne.

Die Auswahl des Dekors

Wenn Sie eine Dekoration auswählen, dann entscheiden Sie sich für bestimmte Farben, Muster und Materialien, die jeweils einen spezifischen Einfluß haben. Um ein Dekor nach Feng-Shui-Prinzipien zu gestalten, müssen Sie berücksichtigen, in welcher Richtung das betreffende Zimmer liegt. Außerdem müssen Sie Ihre eigenen Bedürfnisse in Betracht ziehen und überlegen, was Sie in Ihrem Haus und generell im Leben erreichen wollen. Die folgende Übersicht umreißt dieses Vorgehen. Die Abschnitte über jedes einzelne Zimmer (S. 79–117) enthalten Vorschläge für günstige Lösungen.

LAGE DES ZIMMERS
Finden Sie für das Zimmer eine günstige Richtung.

HARMONISCHE FARBEN, MUSTER UND FORMEN
Suchen Sie in den Tabellen auf S. 123, 127 und 130 nach Farben, Mustern und Formen, die zu dieser Richtung passen.

ABSTIMMEN VON RICHTUNG UND FUNKTION
Prüfen Sie in den Abschnitten über jedes einzelne Zimmer, ob der Raum in einer für seine Funktion günstigen oder ungünstigen Richtung liegt.

GÜNSTIGE RICHTUNG
In diesem Fall werden Sie die vorherrschende Energie bewahren wollen und fügen vielleicht dämpfende oder verstärkende Elemente hinzu.

UNGÜNSTIGE RICHTUNG
In diesem Fall entscheiden Sie, welche Chi-Energie beruhigt oder verstärkt werden muß, um die Situation vorteilhafter zu machen.

IHRE BEDÜRFNISSE UND HOFFNUNGEN
Entscheiden Sie, ob Sie in Ihrem Leben etwas verändern wollen oder ob es Probleme gibt, die Sie zu lösen versuchen. Wenn ja, überlegen Sie, welche Veränderungen erforderlich wären.

YIN UND YANG
Abhängig von Ihren Bedürfnissen und Hoffnungen und der Funktion des Raumes entscheiden Sie nun, ob mehr Yin- oder mehr Yang-Einflüsse nötig sind. Ein Arbeitszimmer muß vielleicht mehr Yang sein, ein Schlafzimmer mehr Yin.

MEHR YIN
Wählen Sie blasse Farbtöne, gemusterte Oberflächen, weniger exakte Formen und weichere, mattere Materialien.

MEHR YANG
Wählen Sie hellere Farbtöne, einfarbige Oberflächen, exaktere Formen und härtere, glänzendere Materialien.

NEUN-KI-FARBEN
Wenn Sie die Wahl haben, sollten Sie sich für Farben entscheiden, die mit Ihrer persönlichen Neun-Ki-Zahl übereinstimmen (S. 37).

4

Design-Elemente im Feng Shui

Wählen Sie das Inventar Ihres Hauses sorgfältig aus, damit alle Teile eine günstige Chi-Energie haben. Farben, Formen, Materialien, Pflanzen, Wasser, Licht und vieles mehr haben Auswirkungen, die für oder gegen Sie arbeiten können.

Beeinflussung des Chi

Alle Gegenstände in Ihrem Haus beeinflussen den Strom der Chi-Energie. Farben, Formen und Materialien sind deshalb von Bedeutung.

Manche Dinge beeinflussen die Bewegung des Chi sehr stark, andere wirken erheblich schwächer oder neutral. Selbst Platz oder fehlender Platz zwischen den Gegenständen in Zimmern und Fluren kann den Fluß des Chi begünstigen oder behindern. Zu den aktiveren Design-Elementen gehören Wasser, Licht, Spiegel, Pflanzen, frische Blumen, Kristalle, Kerzen, Klänge und Meersalz. Möbel, Teppiche, Vorhänge und Schränke sind dagegen weniger wirkungsvoll. Obwohl relativ passiv, entscheiden die Möbel manchmal darüber, an welcher Stelle Ihres Hauses Sie sich aufhalten und in welche Richtung Sie sehen. Die hauptsächliche Funktion der Möbel sollte darin bestehen, daß sie es Ihnen ermöglichen, die meiste Zeit an den günstigsten Stellen zu verbringen. Türen und Fenster sind insofern wichtig, als sie sich darauf auswirken, wie das Chi ins Haus hinein-, aus dem Haus heraus- und durch das Haus hindurchfließt. Treppen kanalisieren die Energie auf ähnliche Weise in die eine oder andere Richtung.

Generell sind es die Formen, Farben und Materialien von Möbeln und Dekor, die sich auf den Fluß des Chi auswirken. Die Form eines Gegenstandes verändert den Strom der Energie auf materielle Weise. Die Farbe entscheidet, welche Lichtfrequenzen in den Raum reflektiert werden, was wiederum einen Einfluß auf das Chi hat.

Feng-Shui-Regeln für die Auswahl von Möbeln

Alle Gegenstände in Ihrem Haus beeinflussen die Chi-Energie. Deshalb ist es wichtig, Möbel und Dekor so auszuwählen, daß sie sich vorteilhaft auf die Energie auswirken, um sie an den richtigen Platz zu stellen. Dabei haben Sie aber auch unvermeidlich Ihre persönlichen Prioritäten, Ihren eigenen Geschmack und eigene Bedürfnisse. Der beste Kompromiß ist immer eine Lösung, die man individuell herausfindet.

EINS

FÜNF ELEMENTE UND ACHT RICHTUNGEN

Sehen Sie in der Tabelle der Fünf Elemente (S. 27) und der farbigen Grafik der Acht Richtungen (S. 124) nach, welche Gegenstände die Art von Chi-Energie hervorbringen, die Sie sich für Ihr Leben wünschen.

ZWEI

HARMONISCHE FARBEN, FORMEN UND MATERIALIEN

Sehen Sie in den Tabellen der Farben, Formen und Materialien (S. 123, 127 u. 130) nach, um diejenigen herauszufinden, die zu den entsprechenden Räumen in Ihrem Haus passen.

DREI

YIN UND YANG

Sehen Sie in den Tabellen auf S. 22f. nach, um festzustellen, was die Chi-Energie in Ihrem Haus aktiver und Yang oder passiver und Yin macht.

VIER

DER RICHTIGE PLATZ

Stellen Sie die Gegenstände dorthin, wo sie die Chi-Energien ausgleichen; Gegenstände, die mehr Yang sind, gehören in passive Bereiche, Gegenstände, die mehr Yin sind, in aktive.

Feng Shui im Alltag

Ob Sie den richtigen Platz für einen Gegenstand suchen oder den richtigen Gegenstand für einen Platz, immer können Ihnen die Feng-Shui-Prinzipien zu einer guten Wahl verhelfen. Die Beispiele zeigen, wie die Empfehlungen in der Praxis bei vier typischen Problemlösungen funktionieren.

Der richtige Platz für eine große Pflanze

Sie suchen den günstigsten Platz für eine Yucca. Die Pflanze ist hoch und hat lange, spitz zulaufende, nach oben weisende Blätter. Sie ist mehr Yang und eignet sich ideal, um das Chi zu stimulieren.

Lösungen Wegen der spitzen Blätter braucht die Pflanze viel Platz und sollte nicht zu nah an Sitz- oder Schlafbereichen stehen (um schneidendes Chi zu vermeiden). Eine Zimmerecke, in der das Chi stagnieren könnte, wäre geeignet. Die Strahlenform repräsentiert die Feuer-Energie. Die Farbe Grün steht für die Holz-Energie, aber in diesem Fall überwiegt das Feuer-Element. Deshalb würde die Yucca gut in eine Ecke im Nordosten, Osten, Südosten, Süden oder Südwesten Ihres Hauses passen.

Ein Sofa fürs Wohnzimmer

Sie wollen mit einem Sofa im Westen Ihres Wohnzimmers das romantische Chi dieses Bereichs stärken.

Lösungen Die Form für den Westen ist rund, die Farbe Rot und das Material Metall. Ein Sofa mit gerundeten Armlehnen, einem runden Rückenteil und Metallfüßen oder Laufrollen aus Metall würde die Chi-Energie des Westens stärken. Rot erhöht ebenfalls die Energie. Die Komplementärfarben sind hier Weiß, Gelb, Schwarz und Grau. Da Rot eine kräftige Farbe ist, braucht es nur teilweise im Muster des Bezugs zu erscheinen, oder man legt rote Kissen auf das Sofa.

Das ideale Bett

Sie suchen ein passendes Bett für ein Zimmer im Südosten Ihres Hauses, wobei Ihr Kopf im Osten liegen soll. Hier herrscht natürlicherweise die Holz-Energie vor.

Lösungen Passende Materialien, Farben und Formen sind Glas, Holz, Cremeweiß, Grün, Blau, Purpur sowie unregelmäßige, hohe und spitze Formen. Das ideale Bett steht auf Füßen über dem Boden, hat einen Rahmen aus naturbelassenem Holz und ist in einer passenden Farbe gestrichen oder das Bettzeug entsprechend bezogen.

Der richtige Platz für eine Lampe

Sie haben eine Stehlampe mit einem hohen, dünnen, schwarzen Metallgestell gesehen. Diese Lampe würden Sie gern kaufen und suchen nach einem geeigneten Platz für sie. Licht selbst ist aktiv und Yang repräsentiert die Feuer-Energie. Die hohe, schmale Form bringt Holz-Energie hervor, das Material steht für Metall-Energie und die Farbe für Erd-Energie. Das aktivste Element ist die Yang-Feuer-Energie.

Lösungen Der ideale Platz für die Lampe wäre eine dunkle Ecke, in der die Chi-Energie eher passiv ist. Im Nordosten, Osten, Südosten, Süden oder Südwesten eines Raumes würde das Licht zur vorherrschenden Chi-Energie passen. Also wäre eine dunkle Ecke in einer dieser Richtungen ein angemessener Platz für die Lampe – ganz besonders jedoch im Nordosten und Südwesten, wo die Erd- und Metall-Energien in Harmonie wären.

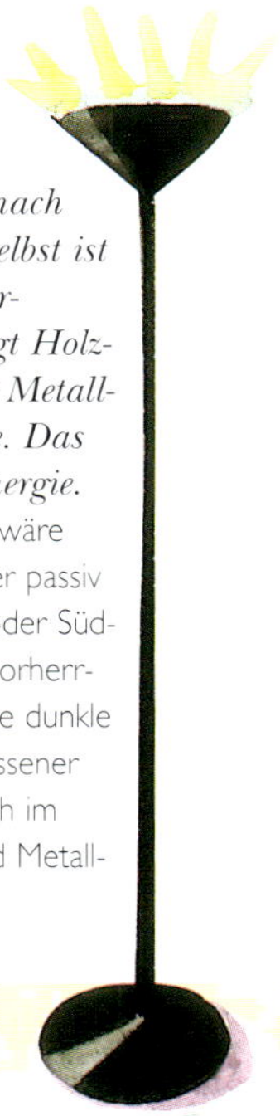

Der Einsatz von Farben

Die Bedeutung der Farben
Im Feng Shui haben Farben verschiedene wichtige Bedeutungen, die über ihre Wirkungen entscheiden. Gebrochenes Weiß ist beispielsweise mehr Yin und hat einen Bezug zur Chi-Energie des Nordens. Hellgrün ist mehr Yang als gebrochenes Weiß, aber mehr Yin als Rot; es hat einen Bezug zur Holz-Energie und zum Chi des Ostens. Rot ist von den oben dargestellten Farben am stärksten Yang mit einem Bezug zur Feuer-Energie und zum Chi des Westens. Darüber hinaus haben Farben kulturell bedingte symbolische Bedeutungen (Rot kann beispielsweise für Romantik oder Reichtum stehen) und für den einzelnen oft auch persönliche Bezüge. All das kann Sie bei der Wahl einer bestimmten Farbe für einen bestimmten Zweck beeinflussen.

Farben beeinflussen die in Ihrem Haus vorhandenen Lichtfrequenzen und können die Chi-Energie dort verändern. Bei kräftigen Farben können selbst kleine Mengen eine Wirkung haben. Farben können in einen Bezug zu Yin und Yang, den Fünf Elementen und den Acht Richtungen gesetzt werden (S. 20, 26 u. 31). Viele Feng-Shui-Praktiker verwenden die Farben der Fünf Elemente, aber ich habe festgestellt, daß der Bezug zu den Acht Richtungen am deutlichsten ist. Zusammen mit der Mitte ergibt sich daraus eine Palette von neun Grundfarben.

Der äußere Ring des Farbkreises (S. 124) zeigt die Farben, die zu den Acht Richtungen gehören. Sie passen am besten zu der jeweiligen Richtung. Sie bewahren die Chi-Energie, was bei einem günstigen Chi wünschenswert ist. Andere Farben kann man einsetzen, um die Energie in einer bestimmten Richtung zu verstärken oder zu beruhigen. Die Tabelle auf der gegenüberliegenden Seite faßt diese Beziehungen zusammen.

Farben kann man auf zwei Weisen einsetzen: als Hintergrundfarben über große Bereiche oder als Farbakzente in kleinen Bereichen. Als Hintergrundfarben nimmt man meist weichere, blassere Töne, obwohl das nicht unbedingt sein muß, während die Farbakzente oft stärker und lebhafter sind, obwohl auch dies nicht unbedingt nötig ist. Im Sinne des Feng Shui können beide Nutzungsmöglichkeiten effektiv sein, wenn es sich um die richtigen Farben handelt. Je kräftiger die Farben, desto weniger brauchen Sie davon. Ein kleines rotes Kissen auf einem Stuhl im Westen eines Raumes reicht aus, um das Chi zu verstärken, das einen Bezug zu Romantik, Zufriedenheit und Einkommen hat. Um denselben Effekt zu erzielen, würde man von einem zarten Pink erheblich mehr brauchen, beispielsweise eine ganze Wand, ein Sofa oder einen Teppich.

Die in der Tabelle und im Rad der Farben (S. 124) als passend bezeichneten Farben repräsentieren eher eine Palette als einen einzelnen Farbton. Verschiedene Schattierungen derselben Farbe haben ähnliche Eigenschaften, aber es gibt dabei eine Vielzahl von Abstufungen. Hellere Töne sind beispielsweise mehr Yang als blassere Schattierungen (s. a. S. 125). Persönliche Vorlieben spielen dabei ebenfalls eine Rolle: empfinden Sie eine Farbe als unangenehm, sollten Sie sie nicht verwenden, ganz gleich, was in den Tabellen steht. Wenn Sie also konkrete Farben für einen bestimmten Zweck aussuchen, interpretieren Sie die Tabellen nicht zu rigide. Wenn Sie genauere Anleitungen für das Dekor in bestimmten Räumen wünschen, können Sie in Kapitel 3 und insbesondere in der Tabelle auf S. 118 nachschlagen.

Harmonische Farben

Stellen Sie fest, in welcher Richtung der betreffende Raum liegt, und prüfen Sie dann mit dem Raster der Acht Richtungen, ob Sie die dort vorherrschende Chi-Energie verstärken, bewahren oder beruhigen wollen.

Wenn Sie diese Entscheidungen getroffen haben, hilft Ihnen die folgende Tabelle bei der Farbwahl. Die fettgedruckten Farben sind die wichtigsten. Gelb, die Farbe der Mitte, paßt zu jeder Richtung.

RICHTUNG	VERSTÄRKEN	BEWAHREN	BERUHIGEN
NORDEN	Rot bis Pink, Weiß bis Grau	**gebrochenes Weiß** bis Creme	Blaßgrün, Dunkelgrün bis Blau
NORDOSTEN	Purpur	strahlendes Weiß **Gelb bis Braun,** Schwarz	Rot bis Pink, Weiß bis Grau
OSTEN	gebrochenes Weiß bis Creme	**Hellgrün,** Dunkelgrün bis Blau	blasses Purpur
SÜDOSTEN	gebrochenes Weiß bis Creme	**Dunkelgrün bis Blau,** Hellgrün	blasses Purpur
SÜDEN	Hellgrün, Dunkelgrün bis Blau	**Purpur**	strahlendes Weiß Blaßgelb bis Braun, Schwarz
SÜDWESTEN	Purpur	**Schwarz,** Gelb bis Braun, strahlendes Weiß	Rot bis Pink, Weiß bis Grau
WESTEN	strahlendes Weiß, Gelb bis Braun, Schwarz	**Rot bis Pink,** Weiß bis Grau	gebrochenes Weiß bis Creme
NORDWESTEN	strahlendes Weiß, Gelb bis Braun, Schwarz	**Weiß bis Grau,** Rot bis Pink	gebrochenes Weiß bis Creme

Das Rad der Farben

In der Kompaßschule hat jede der Acht Richtungen (S. 30–33) einen Bezug zu einer bestimmten Farbe, die im äußeren Kreis des unten dargestellten Rades gezeigt wird. Wenn Sie diese Farbe in der betreffenden Richtung bei Möbeln und Dekor verwenden, bewahren Sie das dort vorherrschende Chi. Der innere Kreis zeigt Ihnen die Farben, die einen Bezug zu den Fünf Elementen haben (S. 24–29). Sie werden von verschiedenen Feng-Shui-Schulen bevorzugt und können statt der Farben der Acht Richtungen verwendet werden.

Man kann unterschiedliche Farbtöne einsetzen, um subtile Veränderungen des Chi in einem bestimmten Bereich zu bewirken. Die Beispiele auf der gegenüberliegenden Seite zeigen Ihnen verschiedene Effekte.

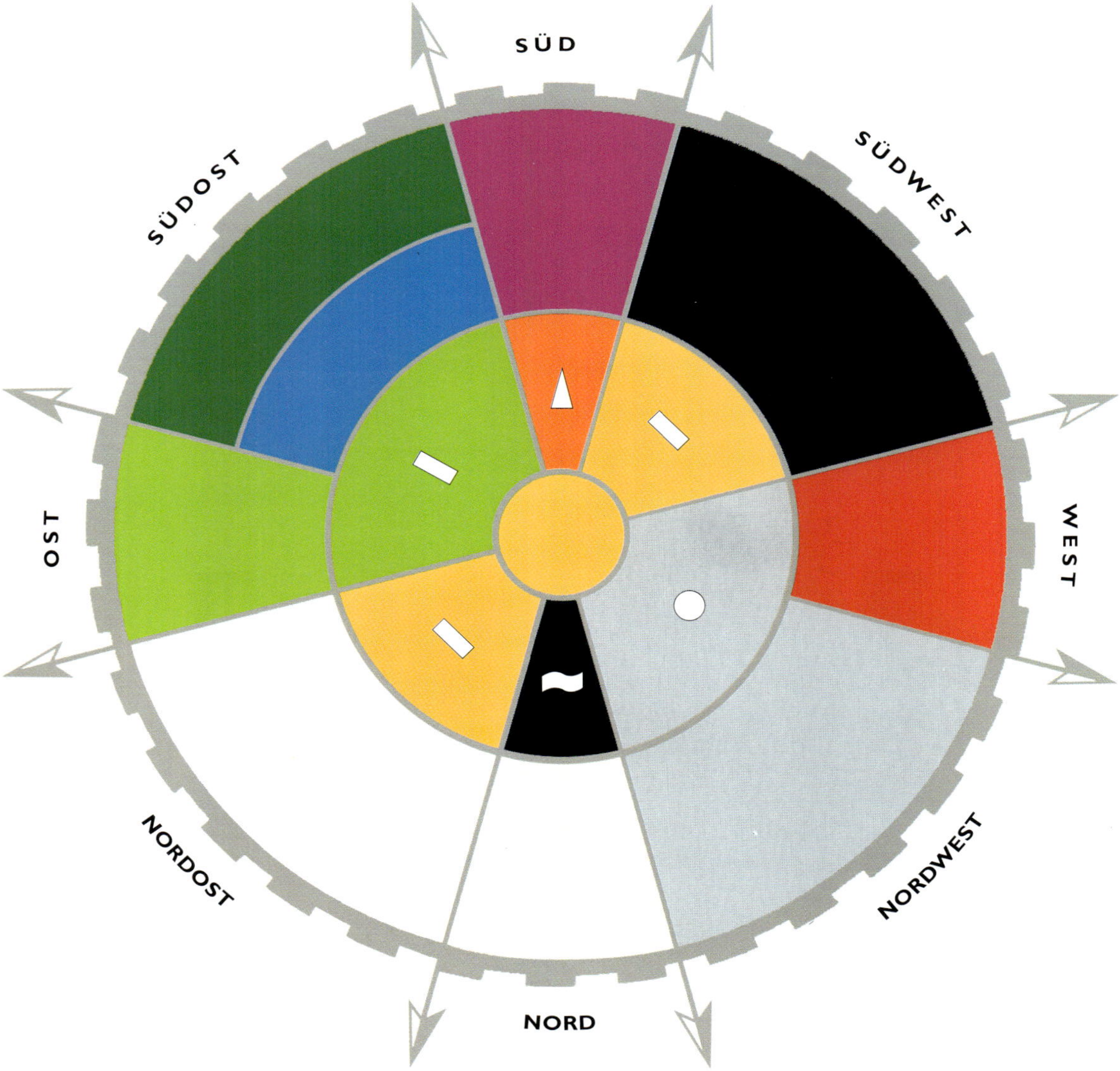

AKZENTFARBEN

Smaragdgrün
Es repräsentiert am besten die Holz-Energie des Südostens, aber mit Gelbtönen wirkt es lebhaft, anregend, gleichzeitig Gelassenheit und Behaglichkeit vermittelnd.

Türkis
Dieses Blaugrün kommt der Holz-Energie des Südostens am nächsten. Es ist mehr Yin, aber immer noch lebhaft und gibt Auftrieb.

Tiefblau
Es hat einen Bezug zur Holz-Energie des Südostens und paßt in einen sonnigen Raum. Es hilft, eine harmonische Atmosphäre zu schaffen.

Violett
Durch seine enge Verbindung mit der Feuer-Energie des Südens bringt es Leidenschaft in einen Raum. Es ist gut für Geselligkeit.

Pfirsich
Dies ist die Farbe des Sonnenuntergangs und kommt der Metall-Energie des Westens (Verspieltheit und Romantik) am nächsten: das richtige Ambiente für ein Diner am Abend.

Orange
Es kommt der Metall-Energie und der Erd-Energie am nächsten, die im Westen und in der Mitte herrschen. Es hilft, in dunklen Bereichen eine hellere Atmosphäre zu schaffen.

Schokoladenbraun
Es steht der Metall- und Erd-Energie des Westens und Südwestens nahe und fördert die Stabilität. Es eignet sich gut für helle, sonnige Räume.

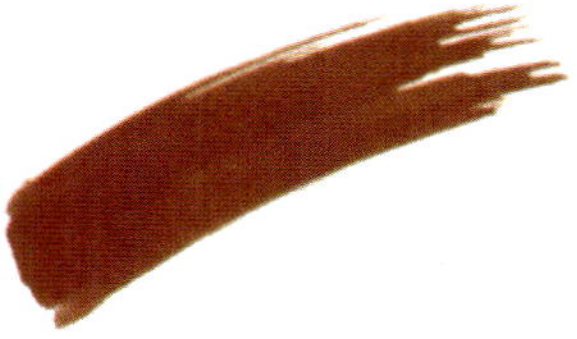

Mittelgrau
Diese Farbe kommt der Metall-Energie des Nordwestens am nächsten. Sie fördert Gefühle von Würde und Autorität und schafft eine mehr formale Atmosphäre.

HINTERGRUNDFARBEN

Zitronengelb
Eine sonnige Farbe, die aber eine leichte Schärfe hat und der Erd-Energie der Mitte nahekommt. Sie verbindet eine belebende Frische mit Wärme.

Limonengrün
Es kommt der Holz-Energie des Ostens am nächsten, symbolisiert neues Wachstum und schafft eine optimistische Atmosphäre. Gut für junge Leute.

Nilwassergrün
Es kommt der Holz-Energie des Südostens am nächsten. Der Farbton ist Yin und friedlich und fördert Kreativität und Entspannung.

Puderblau
Es macht die aufstrebende Holz-Energie mehr Yin und läßt sie weicher fließen. In Badezimmern und Küchen wirkt es beruhigend.

Lavendel
Trotz Bezugs zur Feuer-Energie des Südens ist es zu blaß, um Leidenschaft hervorzurufen. Es schafft eine leicht anregende Atmosphäre, die sich für ein geselliges Beisammensein eignet.

Zuckerpink
Pink kommt der Metall-Energie des Westens am nächsten. Der Farbton fördert eine jugendliche, verspielte Atmosphäre (»jüngste Tochter«).

Blasses Apricot
Es kommt der Erd-Energie der Mitte am nächsten, hat aber auch einen Bezug zur Metall-Energie des Westens. Gut für Schlafzimmer.

Nougat
Ein ruhiger, heller Braunton, der Gefühle von Stabilität und Sicherheit fördert und der Erd-Energie der Mitte am nächsten kommt.

Der Einsatz von Mustern

Muster mit Einfluß
Die grundlegenden Mustergruppen können zu den Energien der Fünf Elemente in Beziehung gesetzt werden (von oben nach unten): Unregelmäßige Muster gehören zum Wasser, Längsstreifen zum Holz, Sterne zum Feuer, Karos zur Erde und gerundete Muster zum Metall.

Gemusterte Tapeten, Teppiche, Vorhänge und Polsterbezüge beeinflussen die Art und die Bewegung der Chi-Energie in jedem Raum. Die Effekte verschiedener Muster hängen davon ab, welchen Bezug die jeweiligen Formen zu Yin und Yang und den Fünf Elementen haben (S. 22 u. 26). Auf ähnliche Weise haben die Formen von Gemälden, Skulpturen und anderen dekorativen Gegenständen einen Einfluß auf das Chi (S. 147). Wenn das Muster oder die Form mit der entsprechenden Farbe kombiniert wird, verstärken sich die Effekte gegenseitig.

Wände werden in der Regel gestrichen oder tapeziert. Einfarbige Wände sind mehr Yang als gemusterte. Unregelmäßige Muster, die sich ergeben, wenn man die Farbe mit einem Schwamm aufträgt, sie auswäscht, mit einer Stoffrolle aufträgt oder auftupft, haben einen Bezug zur Wasser-Energie und schaffen eine Atmosphäre, die friedlicher und entspannender wirkt. Die Verwendung von Creme-, Blau- oder Grüntönen würde den beruhigenden Effekt noch betonen.

Muster kommen normalerweise in Form von Tapeten auf die Wand, aber sie können auch durch Schablonen, Druckverfahren oder Wandmalerei aufgetragen werden. Scharf umrissene, geordnete und sich wiederholende Muster sind mehr Yang. Weniger präzise, unregelmäßige oder gesprenkelte Muster sind mehr Yin. Bei Mustern, die gegenständlich sind (z. B. Blumen) oder eine symbolische Bedeutung haben (z. B. Sterne), sollten Sie darauf achten, daß Sie mit den Bildern etwas Positives verbinden.

Wenn Sie die Wände streichen oder tapezieren wollen, stellen Sie zunächst fest, in welcher Richtung der betreffende Raum liegt. Wählen Sie dazu passende Farben (S. 123), und suchen Sie auf der gegenüberliegenden Seite nach passenden Mustern.

Die Prinzipien, nach denen Sie die gemusterten Dekostoffe aussuchen, sind dieselben wie bei der Auswahl von Tapeten. Stellen Sie zunächst fest, in welcher Richtung des Zimmers Sie Vorhänge anbringen oder Polstermöbel aufstellen wollen, und entscheiden Sie dann, ob Sie das dort vorherrschende Chi bewahren, verstärken oder beruhigen wollen. Suchen Sie in den entsprechenden Tabellen nach passenden Farben, Mustern und Formen. Wenn Ihr Sofa beispielsweise im Norden des Zimmers steht und Sie die Chi-Energie dort verstärken wollen, wären runde oder gerundete Formen in einer Mischung aus Rot-, Pink-, Weiß- oder Grautönen für den Bezugsstoff passend. Wenn das Sofa selbst eine gerundete Form hat, würde ein einfarbiger Bezug in Pink wahrscheinlich ausreichen. Setzen Sie also nicht zu viele Feng-Shui-Lösungen auf einmal ein.

Harmonische Muster und Formen

Stellen Sie fest, in welcher Richtung der Raum liegt, den Sie dekorieren oder neu möblieren wollen, und nehmen Sie dann den Raster der Acht Richtungen (S. 32 f.), um zu entscheiden, ob Sie die Energie dort verstärken, bewahren oder beruhigen wollen. Suchen Sie anschließend in der folgenden Tabelle nach passenden Mustern oder Formen, um einen Gegenstand in eine günstige Richtung zu stellen.

RICHTUNG	VERSTÄRKEN	BEWAHREN	BERUHIGEN
NORDEN	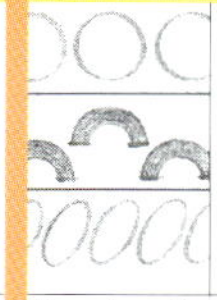 Kreise, Bögen, Ovale	 unregelmäßig, Wolken, Wellen	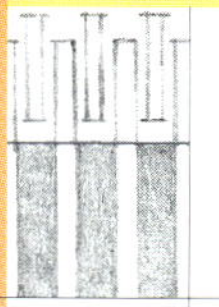 hoch und dünn, Längsstreifen
NORDOSTEN	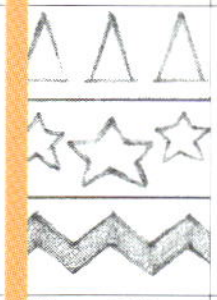 spitz, Sterne, zickzack	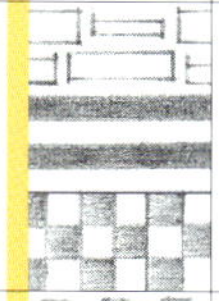 breite Rechtecke, Querstreifen, Karos	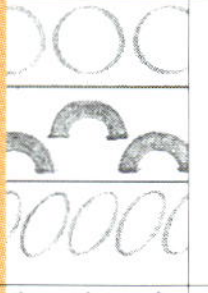 Kreise, Bögen, Ovale
OSTEN	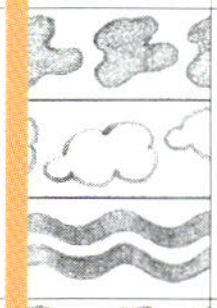 unregelmäßig, Wolken, Wellen	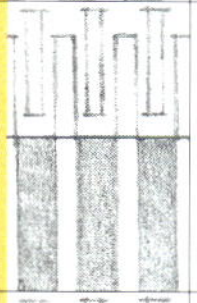 hoch und dünn, Längsstreifen	 spitz, Sterne, zickzack
SÜDOSTEN	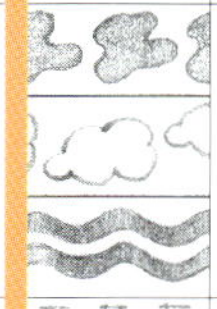 unregelmäßig, Wolken, Wellen	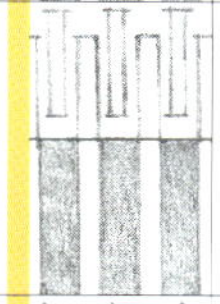 hoch und dünn, Längsstreifen	 spitz, Sterne, zickzack
SÜDEN	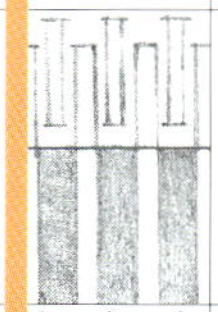 hoch und dünn, Längsstreifen	 spitz, Sterne, zickzack	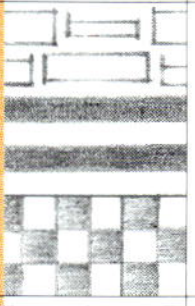 breite Rechtecke, Querstreifen, Karos
SÜDWESTEN	 spitz, Sterne, zickzack	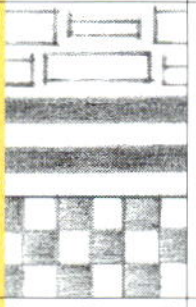 breite Rechtecke, Querstreifen, Karos	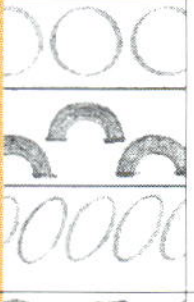 Kreise, Bögen, Ovale
WESTEN	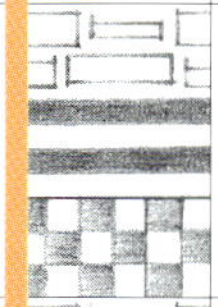 breite Rechtecke, Querstreifen, Karos	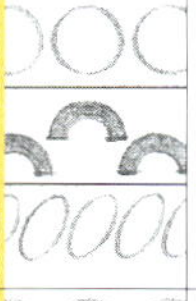 Kreise, Bögen, Ovale	 unregelmäßig, Wolken, Wellen
NORDWESTEN	 breite Rechtecke, Querstreifen, Karos	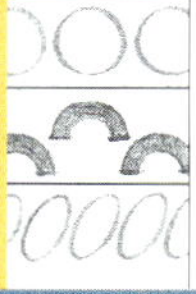 Kreise, Bögen, Ovale	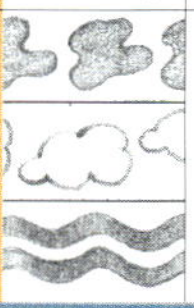 unregelmäßig, Wolken, Wellen

Der Einsatz von Materialien

Die Materialien, die Sie zur Dekoration oder Möblierung Ihres Hauses verwenden, haben alle einen Einfluß auf die Art der Chi-Energie in jedem Bereich des Hauses. Die Beziehungen zwischen den Element-Energien der Materialien und dem Chi der verschiedenen Richtungen in Ihrem Haus entscheiden über die jeweilige Wirkung. Gegenstände aus Holz repräsentieren beispielsweise die Holz-Energie und stärken deshalb die Holz-Energie im Osten und Südosten Ihres Hauses. Im Süden förden Sie das Chi, weil die Holz-Energie die Feuer-Energie des Südens stärkt. Im Norden wirken sie beruhigend, weil die Holz-Energie die Wasser-Energie des Nordens schwächt. Die Tabelle auf S. 130 faßt diese Beziehungen zusammen und hilft

Holz
Holz hat im allgemeinen eine neutrale Wirkung auf die Chi-Energie, aber glattes, poliertes Hartholz wie Mahagoni beschleunigt das Chi, während weichere Hölzer mit rauheren Oberflächen wie Kiefer es verlangsamen. Der große Vorteil von Holz besteht darin, daß es leicht zu reinigen ist und eine entspannte Atmosphäre schafft, ohne daß die Gefahr einer Stagnation entsteht. Holz paßt besonders gut in den Norden, Osten, Südosten und Süden.

Metall
Edelstahl, Email, Gußeisen, Chrom und andere Metalle sind mehr Yang und beschleunigen den Fluß des Chi. Besonders nützlich sind sie deshalb da, wo es leicht zur Stagnation kommt, wie im Badezimmer, vor allem im Norden des Hauses.

Glas
Wie Metall beschleunigt auch Glas den Fluß des Chi, besonders auf großen Flächen wie Fenstern, Türen, Tischplatten und in großen Bilderrahmen.

Stoff
Vorhänge, Teppichböden, Teppiche und Polstermöbel verlangsamen den Fluß des Chi und machen einen Raum entspannender. Zuviel Stoff kann jedoch zur Stagnation führen. Idealerweise sollten Stoffe aus Naturfasern bestehen, aber bei Teppichen sind Mischgewebe mit mindestens 80 Prozent Wolle akzeptabel. Wählen Sie einen natürlichen Untergrund – Filz ist besser als Synthetikschaum. Kunststoffe haben eine eigene elektrostatische Ladung, die sich negativ auswirkt.

Pflanzenfasern
Matten aus Binsen, Sisal, Kokosfasern oder Seegras verlangsamen den Fluß des Chi. Diese Bodenbeläge sind am stärksten Yin, weil sie weich und stark angerauht sind. Leider sind sie schwer zu reinigen, so daß man sie häufig absaugen muß.

Ihnen bei der Auswahl des passenden Materials für jeden Teil Ihres Hauses.

Zusätzlich zum Material selbst hat die Art der Oberfläche einen Einfluß darauf, wie die Chi-Energie durch Ihr Haus fließt. Harte, glatte, glänzende Oberflächen – beispielsweise glasierte Kacheln, Glas, polierter Stein oder Hartholz – beschleunigen den Fluß des Chi und schaffen eine Atmosphäre, die mehr Yang ist. Weiche, matte, gewebeartige Oberflächen – beispielsweise unglasierte Kacheln, rauher Stein, Stoff, Teppich, Binsen oder Kokosfasern – verlangsamen den Fluß des Chi und schaffen eine Atmosphäre, die mehr Yin ist. Je größer die betreffende Oberfläche, desto intensiver ist ihre Wirkung.

Wenn Sie Ihr Haus einrichten und dekorieren, sollten Sie nach Möglichkeit die empfohlenen Materialien verwenden. Wenn es geht, vermeiden Sie Synthetik und Plastik.

Keramik und Ton
Unglasierte matte Kacheln aus Keramik oder Terracotta sind mehr Yin und verlangsamen den Fluß des Chi und machen die Umgebung ruhiger. Glasierte glänzende Kacheln sind mehr Yang und wirken ähnlich wie Marmor und Glas.

Plastik und Synthetik
Weil sie das Chi blockieren und seinen freien Fluß durch das Haus behindern, sollte man diese Materialien meiden.

Weide, Bambus, Rattan
Diese Materialien werden meist für Möbel verwendet. Die Eigenschaften sind ähnlich wie bei Pflanzenfasern und rauhen Weichhölzern (s. gegenüberliegende Seite).

Stein
Harter, glatter, polierter Stein wie Granit oder Marmor beschleunigt den Fluß des Chi erheblich und schafft eine aufregendere, aber auch rastlosere Atmosphäre. Stein eignet sich nicht für ein Schlafzimmer, weil das schnell fließende Chi den Schlaf stören könnte. Glattere Steinoberflächen wie Schiefer oder Kalkstein haben ähnliche Eigenschaften wie Marmor, aber rauhe und unebene Oberflächen zerstreuen das Chi. Für Räume ohne Tageslicht wie Badezimmer, Schränke und Vorratsräume können Steinböden günstig sein.

Harmonische Materialien

Stellen Sie fest, in welcher Richtung der Raum liegt, und verwenden Sie den Raster der Acht Richtungen (S. 32f.). Dann wählen Sie die passenden Materialien aus der folgenden Tabelle. Wenn Sie einen Platz für einen bereits vorhandenen Gegenstand finden wollen, suchen Sie das Material in der Tabelle. Plastik enthält Feuer-Energie, sollte jedoch gemieden werden.

RICHTUNG	VERSTÄRKEN	BEWAHREN	BERUHIGEN
NORDEN	Metall härterer Stein	Glas	Holz, Weide, Bambus, Rattan, Pflanzenfasern
NORDOSTEN	(Plastik)	Keramik und Ton, weicherer Stein, Stoff	Metall, härterer Stein
OSTEN	Glas	Holz, Weide, Bambus, Rattan, Pflanzenfasern	(Plastik)
SÜDOSTEN	Glas	Holz, Weide, Bambus, Rattan, Pflanzenfasern	(Plastik)
SÜDEN	Holz, Weide, Bambus, Rattan, Pflanzenfasern	(Plastik)	Keramik und Ton, weicherer Stein, Stoff
SÜDWESTEN	(Plastik)	Keramik und Ton, weicherer Stein, Stoff	Metall, härterer Stein
WESTEN	Keramik und Ton, weicherer Stein, Stoff	Metall, härterer Stein	Glas
NORDWESTEN	Keramik und Ton, weicherer Stein, Stoff	Metall, härterer Stein	Glas

Die Beleuchtung

Lichtwellen bringen Energie in den freien Raum und aktivieren das Chi der Umgebung. Künstliches Licht ist gewöhnlich härter als Kerzenlicht. Idealerweise sind Fenster und Oberlichter groß genug, um reichlich Tageslicht zu haben, so daß man künstliches Licht nur am Abend und an dunklen Tagen braucht. Helle Wandfarben und Spiegel können das Sonnenlicht in einen Raum hineinreflektieren.

BELEUCHTUNGSARTEN

WEISSE GLÜHBIRNEN leuchten den Raum einheitlich aus. Sie erhöhen die Chi-Energie in einem weiten Bereich relativ gleichmäßig.

SPOTLEUCHTEN erlauben Ihnen, das Licht auf eine bestimmte Stelle zu richten. Auf diese Weise können Sie z. B. in dunklen Ecken, in denen Stagnation droht, das Chi gezielt aktivieren.

DECKENSTRAHLER verstärken die Aufwärtsbewegung des Chi, was besonders bei niedrigen Decken oder Dachschrägen günstig ist.

HALOGENLEUCHTEN geben ein intensives Licht, das ideal ist, um den Chi-Strom in Bereichen mit Stagnation zu verbessern. Sie lassen sich relativ einfach in Decken integrieren, und man findet sie auch häufig in Stehlampen, die ihr Licht sowohl nach oben als auch nach unten abgeben können.

LEUCHTSTOFFRÖHREN geben ein Licht ab, das eine andere Farbe hat, und von ihnen geht auch mehr elektrische Strahlung aus. Das kann meiner Meinung nach zu Kopfschmerzen, Konzentrationsstörungen und geistiger Müdigkeit führen. Dasselbe gilt für kleine, energiesparende Leuchtstoffbirnen.

FARBIGES LICHT enthält mehr von einer bestimmten Frequenz. Prüfen Sie, in welcher Richtung von der Mitte der Wohnung aus die Stelle liegt, die Sie farbig beleuchten wollen, und wählen Sie dann eine passende Farbe aus der Tabelle auf S. 124.

DIE VERTEILUNG DES LICHTS

Direktes Licht aus nackten Glühbirnen ist mehr Yang und kann hart sein. Lampenschirme, Paravents oder Pflanzen, die vor eine Lampe gestellt werden, können das Licht auf angenehme Weise verteilen. Indirekte Beleuchtung sorgt ebenfalls für ein weicheres Licht. Richten Sie den Lichtstrahl auf die Decke oder eine Wand statt in den Raum. Je heller die Oberflächenfarbe, desto mehr Licht wird reflektiert. Dadurch wird direktes Licht, das stärker Yang ist, weicher und mehr Yin.

Lampenschirme aus Metall oder Glas schaffen eine weniger entspannende Yang-Atmosphäre. Bei Stoff- oder Papierschirmen wird die Atmosphäre weicher und mehr Yin.

Elektrische Geräte

MIKROWELLENGERÄTE

Alle Mikrowellen geben etwas elektrische Strahlung ab, und mit zunehmendem Alter können die Geräte undicht werden. Im Feng Shui geht man davon aus, daß die intensive elektrische Strahlung das Chi der Speisen selbst durcheinanderbringt. Meines Erachtens können Menschen, die regelmäßig Mahlzeiten aus der Mikrowelle essen, gestört und desorientiert werden. Dafür gibt es keine Lösung, und deshalb sollte man auf Mikrowellen verzichten.

Elektrische Geräte können die Chi-Energie ungünstig beeinflussen, aber es hilft, wenn man gesunde Topfpflanzen in der Nähe aufstellt. Kolbenkallas (Spathiphyllum wallisii) sind in dieser Hinsicht besonders effektiv.

Elektrogeräte schaffen ihre eigenen Felder elektromagnetischer Strahlung, die nach der Auffassung des Feng Shui mit unserer persönlichen Chi-Energie interferiert und langfristig zu ernsthaften Krankheiten führen kann. In dieselbe Richtung weisen auch aktuelle medizinische Untersuchungen. Das hat zu einer allgemein kritischen Haltung gegenüber der elektrischen Strahlung von Haushaltsgeräten geführt. Die meisten elektromagnetischen Felder nehmen mit größerer Entfernung von der Quelle an Stärke ab, so daß Sie darauf achten sollten, dem betreffenden Gerät nicht zu nahe zu kommen. Transformatoren geben elektrische Strahlung ab, sobald ein Gerät eingesteckt wird; deshalb sollten Sie bei Geräten, die Sie nicht benutzen, den Stecker ziehen.

ELEKTROHERDE Ihre elektromagnetische Energie wirkt sich sowohl auf Sie als auch auf die zubereiteten Nahrungsmittel aus, weshalb Gasherde, Holz- oder Ölöfen vorzuziehen sind.

KÜHLSCHRÄNKE Die Speisen befinden sich hier in einem subtilen Feld elektromagnetischer Strahlung. Deshalb sollten Sie sie nach Möglichkeit in anderen kühlen Räumen aufbewahren.

FERNSEHGERÄTE Hier entsteht das elektrische Feld innerhalb der Bildröhre, wobei ein Teil der Strahlung nach außen gelangt. Die Intensität der Strahlung verringert sich mit zunehmender Entfernung.

COMPUTER Ein Computermonitor funktioniert ähnlich wie ein Fernsehgerät, und weil man viel näher davorsitzt, ist das Risiko erheblich größer. Stecken Sie einen Schutzschirm vor den Monitor, oder benutzen Sie besser noch einen Laptop mit LCD-Schirm.

FAXGERÄTE, FOTOKOPIERER Stellen Sie sie weit entfernt von Sitzecken und Schlafzimmern auf.

ELEKTRISCHE HEIZDECKEN Sie sollten sie nicht einschalten, während Sie im Bett liegen.

HAARTROCKNER Hier kommt die elektrische Strahlung Ihrem Gehirn sehr nahe. Es ist besser, wenn Sie Ihr Haar an der Luft trocknen lassen.

ELEKTRISCHE HEIZGERÄTE Sie geben elektrische Strahlung ab. Gaszentralheizung, Gasheizung oder echtes Feuer wäre günstiger.

HANDYS Sie geben Mikrowellenstrahlung in der Nähe Ihres Gehirns ab. Diese kann Teile Ihres Gehirns auf ähnliche Weise wie ein Mikrowellengerät aufheizen. Die Strahlung läßt sich möglicherweise durch ein Leinentuch in diesem Bereich verringern. Besser ist jedoch ein normales Telefon.

STROMLEITUNGEN Vermeiden Sie Leitungen unterm Bett oder nahe Ihrer Kissen.

Pflanzen und Blumen

Pflanzen haben als dekorative Gegenstände im Haus eine besondere Bedeutung, weil sie lebendig sind und ihr eigenes Chi ausstrahlen. Viele gesunde Grünpflanzen im Haus schaffen eine frischere, lebendigere Atmosphäre. Sie helfen, die Vielzahl toter Stoffe zu kompensieren, die man oft in einem modernen Haushalt findet. Außerdem geben sie durch ihren Stoffwechsel Sauerstoff ab. Versorgen Sie Ihre Pflanzen gut; welkende und sterbende Blätter haben einen negativen Einfluß auf das Chi.

Verschiedene Pflanzen haben unterschiedliche Effekte, die weitgehend von ihrer gesamten Form, der Form ihrer Blätter und Blüten und ihrer Farbe abhängen, wodurch Sie einen Bezug zu den Acht Richtungen, den Fünf Elementen sowie Yin und Yang haben. Pflanzen mit spitzen Blättern sind mehr Yang und helfen, den Fluß des Chi zu beschleunigen. Pflanzen mit runden, hängenden Blättern sind mehr Yin und beruhigen die Chi-Energie. Buschige Pflanzen verlangsamen schnell fließendes Chi und stehen vorteilhaft in langen Fluren oder in der Nähe von Türen. Hohe Pflanzen schaffen mehr Holz-Energie. Spitze Pflanzen oder solche mit sternförmigen, spitzen Blättern stärken die Feuer-Energie; niedrige Bodendecker schaffen Erd-Energie, runde Pflanzen oder solche mit kleinen runden Blättern schaffen Metall-Energie, und hängende Pflanzen stärken die Wasser-Energie. Das Grün der Blätter hat einen Bezug zur Holz-Energie, aber die Farbe der Blüten hat einen stärkeren Effekt im Hinblick auf die dazu passende Energie (S. 136 f.).

BLUMEN

Frische Blumen bringen ebenfalls lebendige Chi-Energie in Ihr Haus, und sie bringen auf eine besonders lebhafte Weise Farbe in einen Raum. Die Farbe und in geringerem Ausmaß auch die Form der Blumen haben Einfluß auf die Art der Chi-Energie im betreffenden Teil des Zimmers. Blumen sind am wirksamsten, wenn sie gesund sind und gut versorgt werden. Welkende Blumen haben einen negativen Effekt auf die Chi-Energie. Wechseln Sie das Wasser täglich, und kürzen Sie die Stengel schräg, damit die Blumen länger halten. Entfernen Sie verwelkte Blüten.

Obwohl sie im Westen modern und beliebt sind, gelten getrocknete Blumen im Feng Shui als weniger akzeptabel, weil sie für manche Tod und Verfall symbolisieren, aber das ist wirklich eine Frage des persönlichen Geschmacks. Künstliche Blumen werden von Feng-Shui-Praktikern empfohlen, wenn sie aus einem geeigneten Material wie Seide oder Papier hergestellt sind. Nichts ist jedoch so effektiv wie lebende Pflanzen.

BLUMENBEHÄLTNISSE

Abhängig von Form und Material können Vasen und Krüge, in denen Blumen stehen, deren Wirkung intensivieren.

GERUNDETE GLASVASEN verstärken die stille Wasser-Energie und sind im Norden eines Zimmers oder Hauses ideal.
HOHE HOLZTÖPFE stärken die aufstrebende Holz-Energie, die einen Bezug zum Aufbau Ihrer Karriere hat und im Osten oder Südosten ideal wäre.
PYRAMIDENFÖRMIGE ODER SPITZE VASEN stärken die Feuer-Energie, die einen Bezug zu Ruhm, öffentlicher Anerkennung und Leidenschaft hat. Dem entspricht Purpur. Beides paßt ideal in den Süden.
NIEDRIGE TÖPFE ODER SCHALEN AUS TON stärken die ruhige Erd-Energie, die einen Bezug zur familiären Harmonie hat und ideal in den Südwesten oder Nordwesten paßt.
SPHÄRISCHE METALLBEHÄLTER stärken die Metall-Energie, die einen Bezug zu Romantik, Zufriedenheit, Stil und Einkommen hat. Rot und Silber würden diesen Effekt intensivieren. Ideale Richtungen sind der Westen oder Nordwesten.

Zimmerpflanzen

In den meisten Bereichen des Hauses ist es günstig, verschiedene Arten von Pflanzen zu halten, weil ihre unterschiedlichen Eigenschaften sich gegenseitig ergänzen und für einen ausgeglicheneren Chi-Strom sorgen. Es gibt jedoch einige besondere Situationen, in denen vorzugsweise eine bestimmte Pflanze zweckmäßig ist (s. gegenüberliegende Seite). Spezifische Pflanzen können sich an bestimmten Standorten auch ungünstig auswirken. Stachelige oder dornige Pflanzen wie Yuccas, Palmen oder Kakteen sollten nicht in der Nähe von Sitzecken oder Schlafbereichen stehen, weil sie schneidendes Chi verursachen können.

Efeu

YANG

DRACHENBAUM (*Dracaena marginata*) Die Verbindung von Holz- und Feuer-Energie eignet sich gut, um das Chi in einer Ecke oder unter einer Schräge anzuregen, steht aber weniger günstig bei Sitzecken oder Betten. Ideal im Osten, Südosten, Süden oder Südwesten.

MONSTERA (*Monstera deliciosa*) Große, weiche Blätter schaffen ein sanftes Chi, das mehr Yin ist. Ideal, wo Beruhigung nötig ist, vor allem im Süden, Südwesten oder Nordosten.

YIN

GRÜNLILIE (*Chlorophytum comosum*) Die langen, schmalen, spitzen, geneigten Blätter schaffen eine beruhigende Yin-Atmosphäre. Ideal im Norden.

WASSER

EFEU (*Hedera helix*): Mit seinen buschigen, nach unten wachsenden und weichen Blättern ist der Efeu ziemlich ausgewogen. Weil er eine Schlingpflanze ist, bringt er jedoch Wasser-Energie hervor. Er ist überall dort nützlich, wo Sonnenlicht fehlt (z. B. in fensterlosen Bädern), weil er im Gegensatz zu vielen anderen Pflanzen auch im Schatten gedeiht. Ideal im Norden.

Drachenbaum

Grünlilie

Hyazinthe

Weihnachtsstern (Poinsettie)

HOLZ

HYAZINTHE *(Hyacinthus orientalis)* Gerade nach oben wachsende Pflanzen schaffen zusätzlich aufstrebende Holz-Energie. Wählen Sie die passende Farbe unter weißen, blauen oder cremefarbenen Blüten. Besonders günstige Richtungen sind Osten und Südosten.

FEUER

USAMBARAVEILCHEN *(Saintpaulia)* Purpurfarbige, sternförmige Blüten geben dieser Pflanze eine starke Feuer-Energie. Ideale Standorte sind Osten, Südosten, Süden, Südwesten und Nordosten.

PALME *(Phoenix roebelenii)* Als aufwärts wachsende Pflanze mit sich spreizenden spitzen Blättern schaffen Palmen zusätzliche Feuer-Energie und eine aktive Atmosphäre, die mehr Yang ist. Sie stehen idealerweise in einer Ecke. Meiden Sie aber den Nordosten, wo die Energie ohnehin schon scharf und durchdringend ist. Ideale Standorte sind Osten, Südosten, Süden und Südwesten.

WEIHNACHTSSTERN/POINSETTIE *(Euphorbia pulcherrima)* Die sternförmigen Blattbüschel können rot, pink, gelb oder cremefarben sein, und ihre Form hat einen Bezug zur Feuer-Energie. Wählen Sie eine Farbe, die zu der betreffenden Richtung paßt.

ERDE

ALPENVEILCHEN *(Cyclamen persicum)* Schaffen zusätzliche Erd-Energie. Wählen Sie ein purpurn blühendes, um mehr Leidenschaft in Ihr Leben zu bringen, rote oder pinkfarbene Blüten für Romantik und Aufregung. Ideale Standorte sind Süden, Südwesten, Nordosten, Westen oder Nordwesten.

BEGONIE *(Begonia bowerae)* Diese weiß blühende Pflanze schafft zusätzliche Yin-Erd-Energie, die gut für eine gelassene, stabile Atmosphäre ist. Ideal im Süden, Südwesten, Nordosten, Westen und Nordwesten.

METALL

GELDBAUM *(Crassula ovata)* Runde, dicke Blätter repräsentieren Metall-Energie (zusätzliche Stabilität). Der Name paßt, weil die Metall-Energie in finanziellen Dingen hilfreich ist. Ideal im Westen, Nordwesten und Norden.

KOLBENKALLA *(Spathiphyllum walisii)* Die Pflanze wirkt elektrischer Strahlung entgegen (S. 132). Weiße Blüten sorgen für zusätzliche Metall-Energie.

Alpenveilchen

Geldbaum

DER EINSATZ VON PFLANZEN

Pflanzen sind die am stärksten verbreiteten, attraktivsten und praktischsten Heilmittel des Feng Shui. Besonders nützlich sind sie in den folgenden Situationen:

ZIMMERECKEN Pflanzen helfen, Stagnation zu vermeiden. Verwenden Sie Pflanzen, die mehr Yang sind und einen Bezug zur Feuer-Energie haben, vor allem solche mit langen, scharfen, spitzen Blättern.

VORSTEHENDE KANTEN Stellen Sie buschige Pflanzen mit vielen runden Blättern davor, um das schneidende Chi zu beruhigen (S. 14).

LANGE KORRIDORE Stellen Sie an jedem Ende eine buschige Pflanze auf, um das schnell fließende Chi zu verlangsamen.

BADEZIMMER Pflanzen helfen hier, das Chi in Bewegung zu halten. Hohe Pflanzen stärken die Holz-Energie und helfen, überschüssiges Wasser abzuhalten, vor allem im Norden des Zimmers.

KÜCHEN Pflanzen bringen zusätzliche Lebensenergie in den Bereich. Hohe stärken die Holz-Energie, die sich harmonisch zu den Wasser- und Feuer-Energien von Spüle und Herd verhält.

SCHLAFZIMMER Weiche Pflanzen, die mehr Yin sind, verhelfen zu einer ruhigeren Atmosphäre und gesundem Chi.

SICHERHEIT Stachelige Pflanzen wie Kakteen geben eine spitze Energie ab, die Einbrecher vertreiben kann (Fensterbänke).

Blumen

Blumen stärken die Chi-Energie bestimmter Richtungen, je nachdem, welche Farbe und Form sie haben. Um das Chi generell anzuregen, verwenden Sie cremefarbene Blumen im Norden, weiße Blumen im Nordosten, hohe Grünpflanzen im Osten, hohe blaue Blumen oder Grünpflanzen im Südosten, sternförmige, purpurfarbene Blumen im Süden, kurze, gelbe Blumen im Südwesten und in der Mitte, runde rote Blumen im Westen und runde, weiße Blumen im Nordwesten.

Clematis
Füllen Sie eine Schale mit großen, purpurfarbenen, sternförmigen Blüten, um die Feuer-Energie und das mit Leidenschaft und gesellschaftlichem Erfolg verbundene Chi zu stärken.

Kornblumen
Ihr strahlendes Blau ist günstig für Reise und Kommunikation; die Sternform fördert öffentliche Anerkennung und ein aktives Gesellschaftsleben. Stellen Sie Kornblumen in den Südosten, wenn Sie mehr ausgehen und unter Menschen kommen wollen. Rittersporn hat eine ähnliche Wirkung. Hohe Stengel repräsentieren die Holz-Energie.

Stiefmütterchen
Kurze, gelbe Blumen repräsentieren die Erd-Energie. Im Südwesten fördern sie Zufriedenheit und familiäre Harmonie. Primeln wären hier ebenfalls passend.

Farn
Hohe grüne Blattpflanzen wie Farne und Gräser fördern die Holz-Energie und stehen deshalb günstig im Osten eines Raumes, um für mehr Vitalität und Frische zu sorgen.

Chrysanthemen
Stellen Sie tiefrote Chrysanthemen in den Westen, um Romantik und finanziellen Gewinn zu fördern. Sie können zu diesem Zweck auch Gerbera, Dahlien und Rosen nehmen.

Maiglöckchen
Die Gelassenheit dieser weißen Blüten fördert die Chi-Energie des Nordostens. Stellen Sie Maiglöckchen in diesen Teil des Raumes, um Schwierigkeiten auf eine ruhige, motivierte Weise zu überwinden.

Pompondahlien
Diese Blüten sind fast kugelförmig, was die Metall-Energie unterstützt, und wenn man weiße Blüten in den Nordwesten stellt, stärkt das die Chi-Energie, die einen Bezug zu Würde und Weisheit hat.

Orchideen
Die Formen und cremigen Farben einiger Orchideen stärken hier die Wasser-Energie. Wenn man sie hier mit roten oder purpurfarbenen Blüten kombiniert, kann man wieder zu einem befriedigenden Sexualleben finden.

Tulpen

Die schalenförmigen Blüten repräsentieren Metall-Energie. Rot im Westen erhöht die Romantik, Pink im Westen bringt Vergnügen, Weiß bringt Motivation in den Nordosten, Würde in den Nordwesten und Frieden in den Norden.

Nelken

Die runde Form der Blüten und die Rot- und Pinktöne fördern Romantik und Vergnügen, während Weiß für mehr Würde und Gelassenheit sorgt.

Mimosen

Blüten aus vielen kleinen gelben Kugeln stärken die Chi-Energie der Mitte. Stellen Sie sie in die Mitte Ihres Hauses, wenn Sie Ihr Leben stärker zentrieren wollen.

Iris

Es gibt sie in vielen Farben, vor allem in Gelb, Blau und Purpur. Trotz ihrer Verbindung zur Holz-Energie, zur Mitte und zum Süden gibt ihre zarte Erscheinung ihnen mehr Yin-Eigenschaften. Mit ihrer Hilfe können Sie auf sanfte Weise Vitalität und Leidenschaft fördern.

Anemonen

Die Form hat einen Bezug zur Metall-Energie, was in Verbindung mit den kräftigen Farben hilft, das Chi an einer bestimmten Stelle zu halten. Rote Anemonen in einem westlich gelegenen Badezimmer können die Energie bewahren helfen.

Lilien

Trotz der hohen Stengel neigen sich die Blumen oft nach unten, was ihnen einen besänftigenden Einfluß verleiht. Man kann sie verwenden, um einen überaktiven Bereich des Hauses zu beruhigen.

Sonnenblumen

Die gezackte Blütenform repräsentiert Feuer-Energie, aber die Farben stehen der Erd-Energie näher. Sonnenblumen verteilen das Chi und haben einen stark stabilisierenden Einfluß.

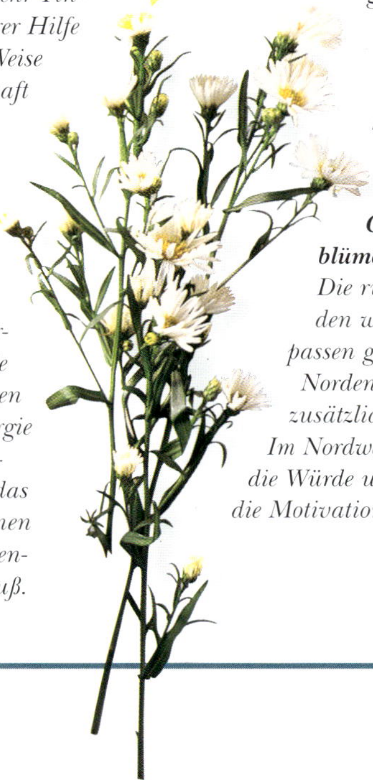

Gänseblümchen

Die runden weißen Blüten passen gut in den Norden, wo sie für zusätzliche Ruhe sorgen. Im Nordwesten fördern sie die Würde und im Nordosten die Motivation.

Rosen

Feste, runde Rosenknospen repräsentieren Metall-Energie, aber wenn sie sich öffnen, entspricht die Form mehr dem Feuer. Rote Rosen bringen mehr Romantik und Stil, besonders im Westen.

Möbel

FREIER PLATZ

Die Chi-Energie bewegt sich leichter im freien Raum. Deshalb sollten Sie einige Bereiche Ihres Hauses leer halten. Vermeiden Sie zu viele Möbel oder Unordnung, weil das Chi dann schneller stagniert. Das kann Ihrer Gesundheit schaden oder Sie hindern, Veränderungen im Leben vorzunehmen. Es ist besser, nur wenige Dinge von hoher Qualität zu haben, mit denen Sie sich wohl fühlen, statt jede Menge unsinnigen Plunder anzuhäufen.

Welche Auswirkungen Unordnung hat, hängt davon ab, wo sie sich befindet. Ein unordentliches Zimmer im Norden Ihres Hauses könnte beispielsweise Ihre Gesundheit, Vitalität, Libido, Spiritualität und Gelassenheit ungünstig beeinflussen.

Besonders wichtig ist es, daß Sie die Mitte Ihres Hauses und eines jeden Zimmers frei und aufgeräumt halten.

Wo Sie Ihre Möbel hinstellen, entscheidet darüber, wo Sie sich die meiste Zeit aufhalten. Stellen Sie die Möbel so, daß Sie sich in einer günstigen Position befinden und in eine vorteilhafte Richtung blicken (S. 86, 98 u. 116). Die Farbe, die Form und das Material der Möbel, bei antiken Stücken auch ihre Geschichte, haben ebenfalls Einfluß.

DIE AUSWAHL DER MÖBEL

Feng Shui kann Ihnen helfen, Möbel auszuwählen, die an die für sie vorgesehenen Stellen passen. Es hilft Ihnen auch zu verstehen, warum bestimmte Gegenstände anscheinend fehl am Platze sind, und es hilft Ihnen, das richtige Möbelstück für einen problematischen Platz auszusuchen oder den besten Platz für ein vorhandenes Möbelstück zu finden. Suchen Sie die passenden Farben, Formen und Materialien in den entsprechenden Tabellen (S. 123, 127 u. 130).

In einigen Fällen können praktische Erwägungen natürlich wichtiger sein als die Anforderungen des Feng Shui, und dann müssen Sie Kompromisse machen. Wenn es um Materialien geht, können Sie für jeden Bereich des Hauses Holz wählen, weil seine Wirkungen relativ neutral sind. Wenn Sie beispielsweise einen Stuhl in Ihr Schlafzimmer stellen wollen, das im Nordwesten des Hauses liegt, würden Sie wahrscheinlich aus praktischen Erwägungen statt der passenden Materialien (Metall, Stein) Holz wählen, aber eine runde, gepolsterte Form und ein Bezugsstoff in Grau- und Pinktönen wäre ebenfalls ideal. Neue Möbel bringen eine frische Atmosphäre ins Haus, während alte Möbel das Chi der Vergangenheit aufgenommen haben und mehr Substanz ausstrahlen. Die Art der aufgenommenen Chi-Energie hängt von der früheren Verwendung des Möbelstücks ab. Ein Fleischertisch hat eine andere Energie aufgenommen als ein Tisch, auf dem Porzellan ausgestellt wurde. Die meisten Möbel nehmen nach kurzer Zeit das Chi der neuen Umgebung auf. Seien Sie besonders vorsichtig mit Möbelstücken, die zum Schlachten von Tieren verwendet worden sind oder aus Trauerhallen, Krankenhäusern und ähnlichen Umgebungen stammen.

SCHNEIDENDES CHI

Stellen Sie Möbel nicht so auf, daß ihre scharfen Kanten in Ihre Richtung weisen. Das kann Energiewirbel, die man als schneidendes Chi bezeichnet, in Ihre Richtung lenken und Ihre eigene Chi-Energie zum Wirbeln bringen, was für Sie negative Folgen haben kann.

MÖBELARTEN

BETTEN In einem Schlafzimmer mit hoher Decke können Sie Hochbetten aufstellen, welche die aufstrebende Holz-Energie verstärken. In Schlafzimmern mit niedrigeren Decken sind niedrigere Betten oder Futons günstiger. Sie schaffen mehr ruhigere Erd-Energie (S. 97).

SITZGELEGENHEITEN Gerundete, weiche, üppige Sessel sind mehr Yin und fördern die Entspannung. Aufrechte, gerade Stühle sind mehr Yang und wirken aktivierend. Mischen Sie Yin- und Yang-Sitzgelegenheiten, um eine ausgewogene Atmosphäre zu schaffen. Die Anordnung der Sitzgelegenheit hat ebenfalls eine Wirkung (S. 84 f.).

TISCHE Wenn Sie sich eine entspanntere Atmosphäre im Eßzimmer wünschen, versuchen Sie es mit einem ovalen Tisch, der mehr Yin ist. Wenn Sie jedoch im Wohnzimmer essen und der entsprechende Bereich nicht abgegrenzt ist, ziehen Sie vielleicht einen runden oder viereckigen Tisch vor, weil er mehr Yang ist. Das hilft Ihnen, die Chi-Energie des Eßbereichs an Ort und Stelle zu halten. Beistelltische und Couchtische sollten abgerundete Ecken haben, um schneidendes Chi zu vermeiden, besonders wenn sie in einer Sitzecke stehen. Tischplatten aus Yang-Materialien wie Glas beschleunigen den Fluß des Chi und schaffen eine anregendere, hellwache Atmosphäre; Yin-Materialien wie helles, naturbelassenes Holz haben einen mehr dämpfenden Effekt.

KOMMODEN Bei ihnen geht es hauptsächlich um die Form. Hohe Kommoden fördern eine stärkere Aufwärtsbewegung der Holz-Energie, während niedrige, breite Kommoden die ruhigere Erd-Energie stärken. Runde Schubladenknäufe, vor allem solche aus Metall, fördern die Metall-Energie und geben der Kommode einen stabileren Eindruck.

FRISIERTISCHE Ein Frisiertisch im Schlafzimmer sollte abgerundete Kanten haben, um schneidendes Chi zu vermeiden. Achten Sie darauf, daß der Spiegel über Nacht nicht auf Ihr Bett zeigt. Bedecken Sie ihn notfalls vor dem Schlafengehen mit Stoff. Ein ovaler Spiegel paßt zur Form Ihres Kopfes, wodurch Sie sich beim Schminken entspannter fühlen.

SCHRÄNKE Einbauschränke sollten so gestaltet sein, daß das Chi darin nicht stagniert. Harte, glatte, glänzende Oberflächen halten die Energie in Bewegung. Wenn möglich sollten sie so angelegt sein, daß der Raum selbst rechteckig wird. Sie könnten den Schrank beispielsweise in eine Nische einbauen, um deren Kanten zu beseitigen und gleichzeitig zu verhindern, daß durch den Schrank weitere scharfe Kanten ins Zimmer ragen. Das ist in einem Schlafzimmer besonders wichtig. Aus demselben Grund sollten Sie auch andere Schränke möglichst in Nischen stellen. Eckschränke sind besonders vorteilhaft, weil sie Zimmerecken abschneiden, ohne daß dabei zusätzliche vorstehende Kanten entstehen. Halten Sie die Schränke sauber und aufgeräumt.

Yang-Stühle
Sie haben harte, glänzende Oberflächen und bestehen aus Metall oder dunklen, polierten Harthölzern. Sie sind ideal für ein Arbeitszimmer, wo Sie aufmerksam und aktiv sein müssen.

Yin-Sessel
Polstersessel mit sanften, runden Formen und weichen Stoffbezügen sind mehr Yin und ideal für Wohnzimmer und Schlafzimmer, wo Sie sich entspannen und zur Ruhe kommen wollen.

Türen

Gewundener Pfad
Wenn Ihre Eingangstür in eine ungünstige Richtung weist, können Sie das herankommende Chi durch einen gewundenen Pfad mit vielen Büschen auf beiden Seiten verlangsamen. Dadurch wird unvorteilhaftes Chi absorbiert und verteilt, bevor es Sie erreicht.

Wenn Sie ein Gebäude durch den Haupteingang betreten und verlassen, fördern Sie den Fluß des Chi. Wenn Ihr persönliches Energiefeld das Haus betritt, entsteht dadurch im Eingang ein Wirbel, so als ob Sie Wasser mit Ihrer Hand durch eine Öffnung schieben würden. Sobald Sie drinnen sind, ersetzt Ihr Chi einen Teil der dort vorhandenen Energie, was eine weitere Bewegung im Eingang verursacht. Dasselbe gilt beim Verlassen des Hauses. Je mehr Menschen den Eingang benutzen, desto aktiver fließt das Chi, und desto größer ist der Einfluß der Tür.

DER VORDEREINGANG

Die Richtung der Haupteingangstür entscheidet darüber, welche Art von Chi in Ihr Haus gelangt. Wenn die Tür beispielsweise im Osten liegt, gelangt hauptsächlich die auftriebgebende Holz-Energie des Ostens ins Haus. Je häufiger die Tür benutzt wird, desto mehr von dieser östlichen Energie kommt herein.

Die Richtung, in die die Tür zeigt, hat ebenfalls eine Bedeutung. Eine Tür im Osten des Hauses, die auch selbst nach Osten weist, intensiviert beispielsweise die Chi-Energie des Ostens. Wenn Lage und Richtung der Tür nicht übereinstimmen, hat die Lage den größten Einfluß. Eine Tür im Osten des Hauses, die jedoch selbst nach Südosten zeigt, läßt hauptsächlich die Energie des Ostens herein, aber auch ein wenig von der Energie des Südostens. Die Übersicht auf der gegenüberliegenden Seite zeigt Ihnen, welche Wirkungen unterschiedliche Richtungen haben und welche Heilmittel Sie bei Bedarf einsetzen können.

Um eine günstige Lage und Richtung optimal zu nutzen, sollte die Eingangstür direkten Kontakt nach draußen haben. Wenn sie beispielsweise im Nordwesten liegt und nach Nordwesten zeigt und wenn Sie eine Familie haben, Ihr Leben gerne gut organisieren und eine berufliche Leitungsposition innehaben, liegt Ihre Eingangstür vorteilhaft. In diesem Fall ist eine Umgebung günstig, die mehr Chi zur Tür fließen läßt.

Wenn Sie sich jedoch in derselben Situation befinden, aber Ihre Eingangstür im Nordosten liegt und auch nach Nordosten zeigt, dann arbeitet die Energie gegen Sie. Hier hilft ein gewundener Weg zum Haus, an dem viele Pflanzen stehen, die Chi-Energie, die sich Ihrem Haus nähert, zu verlangsamen und zu verteilen. Ein langer, gerader Weg beschleunigt die Energie und lenkt sie direkt in Ihr Haus. Ein Haus, eine Mauer oder ein Gebäude gleich gegenüber der Tür wird wahrscheinlich einen Teil des hinein- und herausströmenden Chi blockieren.

Die Lage der Eingangstür

Prüfen Sie, in welcher Richtung Ihre Eingangstür von der Mitte des Hauses aus liegt. Wenn die Energie günstig ist, sollten Sie die Tür in einer passenden Farbe streichen und ein entsprechendes Material für die Ausstattung wählen. Im folgenden finden Sie einige Lösungen für ungünstige Lagen.

Süden
Eine sehr aktive Richtung – gut, um wahrgenommen zu werden –, aber sie kann übermäßig stimulierend sein, zu Auseinandersetzungen und möglicherweise zur Trennung führen.
Lösung Ein Anstrich in Hellgrün, Dunkelgrün, Blau oder Purpur und ein hölzerner Türknauf wären passend. Schwarz trägt dazu bei, das Chi zu beruhigen.

Südosten
Generall eine günstige Richtung – gut für Kommunikation und harmonischen Fortschritt.
Lösung Ein Anstrich in Dunkelgrün, Blau oder Cremeweiß und ein Holzknauf passen gut.

Südwesten
Hier ist Ihr Haus einer langsamen, gemächlichen Chi-Energie ausgesetzt, aber der Eingang liegt auch entlang einer Achse, wo der Fluß der Energie weniger stabil ist.
Lösung Ein Anstrich in Schwarz, Rostrot oder Grau sowie ein Türknauf aus Metall wären passend. Eine kleine Schale mit Meersalz würde die Stabilität erhöhen.

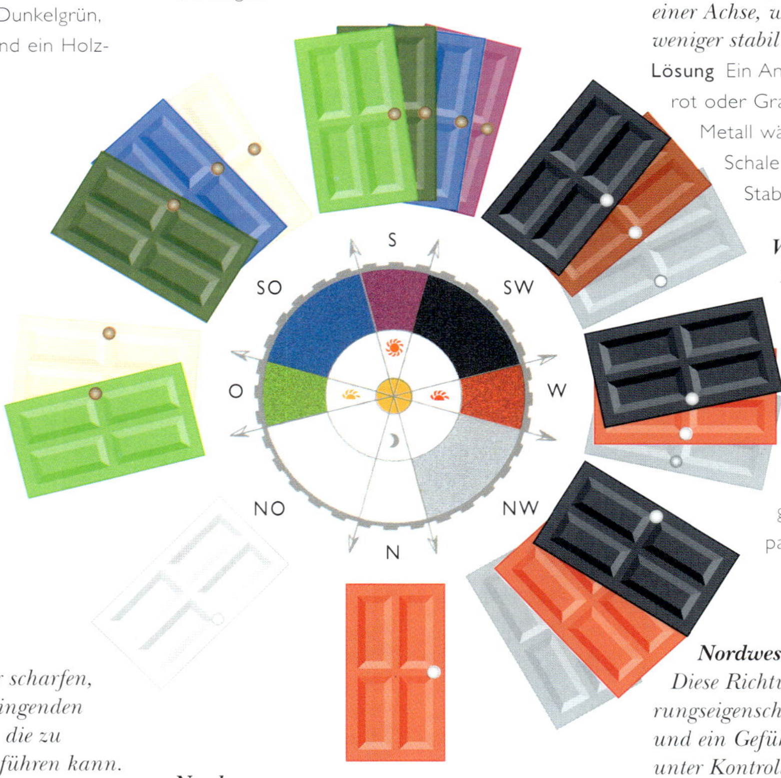

Osten
Eine günstige Richtung, vor allem für junge Leute, die ihre Karriere aufbauen.
Lösung Ein Anstrich in Hellgrün oder Cremeweiß und ein Türknauf aus Holz passen gut.

Westen
Hier kommt Chi-Energie herein, die einen Bezug zu Vergnügen, Romantik und Einkommen hat, aber auch zur Faulheit führen kann.
Lösung Schwarze, rote und graue Türen mit glänzenden Metallknäufen passen gut.

Nordosten
Hier ist Ihr Haus einer scharfen, schnellen und durchdringenden Chi-Energie ausgesetzt, die zu Gesundheitsproblemen führen kann.
Lösung Eine glänzend weiße Eingangstür oder eine glänzende Metallausstattung lenkt das nordöstliche Chi vom Haus ab. Eine kleine Schale mit Meersalz gleich hinter der Tür verringert es noch weiter.

Nordwesten
Diese Richtung begünstigt Führungseigenschaften, Organisation und ein Gefühl, das eigene Leben unter Kontrolle zu haben.
Lösung Schwarze, rote und graue Türen mit glänzenden Metallknäufen passen gut.

Norden
Diese Richtung ist für einen Eingang zu ruhig und isoliert.
Lösung Erhöhen Sie die Energie mit einem roten Anstrich, einer glänzenden Metallausstattung, Beleuchtung und Windspielen aus Metall.

Spiegel in der Eingangshalle
In langen, engen Fluren oder verwinkelten Korridoren können Sie Spiegel verwenden, um schnell fließendes Chi langsamer zu machen und in andere Teile des Hauses zu lenken sowie dafür zu sorgen, daß das Chi sanfter um Kanten und Ecken fließt.

TREPPEN

Treppen, die draußen direkt vor Ihrer Eingangstür liegen, können den Fluß des Chi in Ihr Haus erleichtern oder behindern. Stufen, die zur Tür hinaufführen, verlangsamen den Fluß des Chi ins Haus und beschleunigen den Energiestrom nach draußen.

Bei einem großen Landhaus mit doppelt breiter Eingangstür und einer langen, geraden Auffahrt wird eine Treppe zum Eingang keine großen Auswirkungen haben; dasselbe gilt für ein Haus, dessen Eingangstür im Osten oder Südosten liegt, wo die aufwärtsstrebende Holz-Energie vorherrscht. Andererseits hätte eine solche Treppe mit vielen Stufen bei einer kleinen Hütte, die mitten im Wald liegt und zu der ein schmaler, gewundener Pfad führt, erhebliche Auswirkungen, besonders wenn die Eingangstür klein ist. Die Situation würde sogar noch schlimmer, wenn die Tür im Südwesten, Westen oder Nordwesten läge.

Von Erdgeschoßwohnungen führen häufig Stufen zur Haustür, und das Chi kann oft unbewegt auf der Treppe verharren. Wenn die Tür geöffnet wird, strömt stagnierendes Chi herein.

INNERER EINGANGSBEREICH

Wenn eine Treppe vom Obergeschoß zur Haupteingangstür herunterführt, fließt das Chi oft geradewegs die Treppe herunter und zur Tür hinaus. Durch diesen Energiestrom nach draußen wird es für das von dort kommende Chi schwieriger, ins Haus zu gelangen (S. 146).

Wenn die Eingangstür in einen langen Korridor führt, beschleunigt sich der Fluß des Chi auf dieser Strecke, was die gesamte Energie dort in Unruhe versetzen kann. Eine andere Schwierigkeit kann sich ergeben, wenn von der geöffneten Eingangstür aus eine zweite Tür zu sehen ist, die ebenfalls nach draußen führt. Dann kann das Chi durch die eine Tür hinein und durch die andere heraus, ohne im Haus zu zirkulieren.

AUSSENTÜREN

GRÖSSE Große Türen lassen das Chi leichter hindurch. Sie sollten mindestens so groß sein, daß die größte Person im Haushalt bequem hindurchgehen kann. Wenn die Haupteingangstür an einer günstigen Stelle liegt und in eine günstige Richtung weist, ist eine große Tür vorzuziehen. Wenn die Richtung ungünstig ist, hat eine kleine Tür Vorteile.

FARBE Wählen Sie eine Farbe, die zum Standort der Tür paßt (S. 141). Wenn die Richtung ungünstig ist, verringert eine reflektierende Oberfläche, beispielsweise ein glänzender Anstrich, das hereinströmende Chi; auf diese Weise gelingt es auch, schneidendes Chi abzulenken.

MATERIALIEN Voll oder halb verglaste Türen lassen Licht und auch mehr Chi in einen dunklen Flur oder Korridor.

PROBLEMLÖSUNGEN FÜR TÜREN

Ausstattung
Glänzende Messingknäufe sind wie Spiegel und lenken das Chi von Ihrer Tür ab. Sie können nützlich sein, wenn Sie Probleme mit schnell fließendem Chi haben, das von der Straße direkt auf Ihr Haus zukommt, oder mit schneidendem Chi von einem Nachbarhaus. Vorteilhaft sind sie auch an der Eingangstür zu einer Erdgeschoßwohnung. Sie stimulieren das Chi und verringern das Risiko einer Stagnation an der Treppe.

Pflanzen
Büsche und Bäume neben der Haustür verlangsamen den Strom von ungünstigem Chi in Ihr Haus. Auf der anderen Seite tragen hohe Pflanzen dazu bei, daß sich vorteilhaftes Chi die Treppe hinauf- und auf die Tür zubewegt. Topfpflanzen zwischen Eingangstür und Treppe verlangsamen die Bewegung des Chi die Treppe herunter und auf die Tür zu. Sie können auch den Fluß des Chi durch einen langen Korridor verlangsamen.

Windspiele
Windspiele im Eingangsbereich oder draußen vor der Haustür können die Chi-Energie stimulieren, wenn sie stagniert oder durch ein anderes Gebäude blockiert wird (S. 153). Eine Türglocke aus echtem Metall hat denselben Effekt, aber achten Sie darauf, daß sie angenehm klingt.

Spiegel
Wenn die Eingangstür gegenüber einer Treppe liegt, können Sie einen konvexen Spiegel verwenden, um einen Teil des Chi zurück ins Haus zu lenken. Hängen Sie einen großen, flachen Spiegel an die Wand, die einen rechten Winkel zur Haustür bildet, damit Sie um die Tür »herumsehen« können, wenn Sie sie öffnen. Das fördert einen sanften Fluß des Chi durch die Tür und hilft Ihnen, ins Haus zu sehen, wenn sie die Tür von außen öffnen. Haben Sie einen langen Korridor oder ist die Hintertür von der Vordertür aus zu sehen, können Sie Spiegel benutzen, die das schnell fließende Chi in andere Bereiche des Hauses lenken, damit es nicht gleich durch die Tür entweicht.

Beleuchtung
Wenn die Haustür in eine ruhige Richtung wie beispielsweise nach Norden weist oder unter einer Treppe oder in einer dunklen Sackgasse liegt, hilft eine Außenbeleuchtung, den Fluß des Chi ins Haus zu stimulieren.

INNENTÜREN

GRÖSSE Größere Türen lassen das Chi aktiver in einen Raum hindurchfließen und passen am besten zu einem Wohnzimmer. Kleinere Türen schaffen eine intimere Atmosphäre und passen besser zu Schlafzimmern.

MATERIALIEN Die Richtung, in der die Tür von der Zimmermitte aus liegt, hat einen Einfluß auf den Strom des Chi. Die Wirkungen sind ähnlich wie bei Außentüren (S. 141), aber weniger intensiv; die Heilmittel sind die gleichen.

LAGE Türen, die sich aneinanderreihen, beschleunigen den Fluß des Chi in gerader Richtung und destabilisieren generell den Energiestrom.

ÖFFNEN UND SCHLIESSEN Türen sollten sich in einen Raum hinein öffnen. Dadurch kann das Chi leichter ins Zimmer fließen. Menschen, die den Raum betreten, haben ihn dadurch gleich voll im Blick, und wer sich im Zimmer befindet, sieht sofort, wer hereinkommt. Halten Sie die Türen geöffnet, damit das Chi frei fließen kann. Wenn Sie es in einem bestimmten Raum bewahren wollen, können Sie die Tür schließen. Die Türen zu Bad und Toilette sollten geschlossen sein. Halten Sie auch Ihre Schlafzimmertür geschlossen, während Sie schlafen.

Fenster

Glas
Bei großen Fenstern, die viel Sonnenlicht ins Haus lassen, ist farbiges Glas eine reizvolle Alternative. Wählen Sie Farben, die in die betreffende Richtung passen (S.123). Durch weißes Glas gelangt die größte Bandbreite von Licht und Chi-Energie ins Haus. Setzen Sie es dort ein, wo Tageslicht fehlt. Milchglas und Glasbausteine sind nützlich, wenn Sie ungestört sein wollen oder wenn es nicht möglich ist, weißes Glas zu verwenden.

Wie Türen lassen auch Fenster die Chi-Energie leicht hinein und heraus, aber da auf diesem Wege keine Menschen das Haus betreten oder verlassen, ist die Wirkung nicht so stark. Fenster lassen jedoch Licht herein, und die Richtung, aus der das Licht kommt, verändert die Chi-Energie in Ihrem Haus. Sonnenlicht aus dem Osten unterscheidet sich stark von Sonnenlicht aus dem Westen. Um festzustellen, welche Chi-Energie durch Ihre Fenster kommt, legen Sie den Raster der Acht Richtungen auf Ihren Grundriß und prüfen, in welcher Richtung die Fenster liegen.

Idealerweise sollten die Fenster Licht aus allen Richtungen ins Haus lassen (S. 55f.). Wo das nicht möglich ist, sollten Sie den Einbau von Oberlichtern erwägen. Auf diese Weise gelangt mehr Licht ins Haus und vor allem in Räume ohne Fenster.

Sorgen Sie dafür, daß Ihre Fenster leicht zu öffnen sind. Idealerweise sollten Sie sie das ganze Jahr hindurch mindestens einmal täglich öffnen, um frische Luft und Chi-Energie ins Haus zu lassen. Putzen Sie die Fenster regelmäßig, und ersetzen Sie beschädigte Scheiben sofort.

FENSTERARTEN

Die Chi-Energie gelangt durch große Fenster besser ins Haus und wieder nach draußen, aber zu viele Fenster führen zu einer übermäßigen Bewegung des Chi, wodurch es schwierig wird, sich im Haus zu entspannen. Bei zu wenigen oder zu kleinen Fenstern besteht die Gefahr, daß sich das Chi verlangsamt und stagniert. Ideal ist ein ausgewogenes Verhältnis zwischen der Zahl und der Größe der Fenster, und die Art des eingesetzten Glases kann helfen, durch die Größe bedingte Nachteile auszugleichen (s. links). Die Form der Fenster hat einen Bezug zur Energie der Fünf Elemente und wirkt sich ebenfalls aus.

Hohe rechteckige Fenster repräsentieren die Holz-Energie und schaffen im Haus eine Atmosphäre, die Auftrieb gibt. Sie passen am besten in den Osten, Süden und Südosten.

Spitze oder dreieckige Fenster repräsentieren die Feuer-Energie, kommen in Wohnhäusern jedoch selten vor.

Breite rechteckige oder quadratische Fenster schaffen eine gelassenere Atmosphäre, die einen Bezug zur Erd-Energie hat. Sie liegen am günstigsten im Süden, Südwesten, Westen, Nordwesten oder Nordosten.

Runde Fenster haben einen Bezug zur Metall-Energie. Sie schaffen eine konzentriertere Atmosphäre und passen am besten in den Südwesten, Westen, Nordwesten, Norden und Nordosten.

Fensterdekorationen

Je nachdem, wie Sie Ihr Fenster abdunkeln, gelangt mehr oder weniger Chi in den Raum. Wenn das Zimmer in einer günstigen Richtung liegt, werden Sie das Chi gern hereinlassen. In anderen Situationen möchten Sie genau das Gegenteil erreichen. Vorhänge sind die flexibelste Lösung. Sie verlangsamen meist den Fluß des Chi, aber es hängt viel von der Art der Vorhänge ab, ob sie leicht oder schwer sind, voll oder schmal. Passen Sie die Vorhänge Ihren Bedürfnissen an. Reinigen Sie sie regelmäßig, um den Staub zu beseitigen und stagnierendes Chi zu vermeiden.

Vorhänge

In großen Räumen, wo das Chi freier fließen kann, können Sie Vorhänge anbringen. Wenn man sie zuzieht, schaffen volle Vorhänge eine ruhige, behagliche Atmosphäre, aber in einem kleinen Zimmer können sie zur Stagnation führen. An kleinen Fenstern können sie auch das einfallende Sonnenlicht verringern, deshalb sollten Sie dort Rollos anbringen. Im Schlafzimmer fördern Vorhänge den Schlaf. Wenn das Bett nah am Fenster steht oder wenn Sie mit dem Kopf zum Fenster hin schlafen, sollten Sie die Vorhänge über Nacht zuziehen.

Lamellenvorhänge
Sie haben einen Bezug zur Holz-Energie und sind nützlich, wenn ein Zimmer größer wirken soll.

Jalousetten
Durchbrochene Jalousien lassen viel Licht herein und sind deshalb vorteilhaft für kleine Fenster. Holzjalousien haben eine neutrale Wirkung auf das Chi. Metall beschleunigt den Energiefluß und wirkt streng. Kunststoffe blockieren den Fluß des Chi.

Rollos
Sie haben eine ähnliche Wirkung wie Jalousien, schaffen jedoch eine etwas weichere Atmosphäre, weil sie aus Stoff sind. Nehmen Sie farbigen oder gemusterten Stoff, der zur jeweiligen Richtung paßt.

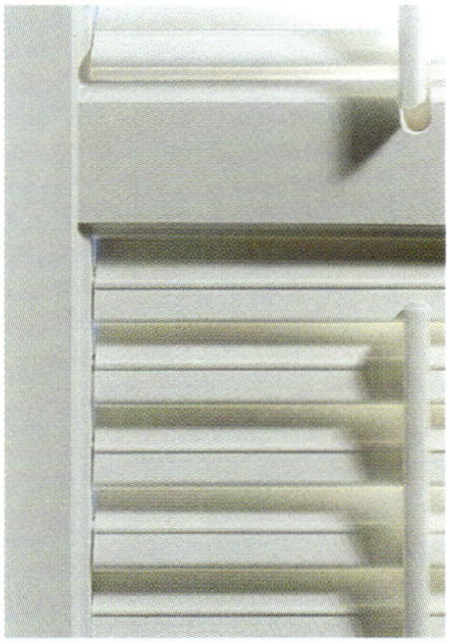

Fensterläden
Sie dunkeln den Raum am stärksten ab, und weil sie aus ziemlich festem Material bestehen, wirken sie auf den Fluß des Chi ähnlich wie Mauern. Einige können in bestimmten Abschnitten geöffnet werden und wirken daher eher wie Jalousetten.

Treppen

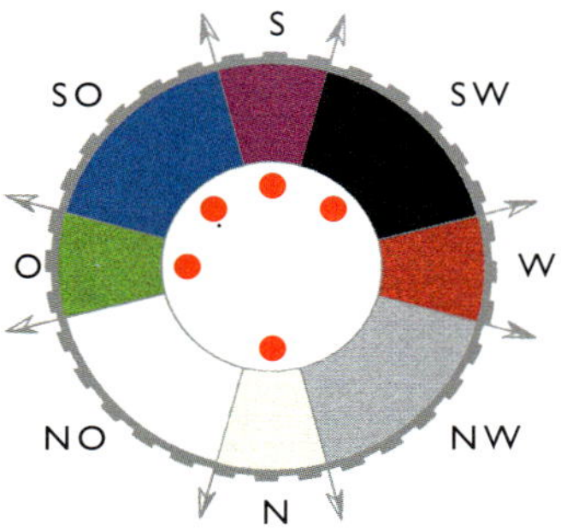

Günstige Standorte
Die besten Standorte für Treppen sind im Norden, Osten, Südosten, Süden und Südwesten Ihres Hauses.

Meist gelangt die Chi-Energie über Treppen von einem Stockwerk des Hauses ins nächste. Wenn Menschen die Treppen hinauf- und heruntergehen, wirbeln sie das Chi auf und lassen es schneller über die Treppe fließen, so daß Treppen gewöhnlich Kanäle für schnell fließendes Chi sind.

Steile Stufen und lange, gerade Treppen beschleunigen den Fluß des Chi noch stärker. Gewundene Treppen verlangsamen ihn und sind in den meisten Fällen vorzuziehen. Wendeltreppen drehen die Chi-Energie, wodurch man sich in ihrer Nähe desorientiert fühlen kann. Stufen aus Stein und Metall beschleunigen das Chi auf ihrer Oberfläche. Unbedeckte Holzstufen haben einen eher neutralen Einfluß, und Teppichböden, Seegras- und Binsenmatten unterdrücken den Fluß des Chi. Wenn Sie eine Wendeltreppe aus Stein oder Gußeisen im Haus haben, sorgen Sie am besten für weiche Oberflächen.

STANDORTE

Die Richtung, in der die Treppe von der Mitte Ihres Hauses aus liegt, hat einen Einfluß darauf, wie die Energie hinauf- und herunterfließt. Eine weitere Überlegung bezieht sich auf das, was sich am Beginn und am Ende der Treppe befindet. Die Chi-Energie wird schneller, wenn sie die Treppe herunterfließt; und wenn sich unten am Ende der Treppe eine Tür nach draußen befindet, bewegt sich das Chi meist schnell aus dem Haus, so daß drinnen ein Mangel entstehen kann (S. 132 f.). Ein Zimmer nahe dem oberen oder unteren Ende einer Treppe ist kein guter Platz für Schlaf, Arbeit oder Entspannung.

Treppen passen gut in den Osten, Südosten, Süden, Südwesten und Norden Ihres Hauses. Eine Treppe im Nordosten destabilisiert den Fluß des Chi, während im Westen und Nordwesten das Chi stärker konzentriert wird – nicht ideal für die Auf- und Abwärtsbewegung auf den Stufen. Eine Treppe, die durch die Mitte Ihres Hauses führt, teilt es oft in zwei Hälften. Das kann zu einer Spaltung der Familie, einem Mangel an Nähe oder sogar zur Trennung führen. Idealerweise sollte sich die Treppe nahe an einer Außenwand des Hauses befinden.

Um den störenden Effekten ungünstig liegender Treppen entgegenzuwirken, können Sie am oberen und unteren Ende Schalen mit Meersalz oder buschige Pflanzen aufstellen. Gegenstände aus Stein oder Metall wirken im Westen und Nordwesten Ihres Hauses am besten, Meersalz im Südwesten oder Nordosten, buschige Pflanzen im Norden, Osten oder Südosten und Tonschalen mit Holzkohle im Süden.

Dekorative Gegenstände

Der Fluß der Chi-Energie durch Haus und Garten wird durch jede Art von Skulptur, durch Kunstgegenstände und dekorative Gegenstände beeinflußt. Dazu gehören Gemälde ebenso wie dreidimensionale Objekte. Der jeweilige Einfluß hängt stark von Form und Material ab. Bilder können auch durch ihre symbolische Bedeutung einen Effekt haben, der sich auf Ihren eigenen Chi-Fluß auswirkt. Ein Gemälde oder die Skulptur eines Paares, das sich liebevoll umarmt, kann bei Ihnen beispielsweise romantische Gefühle fördern. Wie bestimmte Formen, Farben und Materialien die Chi-Energie beeinflussen, wird auf S. 122–130 beschrieben. Indem Sie diese Eigenschaften kombinieren, können Sie die ideale Statue oder Skulptur für einen beliebigen Effekt auswählen (s. rechts).

NÜTZLICHE FIGUREN

MEHR ROMANTIK Wählen Sie eine rundliche Metallfigur, die ein romantisches Thema verkörpert und irgendwo einen Hauch roter Farbe enthält, und stellen Sie sie in den Westen.

KARRIERE FÖRDERN Ideal wäre eine hohe Holzfigur mit einem Hauch von Grün oder an einem Platz inmitten von Pflanzen im Osten.

MEHR FAMILIÄRE HARMONIE Nehmen Sie eine niedrige Figur aus Ton oder Gips in Gelb, Weiß oder Schwarz, und stellen Sie sie in den Südwesten.

MEHR RUHE UND FRIEDEN Stellen Sie eine unregelmäßig geformte Glasfigur in den Norden Ihres Hauses.

RUHM UND ANERKENNUNG Stellen Sie einen purpurfarbenen Stern oder eine Pyramide in dieser Farbe in den Süden. Der Effekt ist noch besser, wenn darin eine Kerze steht.

Rechteckige Schachteln
Sie erhöhen die Metall-Energie und fördern im Südwesten Stabilität.

Durchsichtiges Glas
Schafft im Norden eine fließende Atmosphäre.

Glänzende Keramikgegenstände
Helfen, die Energie im Westen und Nordwesten zu konzentrieren.

Vögel aus Ton
Niedrige Tongegenstände schaffen eine Atmosphäre der Beständigkeit (im Nordosten).

Tiere aus Holz
Sie erhöhen die Lebendigkeit und passen deshalb gut in den Osten und Südosten.

Dosen und Rahmen aus Metall
Damit schaffen Sie im Nordwesten und Westen mehr solide Metall-Energie.

Steinfiguren
Romantische Bilder erhöhen die verspielte Energie des Westens.

Spiegel

Konvexe Spiegel
Die nach außen gewölbte Oberfläche dieses Spiegels reflektiert die Chi-Energie in verschiedene Richtungen und verteilt sie. Das ist besonders nützlich, um schnell fließendes oder schneidendes Chi zu verteilen oder an großen Treppen das Chi zurück ins Haus zu lenken (s. gegenüberliegende Seite).

Spiegel sind im Feng Shui sehr wichtig. Sie beschleunigen den Fluß des Chi durch ihre harte, glatte, glänzende Oberfläche und lenken die Energie durch ihre reflektierenden Eigenschaften in andere Richtungen. Sie wirken auf das Chi ähnlich wie auf Lichtwellen. Deshalb kann man Spiegel einsetzen, um Chi und Licht in Bereiche des Hauses zu lenken, in denen die Energie stagniert. Sie können auch Energie von einem Bereich ablenken, wo ein Übermaß an Chi herrscht, oder Ströme von schnell fließendem, ungünstigem oder schneidendem Chi in eine andere Richtung lenken. Spiegel sind in dieser Beziehung besonders effektiv, aber im Prinzip kann jede reflektierende Oberfläche den Fluß des Chi auf ähnliche Weise beeinflussen. Dazu gehören glänzende Türklopfer, Knäufe und Türgriffe, Briefkästen, Ornamente, Bilder in verglasten Rahmen, Töpfe aus poliertem Metall und Lampen. Flache Gegenstände, wie etwa das Glas eines Bilderrahmens, wirken wie flache Spiegel; geformte Gegenstände wie Tür-klopfer wirken wie konvexe Spiegel (s. u.). Je mehr die Oberfläche reflektiert, desto stärker ist die Wirkung auf die Chi-Energie. Solche Objekte können wie Spiegel benutzt werden (s. gegenüberliegende Seite).

Um schneidendes Chi von einer scharfen Kante oder einer belebten Straße von Ihrem Haus abzulenken (S. 62 f.), eignet sich eine reflektierende Türausstattung besser als Spiegel.

SPIEGELFORMEN

Im Feng Shui benutzt man flache und konvexe Spiegel. Flache Spiegel lenken das Chi in eine bestimmte Richtung, während konvexe es in mehrere Richtungen verteilen. Konvexe Spiegel sind gewöhnlich rund, aber flache gibt es in vielen Formen wie rechteckig, quadratisch, rund, oval, achteckig und unregelmäßig. Achteckige Spiegel haben im Feng Shui eine besondere Bedeutung, weil die acht Seiten mit den Acht Richtungen übereinstimmen, aber die anderen Formen sind auch wichtig, und das Material und die Farbe des Spiegelrahmens können einen subtilen Einfluß auf das Chi der Umgebung haben.

Runde und ovale Spiegel haben einen Bezug zur Metall-Energie, wobei die runde Form mehr Yang ist und hilft, das Chi zu bewahren, während ovale Spiegel mehr Yin sind und deshalb das Chi eher verteilen. Hohe, schmale, reckteckige Formen stärken die aufwärtsstrebende Holz-Energie. Niedrige, breite Rechtecke haben einen Bezug zur Erd-Energie und schaffen eine stabilere, gelassenere Atmosphäre in einem Raum. Quadrate sind wie Kreise kompakte Formen und bewahren die Chi-Energie

Der Einsatz von Spiegeln

Wenn man ihren Standort mit Bedacht wählt, können Spiegel helfen, die Chi-Energie harmonischer durch das Haus zu lenken und bestimmte Problemzonen wie lange, enge Korridore, kleine oder L-förmige Zimmer und Treppen gegenüber der Eingangstür zu beseitigen.

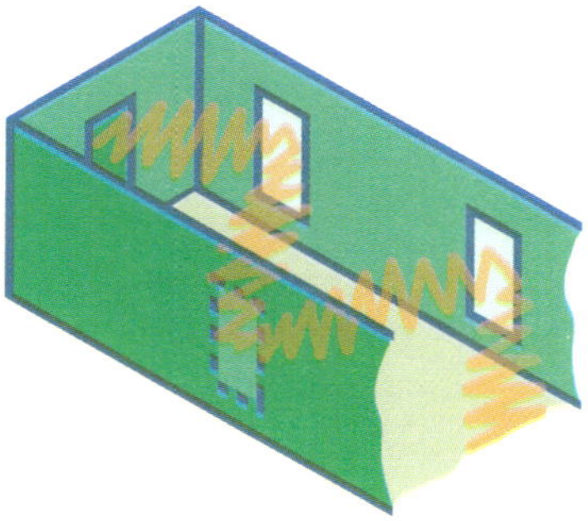

Korridore
Bringen Sie auf allen Seiten eines langen Korridors Spiegel an, um das Chi von einer Seite zur anderen zu lenken und seinen Fluß zu verlangsamen. Der Korridor wird dadurch auch breiter wirken. In einem dunklen Korridor, der um die Ecke führt, können Sie in der Biegung einen konvexen Spiegel anbringen, damit Sie um die Ecke herumsehen können. Der Spiegel läßt auch Chi um die Ecke fließen.

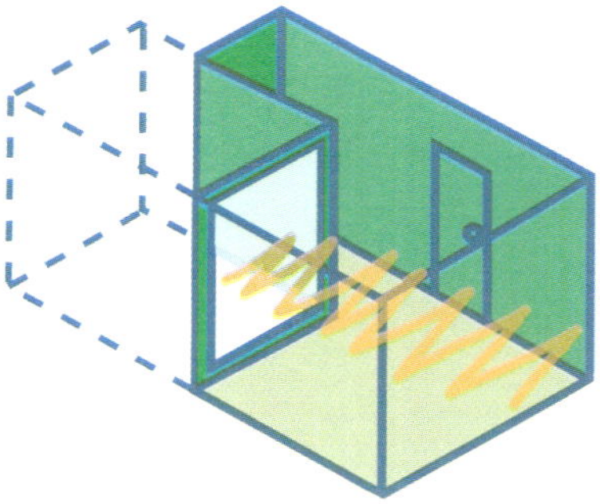

L-förmige Zimmer
Verwenden Sie große Spiegel, um den Eindruck zu erwecken, daß der Raum sich in den eingerückten Teil erstreckt. Hängen Sie den Spiegel so, daß er die gegenüberliegende Seite des Raumes reflektiert. Das fördert auch den Fluß des Chi durch den Raum, so daß die Wand mit dem Spiegel weiter entfernt zu liegen scheint.

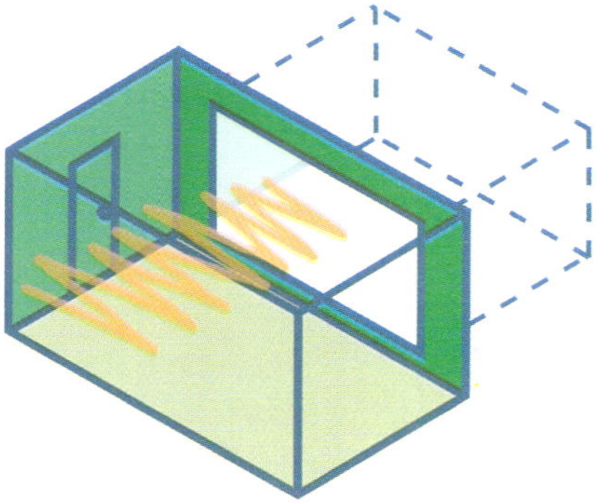

Kleine Räume
Große, flache Spiegel können ein kleines Zimmer geräumiger wirken lassen. Der Effekt wird dadurch verstärkt, daß sie die Chi-Energie quer durch das Zimmer lenken.

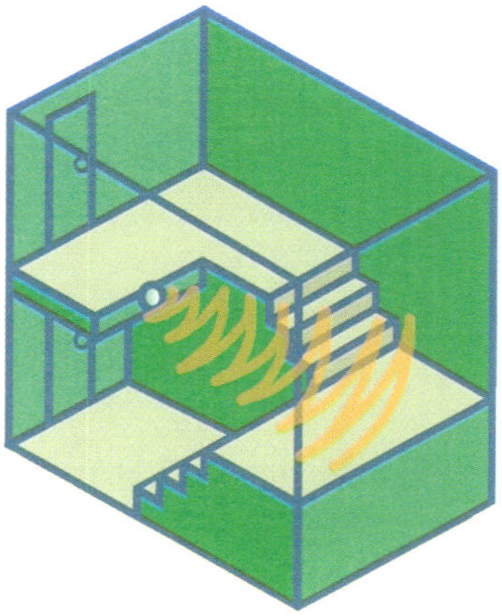

Hausflure
Wenn Treppen der Haustür gegenüberliegen, können Sie einen konvexen Spiegel anbringen, um die Chi-Energie zurück ins Haus zu lenken.

ALLGEMEINE EMPFEHLUNGEN

VERBINDUNGEN Verkleiden Sie die Verbindungen zwischen nebeneinanderhängenden Spiegeln mit Bändern, Holzstreifen oder Pflanzen. Diese Stellen zerstreuen sonst die Reflexion, was den natürlichen Fluß des Chi stört. Vermeiden Sie Spiegelkacheln – unterbrochene Reflexionen schaffen ein chaotisches Chi.

GRÖSSE Spiegel sollten so groß sein, daß Sie Ihren ganzen Kopf oder bei langen Spiegeln den ganzen Körper darin sehen können.

SCHLAFZIMMER Schlafen Sie nicht gegenüber von Spiegeln. Während des Schlafs vertreiben Sie unerwünschte Gedanken und Gefühle durch das Chi, das Ihren Körper verläßt. Ein Spiegel wirft etwas davon auf Sie zurück.

STANDORT Hängen Sie Spiegel nicht einander gegenüber, weil das Chi zwischen beiden hin und her springt und nicht weiterfließt.

FENSTER Stellen Sie keinen Spiegel auf eine Fensterbank, weil dadurch der Fluß des Chi durch das Fenster gestört wird. Hängen Sie Spiegel auch nicht gegenüber von Fenstern oder Türen auf, weil dadurch das hereinströmende Chi zurückgeworfen wird.

PFLEGE Halten Sie die Spiegel sauber, und ersetzen Sie beschädigte Spiegel sofort.

Wasser-Merkmale

Schwimmbecken
Wasser hat große Macht, das Chi zu aktivieren, so daß ein günstig gelegenes Schwimmbecken – im Osten oder Südosten – das Chi Ihres Hauses beleben kann. Dieser Pool hat auch eine günstige Form mit vielen Kurven und ist von einer gesunden Vegetation umgeben.

Wasser gehört zu den wichtigsten Heilmitteln im Feng Shui, weil es eine besondere Bedeutung für den menschlichen Körper hat (S. 64 f.). Zusätzliche Wasser-Merkmale im Garten oder im Haus bringen frisches Chi.

Die Wasser-Energie kann durch einen Gartenteich oder Springbrunnen, ein Schwimmbecken, eine Badeschale für Vögel, ein Aquarium, einen Springbrunnen im Haus oder irgendein anderes Wasser-Merkmal im Haus repräsentiert werden. Selbst etwas so Einfaches wie eine kleine Schale mit frischem, sauberem Wasser kann wirksam sein. Das Wasser sollte frisch und sauber bleiben. Stellen Sie die Schale in den Osten oder Südosten Ihres Hauses; andere Richtungen werden nicht empfohlen.

TEICHE UND SPRINGBRUNNEN

Runde oder gebogene Formen sind für einen Gartenteich besonders günstig. Um Stagnation zu vermeiden, sollte der Teich Fische, Frösche, Wasserpflanzen, Gräser und andere Lebewesen enthalten. Auf diese Weise bewahrt man ein gutes ökologisches Gleichgewicht im Teich und hält das Wasser frisch und sauber. Bewegung im Wasser wie beispielsweise ein Springbrunnen in der Mitte des Teichs oder ein künstlicher Wasserfall hilft, Stagnation zu vermeiden. Springbrunnen machen das Wasser aktiver und lassen die Chi-Energie stark nach oben fließen. Nach oben gerichtete Lichter im Springbrunnen intensivieren diese Bewegung noch weiter. Springbrunnen sind besonders nützlich, um Ihr Haus vor schnell fließendem Chi von einer belebten Straße oder vor schneidendem Chi von der Ecke eines Nachbarhauses zu schützen. Damit er wirken kann, muß der Springbrunnen jedoch zwischen Ihrem Haus und der Straße oder der Quelle des schneidenden Chi liegen (S. 14). Wenn Sie fließendes Wasser wie beispielsweise einen Bach in Ihrem Garten haben, sollte er in Richtung auf Ihre Haustür und nicht entgegengesetzt fließen. Wasser, das von Ihnen wegfließt, kann zu finanziellen Verlusten führen. Idealerweise sollte das Wasser in vielen sanften Kurven auf Ihr Haus zufließen. Wasserfälle sind eine andere Möglichkeit, den Strom des Chi zu aktivieren. Fallendes Wasser wirkt beruhigender als die Aufwärtsbewegung eines Springbrunnens. Wasser, das sich in Bächen, Wasserfällen oder Springbrunnen bewegt, macht Geräusche, die ebenfalls Ihr persönliches Chi beeinflussen können. In einem steinigen Bachbett fließt das Wasser leicht um die Hindernisse herum. Auf ähnliche Weise läßt das Geräusch des fließenden Wassers das Chi leichter an Hindernissen auf seinem Weg vorbeifließen. Das hilft Ihnen auch, Schwierigkeiten in Ihrem Leben zu überwinden.

Das Geräusch von leise plätscherndem Wasser ist mehr Yin und wirkt besänftigend, während das Platschen eines großen Springbrunnens mehr Yang ist und anregend wirkt. Absolut unbewegtes, sauberes Wasser mit einer ruhigen, glatten Oberfläche ist am stärksten Yin.

SCHWIMMBECKEN

Setzen Sie den Pool östlich oder südöstlich von der Mitte Ihres Hauses. Das Wasser in einem Schwimmbecken enthält normalerweise Chemikalien, um das Wachstum von Bakterien und Algen zu verhindern, so daß es in gewisser Weise belastet und nicht ideal ist. Die Form des Beckens sollte keine scharfen Kanten haben. Setzen Sie das Becken nicht zu nah ans Haus oder in die Nähe der Tür.

Ein Schwimmbecken im Haus sollte im Osten oder Südosten liegen. Der Raum muß gut belüftet und so gestaltet sein, daß möglichst keine Feuchtigkeit in den Rest des Hauses gelangt (Türen geschlossen halten).

WASSER-MERKMALE IM INNERN DES HAUSES

Ein Aquarium eignet sich hervorragend, um mehr bewegtes Wasser ins Haus zu bringen. Stellen Sie es in den Osten oder Südosten des Hauses und möglichst auch in den Osten oder Südosten des Zimmers. Benutzen Sie keine Dekoration aus Plastik, sondern lieber Kieselsteine und Muschelschalen. Passende Wasserpflanzen haben ihr eigenes Chi und helfen, das Aquarium sauber und die Fische gesund zu halten.

Springbrunnen im Inneren des Hauses können sehr unterschiedlich sein, von eigens konstruierten Vorrichtungen bis zu einem kleinen Stein mit integrierter Pumpe, die das Wasser auf die Spitze des Steins bewegt. Wie das Aquarium sollte auch ein Springbrunnen im Osten oder Südosten des Hauses und des Zimmers stehen.

Wenn Sie nicht genug Platz für große Lösungen haben, stellen Sie einfach eine Schale mit Wasser in den Osten oder Südosten. Erneuern Sie das Wasser täglich. Idealerweise wird die Schale an einem Wasserkran im Osten oder Südosten des Hauses gefüllt, bevor aus diesem Kran Wasser für andere Zwecke entnommen wird.

FISCHE

Fische im Teich oder Aquarium beeinflussen die Chi-Energie. Abhängig von Form, Farbe und Verhalten können sie mehr Yin oder mehr Yang sein. Schnelle, aggressive Fische sind mehr Yang und schaffen einen dynamischen Chi-Fluß. Fische in leuchtenden Farben wirken ebenfalls anregend. Langsame, friedliche Fische oder solche in gedämpften Farben sind mehr Yin und fördern eine ruhigere, entspanntere Atmosphäre.

FENG SHUI IM ALLTAG

Wasserkuren

Eine meiner Klientinnen war unglücklich, weil sie seit ihrer Scheidung vor drei Jahren keinen neuen Partner gefunden hatte. Ich riet ihr, eine Schale mit Wasser auf die Fensterbank entlang der Ost-West-Achse ihres Hauses zu stellen. Jeden Tag, wenn sie aufstand, füllte sie die Schale mit frischem Wasser. Das Wasser stand dort, wo die Nachmittagssonne hereinschien. Innerhalb weniger Monate hatte sie drei Männer getroffen, die sie näher kennenlernen wollten.

Ein anderer selbständiger Klient hatte verschiedene Lebensprobleme einschließlich geschäftlicher Schwierigkeiten. Auf meinen Rat stellte er ein Aquarium mit leuchtendbunten, sehr beweglichen Fischen in den Osten seines Hauses. Nach einiger Zeit stellte er fest, daß seine Umsätze um 70 Prozent gestiegen waren. Allmählich fühlte er sich besser und zuversichtlicher im Hinblick auf die Zukunft.

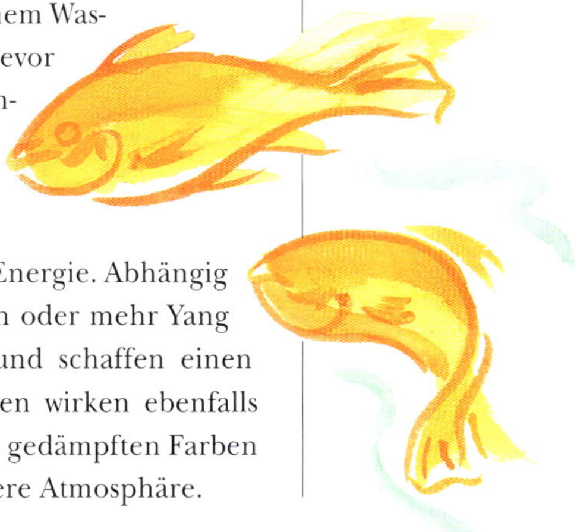

Andere Möglichkeiten zur Aktivierung des Chi

Der Einsatz von Kristallen
Wenn man sie ins Fenster hängt, können Kristalle die Chi-Energie von draußen in einen dunklen Raum oder in einen Bereich mit stagnierender Energie bringen.

KRISTALLE

Wenn das Sonnenlicht durch einen Kristall strahlt, wird es in die Regenbogenfarben gebrochen. Farbiges Licht verteilt sich in alle Richtungen, und jede Farbe bringt ihre eigene Chi-Energie in den Raum. So repräsentiert Grün beispielsweise die Holz-Energie des Ostens. Am weitesten verbreitet sind runde* Kristalle mit vielen Facetten. Auf ihrer Oberfläche haben sie viele flachgeschliffene Stellen, wodurch sie das Licht in viele Richtungen brechen können. Oft sind sie mit einer Vorrichtung zum Aufhängen ausgestattet. Unregelmäßig geformte oder gezackte Kristalle kann man ebenfalls verwenden, aber achten Sie darauf, daß Sie nicht zuviel stechendes Chi erzeugen. Legen Sie die Kristalle in die Nähe von Pflanzen, deren eigenes Chi hilft, die Energie des Kristalls zu besänftigen.

KERZEN

Kerzen bringen zusätzliche Feuer-Energie in einen Bereich und stärken dadurch Leidenschaft und Ausdruckskraft. Sie helfen auch, wenn man auf sich aufmerksam machen will. Wenn Sie bei der Meditation in ein Kerzenlicht blicken, fördert das die Entwicklung neuer Ideen; verwenden Sie zu diesem Zweck eine einzelne Kerze, um sich auf einen einzigen Punkt zu konzentrieren. Wenn Sie mit einer bestimmten Person eine intimere Beziehung haben möchten, stellen Sie zwei Kerzen zu einem Paar eng zusammen. Hohe Kerzen eignen sich dafür am besten, weil ihre Form die Holz-Energie repräsentiert, die die Feuer-Energie unterstützt.

Die günstigsten Richtungen für Kerzen sind der Osten, Südosten, Süden, Südwesten, die Mitte und der Nordosten Ihres Hauses oder eines Zimmers. Kerzen sind vorteilhaft, wenn es in einem Haus oder einem Zimmer zuwenig Sonnenlicht gibt. Stellen Sie mehrere Kerzen in den Süden des Raumes oder in die südliche Ecke. In dunklen, feuchten Räumen machen Kerzen die Atmosphäre trockener und heller.

Form, Material und Farbe der Kerzenhalter haben einen subtilen Einfluß auf das Chi der Umgebung. Ein großer, schwarzer Kerzenhalter aus Schmiedeeisen hat beispielsweise einen Bezug zur Holz-, Erd- und Metall-Energie; ein hoher, grüner Kerzenhalter aus Holz hat alle Charakteristika der Holz-Energie, während ein flacher, weißer Kerzenhalter aus Porzellan die Erd-Energie repräsentiert. Weiße Kerzen haben die engste Beziehung zur Kerzenflamme und sind in den meisten Fällen günstiger als farbige Kerzen.

* Vorsicht bei Bergkristall, der wie ein Brennglas wirkt (A. d. Ü.)

KLÄNGE

Klang versetzt die Luft in Schwingung, wodurch das Chi stimuliert wird. Skandieren und Singen kann im menschlichen Körper denselben Effekt haben.

WINDSPIELE Sie können Windspiele im Haus oder im Garten anbringen. Da ihr Klang die Energie reinigen soll, müssen sie entsprechend sorgfältig ausgewählt werden. Windspiele bestehen gewöhnlich aus Metall, Holz oder Keramik, wodurch jeweils die Elemente Metall, Holz und Erde gestärkt werden. Wenn Sie entschieden haben, wo Sie ein Windspiel anbringen wollen, stellen Sie fest, in welcher Richtung der Platz von der Mitte Ihres Hauses aus liegt, und wählen Sie dann das passende Material (S. 130). Um beispielsweise das Chi in der Nähe einer Tür im Norden Ihres Hauses anzuregen, können Sie ein Windspiel aus Metall so aufhängen, daß es klingt, wenn die Tür geöffnet wird. Um die Chi-Energie im Süden zu beruhigen, sind Windspiele aus Keramik besser geeignet.

GLOCKEN UND GONGS Sie wurden traditionell benutzt, um das Chi in allen Teilen des Hauses zu reinigen. Man kann sie mit der Hand zum Klingen bringen, wenn sich die Energie in einem Bereich schwer oder stagnierend anfühlt. Ein Gong, der in einer Diele in der Nähe der Mitte des Hauses hängt, klingt jedesmal, wenn er geschlagen wird, durch das ganze Haus. Andere Klänge haben ähnliche Wirkungen. Telefone und Türklingeln können den Fluß des Chi verstärken, wenn ihr Klang nicht elektronisch, sondern durch eine Metallglocke erzeugt wird.

UHREN Das rhythmische Ticken einer alten Standuhr bringt ein geordnetes Chi hervor, das stärker Yang ist und nützlich sein könnte. Wenn die Uhr regelmäßig die Stunde schlägt, wird das Chi dadurch gereinigt.

MEERSALZ

Salz ist von allen Nahrungsmitteln am stärksten Yang. Man findet es im Blut in Form von Natrium, und es hat auf diese Weise einen direkten Einfluß auf Ihre persönliche Chi-Energie. Außerdem vermag es Feuchtigkeit aus der Atmosphäre anzuziehen, und im Sinne des Feng Shui besteht sein Effekt darin, daß es Chi-Energie aufnimmt, was reinigt und stabilisiert. Das Chi, das aufgenommen wird, hat einen Bezug zur Metall-Energie, so daß Sie Meersalz verwenden können, wenn Sie in Harmonie mit der Metall-Energie sein wollen. Geben Sie etwas Salz in eine niedrige, weiße Porzellanschale. Stellen Sie die Schale auf den Boden oder in ein Regal. Sie können die Schale auch unter ein Möbelstück stellen. Meersalz wirkt am besten im Nordosten und Südwesten des Hauses, wo es den von Natur aus labileren Fluß der Erd-Energie stabilisiert. Das ist besonders nützlich, wenn Sie in dieser Richtung eine Tür, Treppen, Bad, Toilette oder Küche haben.

Ob laut oder leise, Klänge können das Chi stimulieren oder reinigen, besonders in Bereichen, die für Stagnation anfällig sind, wie dunkle Ecken, Korridore, Flure und der Raum unter Dachschrägen. Man kann Windspiele, Glocken oder Uhren einsetzen. Um eine positive Wirkung zu erzielen, braucht man angenehme Klänge; deshalb sollten Sie die betreffenden Gegenstände sorgfältig auswählen.

Ein neues Zuhause finden

Im Sinne des Feng Shui bietet ein Umzug die Gelegenheit, Ihr Leben in allen Aspekten neu mit Energie aufzuladen, aber er birgt auch Risiken. Rückblickend zeigt sich oft, daß ein Umzug ein entscheidender Wendepunkt in Ihrer Karriere und auch in Ihrem persönlichen Leben war. Deshalb gehört die Wahl eines neuen Hauses zu Ihren wichtigsten Lebensentscheidungen.

Bevor Sie sich entscheiden, sollten Sie prüfen, ob das Potential Ihres neuen Hauses oder Ihrer neuen Wohnung Ihren Zielen und Wünschen entspricht. Sowohl der Zeitpunkt als auch die Richtung des Umzugs sollten für Sie günstig sein.

Wenn Sie eine oder mehrere vorteilhafte Richtungen festgestellt und ein möglicherweise passendes Haus gefunden haben, sollten Sie die äußeren Merk-

RICHTUNG In welche Richtung ziehen Sie? Paßt sie zum Neun-Ki-Jahr Ihres Umzugs? Wenn nicht, denken Sie über eine andere Richtung nach! Vgl. S. 40.

EHEMALIGE BEWOHNER Wie ist es den früheren Bewohnern ergangen? Waren sie in diesem Haus erfolgreich und glücklich? Wenn nicht, prüfen Sie, ob das Chi des Hauses dafür verantwortlich sein könnte. Vgl. S. 13.

BAUMATERIAL Aus welchem Material ist das Haus gebaut? Welche Auswirkungen wird das Material wahrscheinlich haben? Vgl. S. 49.

FORM DES HAUSES Welche Form hat das Haus, und welche Effekte werden Erweiterungen und Einbuchtungen wahrscheinlich haben? Vgl. S. 51.

ANDERE GEBÄUDE Welche anderen Gebäude liegen in der Nähe? Könnten sie Probleme verursachen, und wenn ja, wie nah liegen sie? Vgl. S. 56.

SONNENLICHT Wie scheint die Sonne auf das Haus? Bekommt es genug Sonnenlicht? Wenn nicht, kann man das möglicherweise durch den Einbau weiterer Fenster korrigieren? Vgl. S. 54.

FORMEN DER NACHBARHÄUSER Welche Formen haben die Nachbarhäuser? Passen sie zur Form Ihres neuen Hauses? Vgl. S. 56.

SCHATTEN Wird das Haus von einem Nachbargebäude überschattet? Wenn ja, aus welcher Richtung? Vgl. S. 60.

STRASSEN Wie liegt das Haus im Verhältnis zu den vorbeiführenden Straßen? Ist es wahrscheinlich, daß die Straßen das Chi des Hauses stören? Vgl. S. 63.

WASSER Gibt es Wasser in der Nähe? Wenn ja, welche Art von Wasser, und in welcher Richtung liegt es vom Haus aus? Vgl. S. 64.

HÜGEL Liegt das Gebäude auf einem Hügel? Wenn ja, auf welcher Seite, und wo liegt der Haupteingang? Vgl. S. 66.

BÄUME Gibt es in der Nähe Bäume? Wenn ja, sind sie gesund? Welche Art von Bäumen sind es? Stehen sie in einer günstigen Richtung zum Haus? Vgl. S. 66.

HAUSTÜR Liegt die Haustür in einer günstigen Richtung? Wenn nicht, kann man sie versetzen oder die Situation anderweitig korrigieren? Vgl. S. 140.

male des Gebäudes, seine Architektur und die umgebende Landschaft prüfen. Die Geschichte des Hauses bzw. der Wohnung und diejenige der ehemaligen Bewohner sind ebenfalls von Bedeutung.

Schließlich sollten Sie einen Grundriß zeichnen und die Richtung der wichtigsten Räume festlegen. Nutzen Sie diese Gelegenheit, um die entscheidenden Merkmale im Inneren des Hauses zu prüfen, besonders diejenigen, die sich schwer verändern lassen wie beispielsweise Haustür, Badezimmer und Küche. Es ist unwahrscheinlich, daß jemand das perfekte Haus findet, das den Feng-Shui-Prinzipien in jeder Hinsicht entspricht. Meist sind Kompromisse erforderlich. Einige Probleme wiegen schwerer als andere, und einige lassen sich leichter lösen als andere. Denken Sie daran, daß Ihr Haus Ihren speziellen Wünschen und Bedürfnissen entsprechen muß und nicht irgendeinem abstrakten Ideal. Die folgende Checkliste von Fragen hilft Ihnen, zu Ihrer eigenen Feng-Shui-Bewertung zu finden, gibt Ihnen eine Vorstellung von den Problemen, auf die Sie sich einstellen müssen, und hilft Ihnen, notwendige Korrekturen vorzunehmen.

ZUGANG ZUR HAUSTÜR Ist der Zugang zur Haustür günstig? Wenn nicht, kann man ihn verändern? Vgl. S. 140.

HAUPTTREPPE Liegt die Haupttreppe günstig? Wenn nicht, was läßt sich daran ändern? Vgl. S. 146.

WOHNZIMMERMÖBEL Können Sie die Sitzgelegenheiten im Wohnzimmer günstig anordnen? Vgl. S. 84 u. 86.

SCHLAFZIMMER Gibt es günstig gelegene Schlafzimmer für Sie und Ihre Kinder, und kann man die Betten dort vorteilhaft stellen? Vgl. S. 93, 98 u. 99.

ARBEITSZIMMER UND SCHREIBTISCH Gibt es ein günstig gelegenes Arbeitszimmer, in dem Sie Ihren Schreibtisch und Stuhl vorteilhaft stellen können? Vgl. S. 111 u. 116.

KÜCHE Liegt die Küche in einer vorteilhaften Richtung? Wenn nicht, kann man sie verlegen? Stehen Herd und Spüle in einem günstigen Verhältnis zueinander? Wenn nicht, kann man sie umstellen? Vgl. S. 103.

BADEZIMMER In welcher Richtung liegen Bad, Dusche und Toiletten von der Mitte des Hauses aus? Können sie im ungünstigsten Fall verlegt werden? Vgl. S. 107.

VOR DEM EINZUG IN EIN NEUES HAUS

Um eventuelle negative Chi-Energie von früheren Ereignissen und Bewohnern zu beseitigen, sollten Sie das Haus vor dem Einzug gründlich reinigen. Idealerweise sollten Sie das Haus vollständig renovieren, alle Teppichböden und Vorhänge erneuern und eventuell zurückgelassene Polstermöbel ausrangieren.

Der Hausputz wirkt am besten im Frühling und Sommer, weil das Chi während dieser Zeit mehr Yang und stärker aufwärtsgerichtet ist. Wählen Sie einen trockenen, sonnigen Tag, um das alte Chi zu aktivieren, damit es das Haus leichter verlassen kann.

Wenn Sie im Herbst oder Winter umziehen, sollten Sie möglichst im darauffolgenden Frühling einen zweiten großen Hausputz halten.

Register

DANKSAGUNGEN

Ich möchte all denen danken, die ihren Teil dazu beigetragen haben, daß ich so weit gekommen bin, dieses Buch schreiben zu können: allen Browns, besonders meiner Mutter Patsy, Dragana, der Liebe meines Lebens, meinen Kindern Christopher, Alexander, Nicholas und Michael sowie Adam und Angela und deren Kindern; den Waxmans, besonders Melanie und Denny, die mich auf den Weg gebracht haben; großer Dank auch an Boy George für all seine Hilfe; an meine Freunde und Klienten Kim Andreolli, Adrienen Brown, Jasna Cacik, Enno und Dusica von Landmann, Michael Maloney, die Mosbachers und meinen ältesten Freund Jeremy Parhin; an meine Lehrer und Kollegen Michio und Aveline Kushi, Shizuko Yamamoto, Marc van Cauwenberghe, Saul Goodman, Patrick McCarty, Patrick Riley, William Spear, Bill Tara und Rik Vermuyten; an alle, mit denen ich zusammengearbeitet habe, einschließlich Gina Lazenby und ihrer Mitarbeiterin, Ginie Lyras und ihren Mitarbeitern, Harriet und Paul McNeer und Krista und Reid Berman; ein besonderer Dank an alle meine Klienten, die mir die Möglichkeit gegeben haben, Feng Shui in die Praxis umzusetzen, sowie an alle Mitarbeiter und Mitarbeiterinnen bei Carroll & Brown, besonders Amy Carroll, Denise Brown und Sandy Carr.

SIMON BROWN

CARROLL & BROWN bedanken sich außerdem bei folgenden Personen:

ILLUSTRATIONEN D. Brown, Peter Campbell, Karen Cochrane

HERSTELLUNG VON MODELLEN Robert Bradshaw, Maler und Miniaturist

BILDRECHERCHE Sandra Schneider

FOTOS Jean-Paul Bonhommet (EWA), S. 47, 76 (*rechts*), 117; Michael Dunne (EWA), 77 (*links*); EWA, 140, 144, 148; Brian Harrison (EWA), 6 (*links*), 8-9 (*unten links, unten rechts*), 67; Rodney Hyatt (EWA), 8-9 (*oben*); Andrew Kolesnikow (EWA), 142; Tom Leighton (EWA), 8-9 (*unten rechts*); Neil Lorimer (EWA), 7 (*links*), 76 (*links*), 150; Spike Powell, Innenarchitekt – Sethna & King (EWA), 69 ; Science Photo Library 13, 18 (*unten*); Tony Stone Images, 49 (*ganz außen*), 57 (*zweites links*) 64; Jerry Tubby (EWA), 77 (*rechts*); Zefa, 18 (*oben*).

EWA = Elizabeth Whiting Associates

Über den Autor

SIMON BROWN begann 1981 mit dem Studium der orientalischen Medizin und qualifizierte sich als Shiatsu-Therapeut und Makrobiotik-Berater. Während seiner therapeutischen Ausbildung begann er, sich für Feng Shui zu interessieren. Er war sieben Jahre lang Direktor der London's Community Health Foundation, die Kurse über orientalische Therapien anbot.

Inzwischen hat er Feng Shui zu seinem Hauptberuf gemacht, berät private Klienten und hält Vorträge in den USA und Europa. Zu seinen Klienten gehören Berühmtheiten wie Boy George und große Unternehmen wie The Body Shop und British Airways. Er hat bereits mehrere Bücher geschrieben, u. a. auch *Feng Shui. Was Sie wirklich darüber wissen müssen.* (Goldmann Taschenbuch 14109).

Seminare mit Simon Brown veranstaltet:

Feng Shui Concepts
Bruckmannring 28
85764 Oberschleißheim
Tel./Fax 089/3155018
mobil 0172/9022717